커서 AI로
나만의 수익형
앱 서비스 만들기

커서 AI로 나만의 수익형
앱 서비스 만들기

초판 발행 2025년 06월 10일
초판 2쇄 발행 2025년 07월 10일

지은이 **빈센트**
편집 **김노아**

발행인 **한창훈**
발행처 **루비페이퍼** 등록 2013년 11월 6일 (제 385-2013-000053
호)주소 경기도 부천시 길주로 252 1804호
전화 **032_322_6754** 팩스 **031_8039_4526**
홈페이지 **www.RubyPaper.co.kr**
ISBN **979-11-93083-29-1**

- 이 책은 저작권법에 따라 보호받는 저작물이므로 무단 전재와 무단 복제를 금하며,
  이 책 내용의 전부 또는 일부를 이용하려면 저작권자와 루비페이퍼의 서면 동의를 받아야 합니다.
- 책값은 뒤표지에 있습니다.
- 잘못된 책은 구입처에서 교환해 드리며, 관련 법령에 따라서 환불해 드립니다.
  단, 제품 훼손 시 환불이 불가능합니다.

감사의 말

이 책이
세상에 나올 수 있도록 응원해준

사랑하는 아내 리아와
딸 윤아에게
감사의 마음을 전합니다.

들어가며

안녕하세요 여러분 이렇게 만나뵙게 되어 반갑습니다. 저는 10여 년간의 직장생활을 그만두고, 스타트업을 차려 2년 차에 서비스를 얼리 엑시트Early Exit하고 현재는 1인 개발자인 인디해커로 살아가고 있습니다. 개발한 프로젝트를 팔기도 하고, 인앱결제나 광고 수익으로 고정 수익을 얻으며 살고 있죠. 개발자라면 누구나 한 번쯤은 생각해 본 라이프스타일일 것입니다. 저는 비전공자로, 경영학을 전공했고 앱 개발은 취미로 시작했습니다. 예전엔 아주 작은 단위의 앱을 만드는 데도 2~4개월은 걸렸습니다. 그것도 하나의 OS를 개발하는 데 말이죠. 혼자 서비스를 만든다는 건 기획, 디자인, 마케팅, 운영 등등 할 것들이 너무나도 많은 과정이었습니다.

하지만 지금은 AI 시대입니다. 한 달에 20달러면, 밤부터 새벽까지 일을 시켜도 아무 불평 없이 엄청난 속도로 일을 해주는 직원들을 고용할 수 있는 시대죠. 게다가 내 프로젝트의 문맥(콘텍스트)을 손쉽게 공유하며 함께 프로그래밍이 가능한 툴, 커서 AI Cursor AI와 같은 서비스들이 나오고 있습니다. 바로 이 책에서 사용할 주요 툴 중 하나죠. 이 툴을 이용하면 단 며칠 만에 앱 하나를 만들어 낼 수 있습니다. 이제는 AI와 대화를 하는 것만으로 서비스를 완성할 수 있는 수준입니다.

그러나 커서 AI 하나면 아무것도 모르는 사람도 하루아침에 개발을 할 수 있다는 것은 아닙니다. **커서 AI의 역할은 어디까지나 어시스턴트이므로 사용자의 개발 지식은 필수입니다.** 여기에 서비스 하나를 개발하는 과정을 거치다 보면 기획, 디자인, 운영, 마케팅 등 다른 능력들도 요구됩니다. 하지만 이제는 이러한 부분까지도 AI를 활용해 우리는 손쉽게 작업을 할 수 있습니다.

이 책의 대상 독자층은 다음과 같습니다.

- 1인 개발로 살아가고 싶은데 어떻게 해야 할지 막연한 개발자
- 개발은 혼자서 가능하지만 기획, 디자인 등 다른 영역에 약한 개발자
- 플러터로 빠르게 MVP를 만들고 시장 검증을 하고 싶은 개발자 또는 스타트업 대표
- 머릿속으로만 그리던 서비스를 직접 구현하고 싶은 기획자

이 책은 2025년 4월 기준, 가장 핫한 서비스인 커서 AI를 활용하는 방법을 다루고 있습니다. 원고를 작성하는 지금도 대대적인 업데이트가 며칠 단위로 이루어지고 있죠. 현재 작성하는 **커서 AI의 버전은 0.49.8**입니다. 이후에도 커서 AI는 안정적으로 자리 잡기까지 꽤 오랜 시간 이런 대대적인 업데이트를 거칠 것입니다. 따라서 이 책은 단순히 따라 하면 책과 동일한 결과물을 만들 수 있는 내용을 다루지 않습니다. 이 책은 잡은 물고기를 주는 것이 아닌, 물고기를 잡는 방법을 알려

들어가며

주는 것이 목적입니다. 즉, 아무리 커서 AI에 새로운 기능이 등장해도, UI가 완전히 바뀌어도 이 책의 맥락을 이해한다면 충분히 금방 따라갈 수 있을 것입니다. 뿐만 아니라 중간중간 실습 과정에도 꼭 직접 AI를 활용해서 시행착오를 겪어 보시기 바랍니다.

이 책은 다른 여타 개발 도서와는 다르게 코드 전문을 붙여 넣는 것을 최대한 지양했습니다. **책에 있는 코드를 그대로 따라 치는 행위는 이제 의미가 없기 때문이죠.** 같은 프롬프트를 넣어도 AI가 다른 결과물을 내놓기 때문입니다. 그래서 더더욱 여러분이 직접 AI와 티키타카를 주고받으며 실행해 봐야 합니다.

이 책을 통해 누군가에게 영감과 동기부여의 작은 불씨가 지펴지길 바라며 커서 AI로 폭발적인 생산성의 앱 개발 여정을 시작하겠습니다.

빈센트

커서 AI & 플러터로 앱 서비스 완성까지 가는 길

1 **커서 AI와 플러터 손에 익히기**
커서 AI와 플러터의 핵심 개념을 익히고, 앱 서비스의 전체 그림을 그립니다.

2 **AI와 앱 아이디어 발굴 & 기획**
챗GPT 등 AI를 활용해 만들 앱 아이디어를 구체화하고, 개발 계획(PRD)을 세웁니다.

3 **AI와 함께 앱 디자인 시스템 구축**
AI와 협력하여 사용자 경험(UX)을 설계하고 앱의 일관된 디자인 가이드라인을 만듭니다.

4 **커서 AI 핵심 기능 익히기**
커서 AI의 핵심 기능(채팅, 코드 편집, 맥락 관리)을 익히고 AI와 효과적으로 협업하는 방법을 배웁니다.

5 **AI와 첫 화면 코딩 시작하기**
커서 AI를 활용해 개발 환경을 구축하고, 플러터 첫 화면 UI를 구현합니다.

6 **파이어베이스로 사용자 인증 구현하기**
커서 AI의 도움으로 파이어베이스 프로젝트를 연결하고 로그인/회원 가입 등 사용자 인증 기능을 구현합니다.

7 **Firestore로 데이터 관리하기**
Firestore를 사용하여 게시물/댓글 데이터를 관리하고 실시간 기능을 구현합니다.

8 **앱 출시 준비(수익화 & 최적화)**
광고(AdMob) 연동 방법을 알아보고, 기본적인 앱 성능 최적화 개념을 학습합니다.

커서 AI 주요 단축키 모음

기능	Windows/Linux 단축키	macOS 단축키
AI와 대화 창 열기	ctrl + L	cmd + L
선택한 코드를 AI에게 전달	ctrl + L	cmd + L
AI에게 명령어 입력	ctrl + K	cmd + K
AI 명령 실행 결과 적용	ctrl + enter	cmd + enter
AI 명령 실행 취소	ctrl + backspace	cmd + backspace
코드 생성/수정 Composer 창 열기	ctrl + I	cmd + I
전체 화면 Composer 창 열기	ctrl + shift + I	cmd + shift + I
AI가 제안한 코드 적용	tab	tab
AI 코드 제안 거절	esc	esc
다음 단어 단위로 자동 완성 적용	ctrl + →	cmd + →
선택한 코드 주석 처리 또는 해제	ctrl + /	cmd + /
동일한 단어 여러 개 선택	ctrl + D	cmd + D
여러 위치에 커서 생성	alt + click	option + click

목차

CHAPTER 01 커서 AI와 플러터의 세계로

1.1 커서 AI란? ... 16
- AI 코딩 어시스턴트의 정의와 주요 기능 ... 17
- 맥락을 이해하는 지능형 개발 어시스턴트, 커서 AI ... 20
- 커서 AI로 생산성 극대화하는 법 ... 22

1.2 플러터란? ... 25
- 플러터의 핵심 개념과 장점 ... 25
- 크로스플랫폼 개발의 효율성 ... 28
- 플러터와 커서 AI의 시너지 ... 29

1.3 프로젝트 개요 ... 33
- 앱의 목표와 핵심 기능 ... 34
- 학습 목표와 프로젝트 진행 구조 ... 35

CHAPTER 02 앱 아이디어 발굴과 기획

2.1 커뮤니티 앱 아이디어 정하기 ... 38
- AI를 활용한 아이디어 브레인스토밍 ... 38
- 타깃 사용자 정의 및 경쟁 앱 분석 ... 40

2.2 기획 문서, PRD 작성하기 ... 42
- AI를 활용한 PRD 작성법 ... 42
- 핵심 유저 플로우 주요 기능 설계 ... 48
- 수익 모델 설정 ... 54

목차

CHAPTER 03 커뮤니티 앱 디자인하기

3.1 유저 플로우 설계와 와이어프레임 제작 58
- 챗GPT로 유저 플로우와 와이어프레임 제작 58
- 기본 레이아웃과 주요 화면 설계 64

3.2 디자인 시스템 만들기 80
- 색상, 폰트, 컴포넌트 정하기 81
- 라이트/다크 테마 적용 94

CHAPTER 04 커서 AI와 친해지기

4.1 처음 만나는 커서 AI 100
- 커서 AI 설치 및 기본 사용법 100
- 주요 기능 ① 무엇이든 물어보세요, AI 채팅 106
- 주요 기능 ② AI와 소통하는 코드 편집기 110
- 주요 기능 ③ 빠른 작업과 문맥에 맞는 즉각적인 도움 115
- 주요 기능 ④ 더 똑똑한 AI를 위한 정보 제공, 맥락 참조 116

4.2 AI의 이해도를 높이는 열쇠, 효과적인 맥락 제공 전략 118
- 프로젝트의 장기 기억 저장소, Notepads 활용법 119
- Notepads 활용 예시 ② 프로젝트 목표 및 핵심 기능 요약 125
- AI에게 실시간 정보 전달, @ 기호로 맥락 마스터하기 129
- AI와 원활한 대화를 위한 프롬프트 작성법 132

목차

5.1 실전! 플러터 커뮤니티 앱 개발 환경 구축하기   140

    새 프로젝트 생성하기   140
    프로젝트 구조 설계하기   142
    Notepads를 활용한 '프로젝트 뇌' 만들기   146
    외부 문서 참조하기   158
    AI 행동 지침 설정: User Rules와 Project Rules 활용하기   163
    앱 실행 및 첫 화면 확인하기   168

5.2 커서 AI와 함께 첫 화면 코딩, 게시물 목록 UI 만들기   168

    태스크 목록 작성하기   170
    위젯 스타일링하기   177
    AI에게 UI 컴포넌트 생성 요청하기   179

CHAPTER 05

커뮤니티 앱 개발 시작하기

6.1 파이어베이스와 프로젝트 연결하기   186

6.2 Firebase Authentication으로 로그인 구현   194

    파이어베이스 콘솔에서 Authentication 활성화하기   195
    firebase_auth 패키지 추가 및 기본 설정   198
    회원 가입 기능 구현   201
    로그인 기능 구현   209
    로그아웃 기능 구현   214
    로그인 상태 관리   216
    비밀번호 재설정 구현   226

CHAPTER 06

사용자 인증과 데이터 관리

목차

6.3 Firestore로 데이터 관리하기   231
- Firestore 설정하기   232
- 사용자 데이터 구조 설계   236
- 커뮤니티 게시물 및 댓글 관리 기능 구현   243

6.4 실시간 데이터와 알림 기능   258
- 실시간 게시물 업데이트   258
- Firebase Cloud Functions & FCM으로 알림 설정 맛보기   260

CHAPTER 07 수익화 및 최적화

7.1 AdMob 광고 연동하기   266
- AdMob 가입 & 앱 추가하기   266
- google_mobile_ads 패키지 추가하기   272
- Mobile Ads SDK 초기화   274

7.2 앱 성능 최적화하기   277
- build() 메서드 가볍게 유지하기   278
- 불필요한 위젯 리빌드 최소화하기   278
- 이미지 파일 최적화하기   279
- 리스트 성능 최적화   279
- DevTools 활용(중요)   279

목차

왜 지금 MCP인가? AI 비서, 이제 '말' 대신 '일'을 해야 할 때!	284
MCP, AI와 도구들의 '통역사 겸 매니저'	284
사례로 보는 MCP, 이제 AI 혼자서도 '북치고 장구치고'	286
개발자에게 MCP의 가치, 'API 지옥' 탈출하고 '생산성' 얻기!	288
아직은 성장통? MCP의 현실적인 한계점들	290
AI 앱에 MCP라는 날개를 달아 줄 차례!	291

APPENDIX A
나만의 AI 앱에 날개를 달다, MCP

에필로그	293
찾아보기	297

01

커서 AI와
플러터의 세계로

학습 목표

- AI 코딩 어시스턴트의 역할과 커서 AI의 주요 특징(특히, 맥락 이해 능력)을 설명할 수 있습니다.
- 플러터의 핵심 개념(위젯, 다트, 핫 리로드)과 크로스플랫폼 개발의 이점을 설명할 수 있습니다.
- 커서 AI와 플러터를 함께 사용했을 때 얻을 수 있는 시너지 효과를 이해합니다.
- 이 책에서 만들 커뮤니티 앱 프로젝트의 목표와 핵심 기능, 전체 진행 구조를 파악합니다.

여러분, 반갑습니다! 드디어 여러분과 함께 나만의 앱 서비스를 만들기 위한 흥미진진한 여정을 시작하게 되었네요. 저는 비전공자 출신으로 시작해 이제는 1인 개발자로서 제가 만든 서비스로 수익을 내고 있습니다. 예전에는 앱 하나를 만드는 것이 정말 길고 외로운 싸움처럼 느껴졌었죠. 기획부터 디자인, 개발, 운영까지 혼자 감당하기에는 벅찬 일이 너무나 많았습니다.

하지만 시대가 변했습니다. 우리는 지금 '대 AI 시대'의 문턱을 넘어 개발 환경의 혁신적인 변화를 목격하고 있습니다. 마치 SF 영화에서나 보던 일이 현실이 된 것처럼, 이제 우리는 AI라는 강력한 도구를 활용해 상상 속 아이디어를 훨씬 빠르고 효율적으로 구현할 수 있게 되었죠.

첫 번째 챕터에서는 바로 이 새로운 시대의 개발 여정을 위한 두 가지 핵심 무기, **커서 AI**$^{Cursor\ AI}$와 **플러터**^{Flutter}를 본격적으로 소개하고자 합니다. 하나는 우리의 코딩 작업을 도와줄 지능형 어시스턴트고, 다른 하나는 아름답고 성능 좋은 앱을 동시에 여러 플랫폼에서 만들 수 있는 UI 툴킷이죠. 이 둘의 조합은 특히 저와 같은 1인 개발자나 리소스가 제한적인 스타트업에게 날개를 달아줄 것입니다. 더이상 혼자서 모든 것을 짊어질 필요가 없습니다.

자, 준비됐나요? 이제 커서 AI와 플러터가 어떻게 우리의 개발 생산성을 폭발적으로 높여 주고, 아이디어를 현실로 만드는지 그 가능성의 세계로 함께 뛰어들어봅시다!

1.1 커서 AI란?

"이 시대에 프로그래밍을 배우는 것이 꼭 필요할까?"라는 질문을 한 번쯤 들어보았거나, 스스로 해본 적이 있을 겁니다. 과거라면 당연히 '필요하다'고 망설임 없이 대답했겠지만, 지금은 이 질문에 답하기가 복잡해졌습니다. 바로 AI$^{Artificial\ Intelligence}$, 인공지능이 우리 삶과 일하는 방식 깊숙이 들어왔기 때문이죠.

특히 개발 분야에서 AI의 역할은 가히 혁명적입니다. 그중에서도 **커서 AI**는 개발자들의 작업 방식을 근본적으로 변화시키고 있는 대표적인 **AI 코딩 어시스턴트**입니다. 커서 AI는 단순히 코드를 자동으로 몇 줄 짜주거나 대신 완성해주는 도구가 아닙니다. 마치 경험 많은 든든한 개발 동료처럼 코드 생성부터 시작해 수정, 디버깅, 리팩터링, 심지어 코드 리뷰까지 개발의 전 과정에 걸쳐 우리 곁에서 도움을 줍니다. 단순히 반복적인 작업을 줄여 주는 것을 넘어 복잡한 문제 해결의 실마리를 제공하고, 새로운 기술을 더 쉽게 학습할 수 있도록 돕기도 하죠.

특히 혼자서 서비스를 기획하고 개발하며 운영까지 책임져야 하는 1인 개발자나, 아이디어를 빠르게 검증하고 시장에 선보여야 하는 스타트업 창업자들에게는 더이상 선택이 아닌, 필수적인 생산성 도구로 자리 잡고 있습니다. 매일 마주하는 수많은 개발 과제 속에서 커서 AI는 우리의 시간과 노력을 아껴주고, 더 중요한 문제에 집중할 수 있도록 든든하게 지원해줄 것입니다.

자, 그럼 이 똑똑한 어시스턴트가 정확히 어떤 능력을 가지고 있고, 왜 다른 도구들보다 특별히 주목받고 있는지 하나씩 자세히 파헤쳐 보겠습니다.

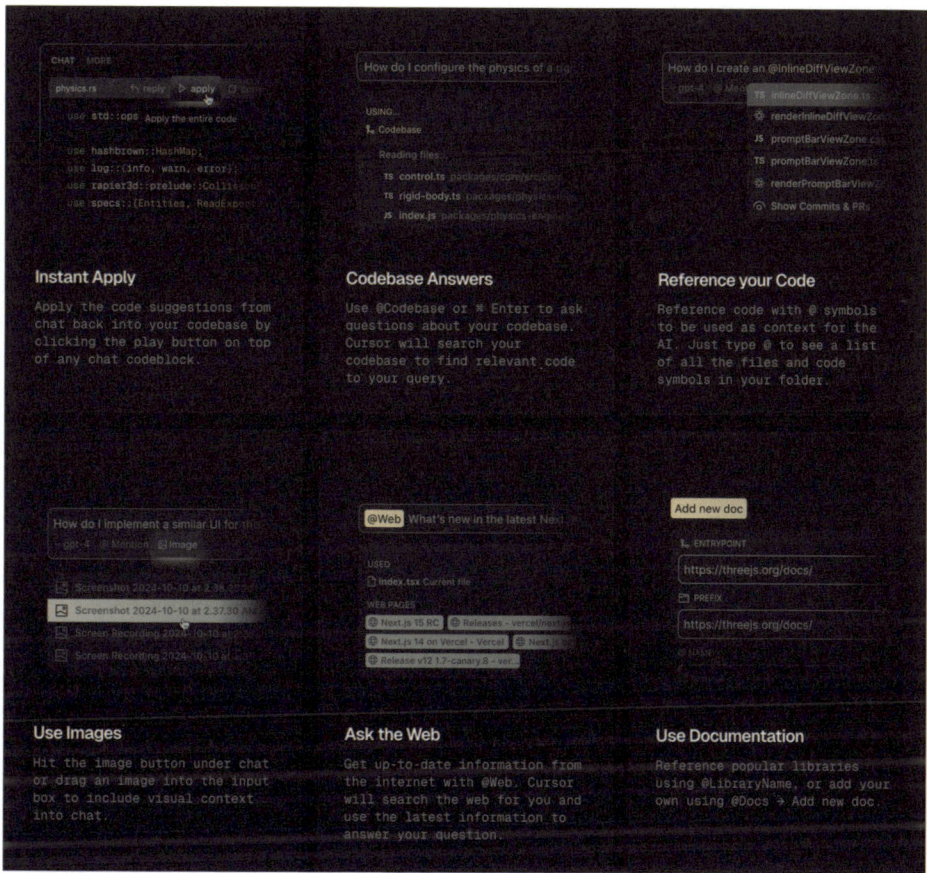

커서 AI의 일부 에이전트 기능(출처: www.cursor.com/features)

AI 코딩 어시스턴트의 정의와 주요 기능

이 여정의 첫걸음을 떼기 전에 먼저 이 시대 개발자들에게 없어서는 안 될 존재가 되고 있는 'AI 코딩 어시스턴트'에 대해 이야기해볼까 합니다. 제가 처음 개발을 시작했을 때만 해도 코드 한 줄 한 줄을 직접 입력하고, 에러 하나를 잡기 위해 밤새 모니터를 들여다보는 것은 당연한 일이었습니다. 작은 기능 하나를 추가하는 데도 며칠 밤낮이 걸리기 일쑤였죠.

하지만 지금은 어떤가요? 마치 숙련된 운전자가 첨단 주행 보조 시스템의 도움을 받아 더 편안하고 안전하게 운전하는 것처럼 개발자들도 AI의 도움을 받아 훨씬 효율적으로 코드를 작성하고 문제를 해결할 수 있는 시대가 되었습니다. 그 중심에 바로 **AI 코딩 어시스턴트**가 있습니다.

그렇다면 AI 코딩 어시스턴트란 정확히 무엇일까요? 간단히 말해, **개발 생산성을 비약적으로 향상시키기 위해 설계된 지능형 소프트웨어 도구**라고 정의할 수 있습니다. 단순한 코드 자동 완성을 넘어 개발의 다양한 단계에서 마치 곁에 있는 숙련된 동료처럼 도움을 주는 역할을 하죠. 특히 혼자서 서비스를 만들고 운영해야 하는 1인 개발자나 제한된 자원으로 빠르게 결과물을 내야 하는 스타트업에게는 정말 강력한 도구가 아닐 수 없습니다.

이 똑똑한 어시스턴트가 구체적으로 어떤 능력들을 가지고 있는지, 주요 기능들을 중심으로 살펴보겠습니다.

코드 생성 및 자동화

가장 기본적이면서도 강력한 기능입니다. 개발자가 자연어(우리가 평소 쓰는 말)로 원하는 기능을 설명하면, AI가 해당 기능을 수행하는 코드를 뚝딱 만들어 줍니다. 예를 들어, "플러터로 기본적인 로그인 화면 UI를 만들어 줘."라고 요청하면, 몇 초 만에 필요한 위젯과 레이아웃 코드를 생성해주는 식이죠. 반복적인 코드 패턴이나 복잡한 알고리즘 구현에 드는 시간을 획기적으로 줄여 줍니다. 예전 같으면 직접 문서를 찾아보고, 커뮤니티에 질문하는 등 여러 시행착오를 거쳐야 했을 작업을, 이제는 AI와의 대화를 통해 순식간에 해결할 수 있게 된 것입니다.

커서 AI의 chat 패널에서 코드 생성을 자동화하는 모습

코드 수정 및 리팩터링

이미 작성된 코드를 개선하는 작업에도 AI 어시스턴트는 탁월한 능력을 발휘합니다. 코드의 오류를 찾아 수정 제안을 하거나, 비효율적인 부분을 찾아 더 성능 좋고 읽기 쉬운 코드로 리팩터링하는 것을 도와줍니다. "이 함수의 성능을 개선할 방법이 있을까?" 또는 "이 코드를 좀 더 간결하게 만들어 줘."와 같이 요청하면 코드 구조를 분석하고 개선안을 제시합니다. 덕분에 우리는 코드의 품질을 높이는 데 더 집중할 수 있게 됩니다.

📖 **용어 사전**

리팩터링Refctoring: 코드의 결과는 바꾸지 않고 구조를 개선하는 작업을 뜻합니다.

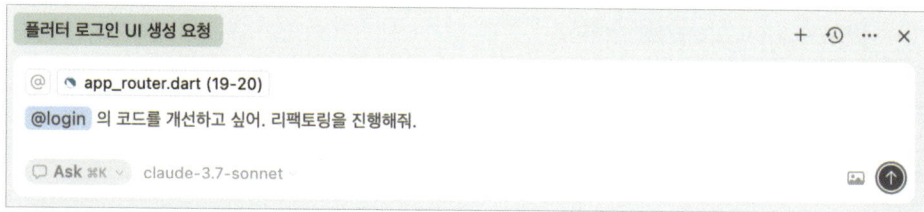

커서 AI의 chat 패널에서 함수를 리팩터링 요청하는 모습

리뷰와 피드백 제공

팀으로 일할 때는 동료들과 코드 리뷰를 통해 잠재적인 문제점을 발견하고 코드 품질을 높이지만, 혼자 개발할 때는 이런 과정을 거치기 어렵습니다. AI 코딩 어시스턴트는 이 부분을 크게 해소해줍니다. 작성한 코드에 대해 잠재적 버그 가능성을 지적하거나, 코딩 스타일 가이드라인 준수 여부를 확인하고, 더 나은 구현 방법에 대한 피드백을 제공하여 마치 가상의 코드 리뷰어 역할을 수행합니다. 이를 통해 혼자서도 더 안정적이고 일관성 있는 코드를 작성할 수 있습니다.

📖 **용어 사전**

코드 리뷰: 소프트웨어 개발에서, 다른 개발자가 작성한 코드를 검토하고 피드백을 제공하는 과정을 뜻합니다.

커서 AI의 chat 패널에서 전체 프로젝트 코드 리뷰를 요청하는 모습

문맥 인식 및 관련 정보 제공

좋은 AI 어시스턴트는 단순히 단편적인 코드 조각만 생성하는 것이 아니라, 현재 작업 중인 프로젝트의 **문맥**Context을 어느 정도 이해할 수 있도록 설계되어 있습니다. 예를 들어, 특정 라이

브러리나 프레임워크 사용법에 대한 질문에 답해주거나 관련된 공식 문서를 찾아 연결해주는 등 개발 과정에서 필요한 정보를 적시에 제공하여 개발 흐름이 끊기지 않도록 지원합니다. 이 부분은 다음 챕터에서 커서 AI를 통해 더 자세히 다루겠지만, 일반적인 AI 코딩 어시스턴트도 어느 정도는 갖추고 있는 기능입니다.

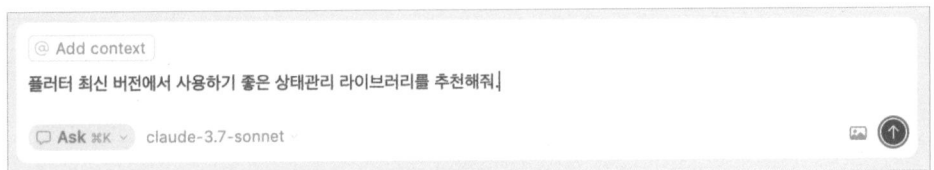

커서 AI의 chat 패널에서 문맥 파악 및 추천 라이브러리를 요청하는 모습

> 📖 **용어 사전**
>
> **라이브러리**^{Library}: 필요한 기능을 선택해서 호출해 쓰는 코드 모음으로, 개발자가 흐름을 제어할 수 있습니다.
>
> **프레임워크**^{Framework}: 개발의 뼈대와 흐름을 미리 정리해 둔 툴로, 개발자는 그 안에서 필요한 부분만 구현할 수 있습니다.

이처럼 AI 코딩 어시스턴트는 코드 작성의 단순 반복 작업을 줄여 주고, 코드 품질을 향상시키며, 개발 과정에서 필요한 정보를 빠르게 얻을 수 있도록 도와 개발자 본연의 역할, 즉 창의적인 문제 해결과 새로운 가치 창조에 더 집중할 수 있도록 만들어줍니다.

이제 AI 코딩 어시스턴트가 어떤 존재인지 감이 좀 오시나요? 이제 수많은 AI 코딩 어시스턴트 중에서도 왜 커서 AI가 특별한지 그리고 어떻게 우리의 개발 경험을 혁신적으로 바꿀 수 있는지 더 깊이 파고들어 보겠습니다.

맥락을 이해하는 지능형 개발 어시스턴트, 커서 AI

자, 앞서 우리는 AI 코딩 어시스턴트가 코드 생성, 수정, 리뷰 등 다양한 방식으로 개발자를 돕는다는 것을 알았습니다. 마치 운전 보조 시스템이 운전을 더 편하고 안전하게 만들어 주는 것처럼 말이죠. 하지만 수많은 AI 코딩 도구 속에서 왜 하필 커서 AI일까요? 왜 커서 AI는 단순한 '코드 생성기'가 아닌 '개발 어시스턴트'로 자리 잡게 되었을까요? 그 핵심에는 바로 **맥락**을 이해하는 능력이 있습니다. 이게 바로 커서 AI를 진정한 게임 체인저로 만드는 요소이자 여러분의 생산성을 폭발적으로 끌어올릴 비밀 병기입니다.

혹시 이런 경험을 해본 적 있나요? 온라인에서 찾은 코드 조각을 복사해서 붙여넣었는데, 내 프로젝트에서는 전혀 작동하지 않거나, 오히려 에러만 잔뜩 발생하는 경우 말입니다. 혹은 간단한 함수 하나를 AI에게 만들어달라고 요청했는데, 내 프로젝트의 다른 코드 스타일이나 변수명 규칙과는 전혀 동떨어진, 엉뚱한 코드를 툭 내뱉는 경우도 있었을 겁니다. 왜 이런 일이 발생할까요? 원인은 바로 맥락입니다. 여러분의 프로젝트라는 큰 그림, 즉 맥락과 동떨어진 코드 조각이 들어갔기 때문입니다. 마치 여러분이 동료에게 "여기 버튼 하나 만들어 줘."라고 말했을 때 그 동료가 현재 작업 중인 화면 디자인, 사용 중인 프로그래밍 언어, 기존 코드 스타일 등을 전혀 모른 채 뜬금없는 스타일의 버튼 코드를 던져주는 것과 같습니다. 얼마나 답답하고 비효율적일까요?

커서 AI는 바로 이 '맥락' 문제를 정면으로 돌파합니다. 커서 AI는 여러분이 현재 작업 중인 전체 프로젝트 구조, 열려 있는 파일들, 심지어 여러분이 이전에 AI와 나누었던 대화 내용까지 기억하고 고려합니다. 단순히 여러분이 입력한 몇 줄의 명령어만 보는 것이 아니라 '코드베이스'라는 숲 전체를 보려고 노력하는 것이죠.

여러분이 플러터 프로젝트에서 새로운 위젯을 만들고 있다고 가정해봅시다. 커서 AI에게 "사용자 프로필 정보를 보여 주는 카드 위젯을 만들어 줘."라고 요청하면 커서 AI는 다음과 같은 맥락 정보들을 활용할 수 있습니다.

커서 AI가 활용하는 맥락 정보

- **프로젝트 구조**: 현재 프로젝트가 어떤 폴더 구조(예: MVC, MVVM)를 따르고 있는지 파악하고, 새로운 위젯 파일을 적절한 위치에 생성하거나 기존 파일에 코드를 추가하도록 제안합니다.

- **기존 코드 스타일**: 프로젝트 내 다른 위젯들이 어떤 스타일(예: 상태 관리 방식 – Provider, GetX, BLoC/네이밍 컨벤션)로 작성되었는지 분석하여, 일관성 있는 코드를 생성합니다.

- **Dependencies**: pubspec.yaml 파일을 참조하여 프로젝트에 이미 추가된 패키지(예: cached_network_image 같은 이미지 처리 라이브러리)를 활용하는 코드를 제안합니다.

- **관련 파일**: 여러분이 참조하도록 @ 기호로 명시한 다른 파일(예: 사용자 데이터 모델 user_model.dart)의 내용을 이해하고, 해당 모델의 필드를 사용하는 코드를 정확하게 생성합니다(이 강력한 기능은 'Chapter 4 커서 AI와 친해지기'에서 자세히 다룹니다!).

- **이전 대화**: 방금 전에 여러분이 "사용자 이름과 이메일만 표시해줘."라고 말했다면, 그 요구 사항을 기억하고 카드 위젯에 해당 필드만 포함시킬 수 있습니다.

이것이 바로 커서 AI가 단순한 자동 완성 도구를 넘어 마치 내 프로젝트를 속속들이 알고 있는 든든한 동료 개발자처럼 느껴지는 이유입니다. 여러분이 일일이 설명하지 않아도 이미 많은 것을 이해하는 상태에서 대화를 시작하는 것과 같습니다. 당연히 커뮤니케이션 비용은 줄어들고, 개발 속도는 빨라지며, 코드의 일관성과 품질은 높아질 수밖에 없겠죠.

특히 혼자서 모든 것을 책임져야 하는 1인 개발자에게, 또는 빠르게 프로토타입을 만들고 검증해야 하는 스타트업에게 이러한 맥락 이해 능력은 단순히 편리함을 넘어 생존과 직결되는 핵심 경쟁력이 됩니다. 매번 AI에게 프로젝트 상황을 설명하느라 시간을 허비할 필요 없이 곧바로 본론으로 들어가 핵심 기능 개발에 집중할 수 있게 해주니까요.

다음 절에서는 이렇게 맥락을 기가 막히게 이해하는 커서 AI를 실제로 어떻게 활용해야 우리의 생산성을 '극대화'할 수 있는지, 그 구체적인 방법들을 알아보겠습니다. 준비됐나요?

커서 AI로 생산성 극대화하는 법

자, 우리는 이제 커서 AI가 단순한 코드 자동 완성 도구를 넘어 프로젝트의 '맥락'까지 이해하는 지능형 개발 어시스턴트라는 것을 알게 되었습니다. 마치 내 프로젝트를 잘 아는 동료처럼 말이죠. 그렇다면 이 강력한 어시스턴트와 함께 일하며 우리의 생산성을 정말 '극대화'하려면 어떻게 해야 할까요? 그냥 설치만 해두면 저절로 모든 일이 해결될까요? 당연히 아닙니다.

커서 AI를 사용하면서 제가 가장 크게 체감한 장점은 바로 '시간 절약'입니다. 예전 같으면 며칠 밤낮을 고민하고 코드를 짜야 했던 기능도 이제는 몇 시간, 심지어 몇 분 만에 기본적인 틀을 완성할 수 있게 되었으니까요. 저 역시 커서 AI와 같은 도구들의 도움을 받아, 아이디어 구상부터 실제 동작하는 MVP^{Minimum Viable Product}(최소 기능 제품)를 단 하루만에 완성해 본 경험이 있습니다. 비전공자로서 앱 하나를 만드는 데 4개월 이상 걸렸던 과거를 생각하면 정말 격세지감이죠.

하지만 중요한 점은, 커서 AI가 모든 것을 알아서 다 해주는 '만능 해결사'는 아니라는 것입니다. 커서 AI는 어디까지나 **어시스턴트**의 역할을 수행합니다. 따라서 이 어시스턴트의 능력을 최대한 끌어내고, 우리가 원하는 방향으로 협업하기 위해서는 몇 가지 핵심적인 접근 방식이 필요합니다.

명확하고 구체적으로 소통하기

AI와의 소통은 사람과의 소통과 비슷하면서도 다릅니다. 특히 원하는 결과물을 얻기 위해서는 '질문의 질'이 매우 중요합니다. 모호하고 두루뭉술한 요청보다는, 명확하고 구체적인 지시를 내릴 때 커서 AI는 훨씬 더 정확하고 유용한 결과물을 내놓습니다.

예를 들어, 단순히 "플러터로 데이터베이스 연동하는 기능을 만들어 줘."라고 요청하는 것보다 "Firebase Firestore와 연동해서 'posts' 컬렉션의 데이터를 읽어와 ListView에 표시하는 플러터 코드를 작성해줘. 데이터는 **최신순(createdAt 필드 기준 내림차순)**으로 정렬해줘."라고 구체적으로 요청하는 것이 훨씬 효과적입니다. 어떤 기술을 사용할지, 어떤 데이터를 다룰지, 어떤 UI 요소로 보여 줄지 명확히 지정해주면 AI가 여러분의 의도를 더 정확하게 파악하고 필요한 코드를 생성해줄 확률이 높아집니다.

모호한 프롬프트	구체적인 프롬프트
"DB 연동 코드 만들어 줘."	"Flutter에서 Supabase를 사용해 사용자 로그인 기능을 구현하는 코드를 작성해줘. 이메일/비밀번호 기반 인증을 사용하고, 로그인 성공 시 홈 화면으로 이동하도록 해줘."

✅ 결과 예시:
python
// 어떤 언어인지 명확하지 않음
connectToDatabase();
 	
➡ 기술 스택도 없고, 결과도 불명확
	✅ 결과 예시:
	dart
	final response = await supabase.auth.signInWithPassword(
	email: emailController.text,
	password: passwordController.text,);
	if (response.user != null) { context.go('/home'); }
	
	➡ Flutter + Supabase 환경에 딱 맞는 정확한 코드 제공

모호한 프롬프트 vs. 구체적인 프롬프트 비교

AI를 단순 도구가 아닌 '협업 파트너'로 대하기

커서 AI가 생성한 코드가 항상 완벽할 것이라고 기대해서는 안 됩니다. 때로는 버그가 있을 수도 있고, 프로젝트의 특정 요구 사항과 맞지 않는 부분이 있을 수도 있습니다. 중요한 것은 AI가 제안한 코드를 **초안** 또는 **시작점**으로 삼고 이를 바탕으로 개발자인 여러분이 직접 검토하고 수정하며 발전시켜 나가는 것입니다.

마치 경험 많은 시니어 개발자가 주니어 개발자에게 코드 작성을 맡긴 후 리뷰하고 피드백을 주는 것처럼, 우리도 커서 AI에게 1차적인 코드 생성을 맡기고, 그 결과물을 비판적으로 검토하며 개선해 나가야 합니다. "이 코드는 왜 이렇게 작성되었을까?", "더 효율적인 방법은 없을까?", "우리 프로젝트 스타일에 맞게 수정해야 할 부분은?" 등을 스스로 질문하고 답하는 과정에서 여러분의 개발 실력 또한 함께 성장할 것입니다.

적극적으로 문맥 제공하기

커서 AI의 가장 큰 강점인 **맥락 이해 능력**을 극대화하려면, 우리도 AI에게 필요한 문맥 정보를 적극적으로 제공해주는 것이 좋습니다. 예를 들어, 특정 파일의 내용을 참고해서 코드를 작성하도록 @ 기호를 사용하여 파일을 명시하거나, 프로젝트 전반에 걸쳐 지켜야 할 규칙이나 가이드라인을 # 기호를 사용하여 알려 주는 등의 방법이 있습니다(이러한 구체적인 활용법은 'Chapter 4 커서 AI와 친해지기'에서 자세히 다룰 예정이니 기대해주세요!). 이렇게 하면 AI는 더욱 정확하게 여러분의 프로젝트 상황에 맞는 코드를 제안할 수 있습니다.

학습과 탐색의 도구로 활용하기

커서 AI는 단순히 코드를 대신 작성해주는 역할만 하는 것이 아닙니다. 새로운 기술이나 라이브러리를 배울 때, 혹은 다른 사람이 작성한 복잡한 코드를 이해해야 할 때도 훌륭한 학습 도구가 될 수 있습니다. 코드의 특정 부분을 선택하고 "이 코드의 역할이 뭐야?" 또는 "이 함수의 작동 방식을 설명해줘."라고 질문해보세요. AI의 설명을 통해 복잡한 개념을 더 쉽게 이해하고, 개발 과정에서 마주치는 문제들을 해결하는 데 도움을 받을 수 있습니다.

결론적으로 커서 AI는 개발자의 능력을 대체하는 도구가 아닙니다. 오히려 여러분의 기존 개발 지식과 경험에 더해져, 생산성을 비약적으로 높여 주는 강력한 '촉매제' 같은 역할을 합니다. 기본적인 개발 지식은 여전히 필수적이며 거기에 더해 AI와 효과적으로 소통하고 협업하는 능력이 중요해지는 것이죠.

이 책을 통해 여러분은 커서 AI를 효과적으로 활용하는 방법을 익히고, 직접 커뮤니티 앱을 만드는 실습 과정을 통해 그 엄청난 생산성과 가능성을 체감하게 될 것입니다. 자, 이제 우리 여정의 또 다른 핵심 축인 플러터에 대해 알아볼 준비를 해볼까요?

1.2 플러터란?

"하나의 코드베이스를 모든 플랫폼에 적용할 수 있다."

개발자라면 이런 꿈 같은 이야기를 한 번쯤 들어보았거나, 직접 꿈꿔보았을 겁니다. iOS 앱 따로, 안드로이드 앱 따로 개발하는 과정에서 오는 반복 작업과 시간 소모, 그리고 두 플랫폼 간의 미묘한 디자인과 기능 차이를 맞추느라 겪었던 어려움들… 생각만 해도 피곤해지죠. 저 역시 과거에는 당연하게 감수해야 했던 고충이었습니다.

하지만 이제 그 꿈을 현실로 만들어 주는 강력한 도구가 있습니다. 바로 **플러터**입니다. 플러터는 구글에서 개발하고 관리하는 오픈 소스 UI 툴킷으로, 하나의 코드베이스로 아름답고 성능 좋은 안드로이드, iOS 앱은 물론, 웹과 데스크톱(Windows, macOS, Linux) 애플리케이션까지 개발할 수 있게 해주는 혁신적인 프레임워크입니다.

왜 플러터가 이토록 많은 개발자에게 주목받고, 특히 저와 같은 1인 개발자나 빠르게 움직여야 하는 스타트업에게 매력적인 선택지가 되었을까요? 이 질문에 답하기 위해 지금부터 플러터의 세계로 좀 더 깊이 들어가 보겠습니다. 플러터의 매력과 장점들을 하나씩 살펴보면 왜 우리가 이 여정에서 플러터를 선택했는지 명확히 이해하게 될 겁니다.

플러터의 핵심 개념과 장점

플러터가 특별한 이유에는 여러 가지가 있지만, 그 핵심에는 다음과 같은 개념과 장점들이 자리 잡고 있습니다.

모든 것은 위젯, 위젯 기반 아키텍처

플러터의 세계에서는 화면에 보이는 모든 것이 **위젯**^{Widget}입니다. 버튼, 텍스트, 이미지, 스크롤 영역, 심지어 앱의 전체 레이아웃 구조까지도 모두 위젯이라는 레고 블록으로 조립됩니다. 마치 레고 블록을 쌓아 원하는 모양을 만들듯, 개발자는 다양한 종류의 위젯을 조합하여 복잡하고 아름다운 사용자 인터페이스$^{User\ Interface}$(UI)를 쉽고 직관적으로 구성할 수 있습니다. 이 위젯 기반 아키텍처는 코드의 재사용성을 높이고, UI 구조를 체계적으로 관리하는 데 큰 도움을 줍니다.

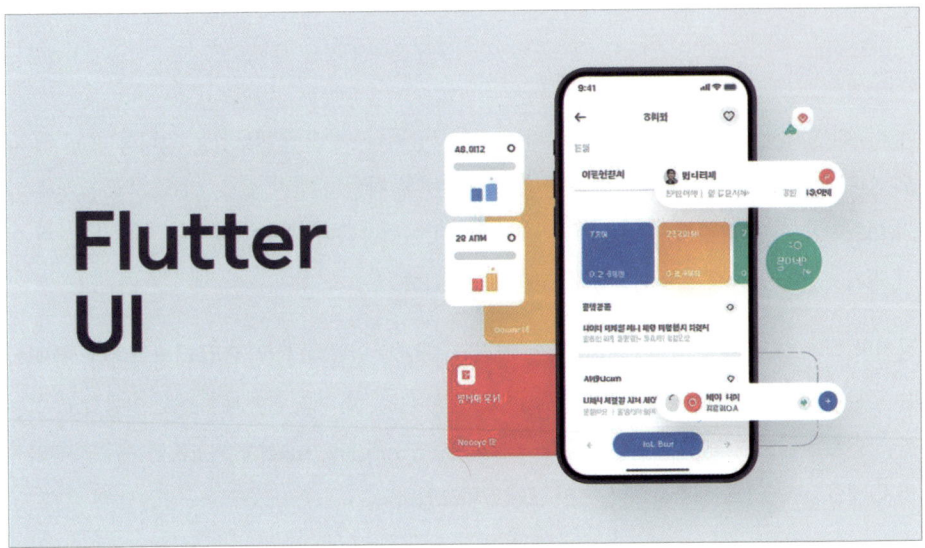

위젯으로 이루어진 플러터

쉽고 강력한 언어, 다트

플러터는 구글이 개발한 현대적인 프로그래밍 언어인 **다트**^{Dart}를 사용합니다. 다트는 C 언어 스타일의 문법을 가지고 있어 자바, 자바스크립트, C# 등에 익숙한 개발자라면 비교적 쉽게 배울 수 있습니다. 또한, 객체 지향 프로그래밍과 함수형 프로그래밍의 장점을 모두 가지고 있으며, 특히 UI 개발에 최적화된 강력한 기능들을 제공합니다.

그중에서도 개발자들이 가장 사랑하는 기능 중 하나는 바로 **핫 리로드**$^{Hot\ Reload}$입니다. 코드를 수정한 후 저장하면 앱의 상태를 그대로 유지한 채 단 몇 초 만에 변경 사항이 앱 화면에 즉시 반영됩니다. 이는 마치 디자인 툴에서 색상이나 레이아웃을 바꾸면 바로 화면에서 볼 수 있듯이 지루하게 기다리지 않고 디자인과 로직을 빠르게 테스트하고 수정할 수 있게 해줍니다. 이 핫 리로드 기능 하나만으로도 개발 생산성이 얼마나 향상되는지 직접 경험해보면 놀라울 겁니다.

진정한 크로스플랫폼 개발

플러터의 가장 큰 매력 포인트 중 하나죠. 단 하나의 코드베이스로 네이티브 수준의 성능을 내는 안드로이드와 iOS 앱을 동시에 만들 수 있습니다. 여기서 그치지 않고 웹, Windows, macOS, Linux용 데스크톱 앱까지 지원 범위가 계속 확장되고 있습니다. 이는 곧 개발 시간과 비용을 획기적으로 절약할 수 있다는 의미입니다. 기획, 디자인, 개발, 테스트, 유지 보수에 드는 노력을 절반 이하로 줄일 수 있죠. 또한, 모든 플랫폼에서 동일한 코드를 기반으로 작동하기 때문에 사용자에게 일관된 브랜드 경험과 UI/UX를 제공하기에도 매우 유리합니다.

풍부한 사전 제작 위젯과 유연한 커스텀 디자인

플러터는 구글의 Material Design과 애플의 Cupertino 스타일 가이드라인을 따르는 아름답고 풍부한 위젯들을 기본적으로 제공합니다. 이를 통해 각 플랫폼 사용자에게 익숙하고 자연스러운 UI를 손쉽게 구현할 수 있습니다. 단순히 기본 위젯을 사용하는 것을 넘어 개발자가 원하는 대로 위젯을 자유롭게 커스터마이징하고 조합하여 완전히 새로운 디자인을 창조할 수 있는 높은 유연성을 제공합니다. 여러분의 상상을 앱 디자인으로 그대로 구현할 수 있죠.

- **구글의 Material Design**: https://m3.material.io
- **애플의 Cupertino**: https://developer.apple.com/design/human-interface-guidelines

네이티브에 버금가는 뛰어난 성능

'크로스플랫폼 앱은 네이티브 앱보다 성능이 떨어진다'는 편견을 깨뜨린 것이 바로 플러터입니다. 플러터는 다른 크로스플랫폼 프레임워크처럼 웹뷰를 사용하거나 운영 체제의 UI 요소를 거쳐 그리는 방식이 아닙니다. **Skia**라는 자체 2D 그래픽 엔진을 사용하여 화면에 직접 UI를 렌더링합니다. 이는 마치 게임 엔진이 화면을 직접 제어하는 것과 유사한 방식으로, 플랫폼을 거치지 않고 GPU 가속을 활용하여 매우 빠르고 부드러운 애니메이션과 화면 전환을 가능하게 합니다. 덕분에 사용자들은 네이티브 앱과 거의 구별하기 어려운 고성능 앱 경험을 누릴 수 있습니다.

📖 **용어 사전**

크로스플랫폼 앱: 한 번 개발하면 여러 운영 체제(예 iOS, 안드로이드)에서 동시에 실행할 수 있는 앱을 뜻합니다.

네이티브 앱: 각 운영 체제(iOS, 안드로이드)에 딱 맞게 따로 개발된 앱을 뜻합니다.

이러한 핵심 개념과 장점들 덕분에 플러터는 전 세계 수많은 개발자의 사랑을 받으며 빠르게 성장하고 있습니다. 이어지는 절에서는 이러한 장점들이 실제 개발 과정에서 어떻게 '효율성'으로 이어지는지 좀 더 구체적으로 살펴보겠습니다.

크로스플랫폼 개발의 효율성

앞서 플러터의 여러 장점을 살펴보았는데요. 그중에서도 1인 개발자나 스타트업에게 가장 직접적으로 와닿는 것은 바로 압도적인 개발 효율성일 것입니다. "하나의 코드베이스로 여러 플랫폼을 지원한다."라는 말은 단순히 기술적인 가능성을 넘어 우리의 시간과 노력 그리고 비용을 극적으로 아껴주는 실질적인 혜택으로 다가옵니다.

생각해보세요. 전통적인 방식대로라면 iOS 앱을 만들기 위해 스위프트^{Swift}나 오브젝트-C$^{Objective-C}$를 배우고, Xcode 환경에서 개발해야 합니다. 그리고 똑같은 기능을 하는 안드로이드 앱을 만들기 위해 코틀린^{Kotlin}이나 자바^{Java}를 배우고, 안드로이드 스튜디오$^{Android\ Studio}$ 환경에서 다시 개발해야 하죠. 이는 단순히 두 배의 노력이 드는 것을 넘어서서 다음과 같은 어려운 점을 맞닥뜨려야 합니다.

여러 플랫폼을 개별 개발 시 어려운 점

- **두 배의 코드 작성**: 같은 로직과 UI를 두 번 구현해야 합니다.
- **두 배의 학습 곡선**: 각기 다른 언어, 프레임워크, 개발 도구를 익혀야 합니다.
- **두 배의 테스트**: 각 플랫폼별로 동일한 기능을 테스트하고 버그를 수정해야 합니다.
- **일관성 유지의 어려움**: 두 플랫폼 간의 디자인이나 기능 동작을 완벽하게 일치시키기 위해 추가 자원이 필요합니다. 특히 두 플랫폼의 길이 단위가 다르고, 같은 디자인이 나오기가 굉장히 어렵기 때문에 디자이너가 없다면 정말 곤욕이죠.
- **유지 보수의 복잡성**: 기능 업데이트나 버그 수정 시 두 개의 코드베이스를 동시에 관리해야 합니다.

하지만 플러터를 사용하면 이 모든 과정이 하나로 통합됩니다.

플러터로 크로스플랫폼 개발 시 장점

- **단일 코드베이스**: 한 번 작성한 다트 코드로 iOS와 안드로이드 앱 모두를 빌드할 수 있습니다. 웹과 데스크톱까지 확장도 가능하죠.
- **단일 기술 스택**: 다트 언어와 플러터 프레임워크만 집중적으로 학습하면 됩니다.
- **효율적인 테스트**: 기본적인 로직과 UI는 한 번만 테스트하면 됩니다. 물론 플랫폼별 특성에 따른 추가 테스트가 필요할 수 있지만, 전체적인 테스트 부담이 크게 줄어듭니다.
- **일관된 UI/UX**: 기본적으로 동일한 코드를 사용하므로 별도의 작업 없이도 모든 플랫폼에서 일관된 사용자 경험을 제공하기 용이합니다.
- **간편한 유지 보수**: 하나의 코드베이스만 관리하면 되므로, 기능 추가나 수정이 훨씬 빠르고 간편해집니다.

이것이 바로 플러터가 가져다주는 **효율성 혁명**입니다. 특히 혼자서 아이디어를 빠르게 검증하고 서비스를 만들어야 하는 1인 개발자, 혹은 제한된 예산과 인력으로 시장에 빠르게 진입해야 하는 스타트업에게는 이 효율성이 성패를 가르는 결정적인 요소가 될 수 있습니다.

저 역시 플러터를 처음 접했을 때의 충격을 잊을 수 없습니다. 예전에 네이티브로 개발할 때 2개월은 족히 걸렸을 법한 중간 규모의 앱을, 플러터로는 단 2~3주 만에 iOS와 안드로이드 버전 모두를 완성할 수 있었기 때문입니다. 단순히 개발 시간이 단축되는 것을 넘어 아이디어를 현실로 만드는 과정 자체가 훨씬 즐겁고 역동적으로 변했죠. 불필요한 반복 작업에서 해방되어 서비스의 핵심 가치와 사용자 경험에 더 집중할 수 있게 된 것입니다. 여러분도 이 책에서 진행할 커뮤니티 앱 만들기 실습을 통해 플러터가 어떻게 우리의 아이디어를 놀라운 속도로 현실화시켜 주는지 체감하게 될 것입니다.

이제 이렇게 강력한 UI 툴킷인 플러터와 앞서 소개한 지능형 코딩 어시스턴트 커서 AI가 만났을 때 어떤 시너지가 발생하는지 이어서 살펴보겠습니다.

플러터와 커서 AI의 시너지

지금까지 우리는 두 가지 강력한 도구, 즉 프로젝트의 맥락을 이해하는 지능형 코딩 어시스턴트 커서 AI와 아름답고 효율적인 크로스플랫폼 앱 개발을 가능하게 하는 플러터에 대해 각각 살펴보았습니다. 하나는 코딩 효율을 극대화하고, 다른 하나는 앱 개발의 복잡성을 줄여 주죠.

그렇다면 이 둘이 만났을 때는 어떤 일이 벌어질까요? 마치 최고의 공격수와 최고의 플레이메이커가 한 팀에서 만난 것처럼 플러터와 커서 AI는 서로의 강점을 극대화하며 시너지 효과를 만들어 냅니다. 이 조합은 특히 1인 개발자나 리소스가 제한된 팀에게는 개발 과정을 혁신적으로 바꿀 수 있는 강력한 무기가 됩니다. 구체적으로 어떤 시너지를 내는지 살펴볼까요?

위젯 기반 개발의 가속화

플러터의 핵심은 **모든 것은 위젯**이라는 개념입니다. 복잡한 UI도 결국 위젯들의 조합으로 이루어지죠. 커서 AI의 코드 생성 능력은 바로 이 위젯 기반 개발 방식과 환상적인 궁합을 자랑합니다. 예를 들어, 커서 AI에게 "플러터로 이미지와 텍스트, 그리고 〈좋아요〉 버튼이 포함된 카드 형태의 게시물 아이템 위젯을 만들어 줘."라고 요청한다고 상상해보세요. 커서 AI는 단순히 코드를 생성하는 것을 넘어 여러분 프로젝트의 **기존 코드 스타일(예: 상태 관리 방식)과 디자인 시스템(미리 정의된 색상이나 폰트)**을 어느 정도 파악하고, 이에 맞는 위젯 코드를 제안할 가능성이 높습니다. 복잡한 위젯 구조를 짜는 데 드는 시간을 획기적으로 줄여 주고, 디자인의 일관성을 유지하는 데 큰 도움을 줍니다.

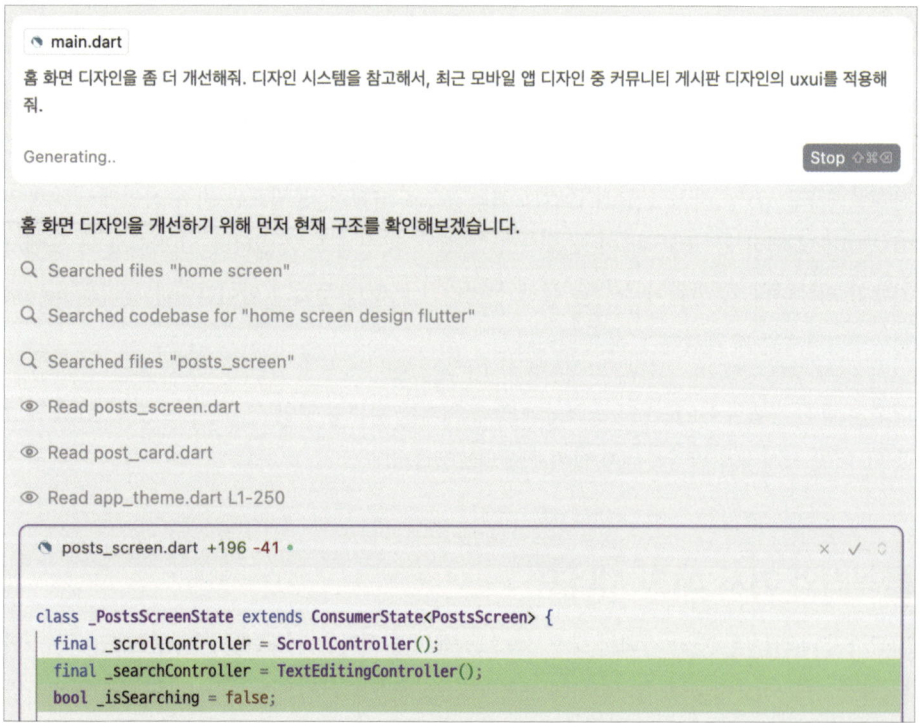

```
@override
void initState() {
11 hidden lines
void dispose() {
  _scrollController.removeListener(_onScroll);
  _scrollController.dispose();
```

커서 AI를 활용한 위젯 생성 예시

번거로운 설정 작업 자동화

플러터 개발을 하다 보면 pubspec.yaml 파일에 새로운 패키지를 추가하고, 플러터 **pub get** 명령어를 실행하고, 때로는 플랫폼별 네이티브 설정을 변경해야 하는 등 자잘하지만 번거로운 작업들이 꽤 있습니다. 커서 AI는 이런 작업들도 간단한 명령어로 처리할 수 있도록 도와줍니다. "firebase_auth 패키지를 pubspec.yaml에 추가하고 pub get 실행해줘."와 같은 요청으로 시간을 절약할 수 있습니다.

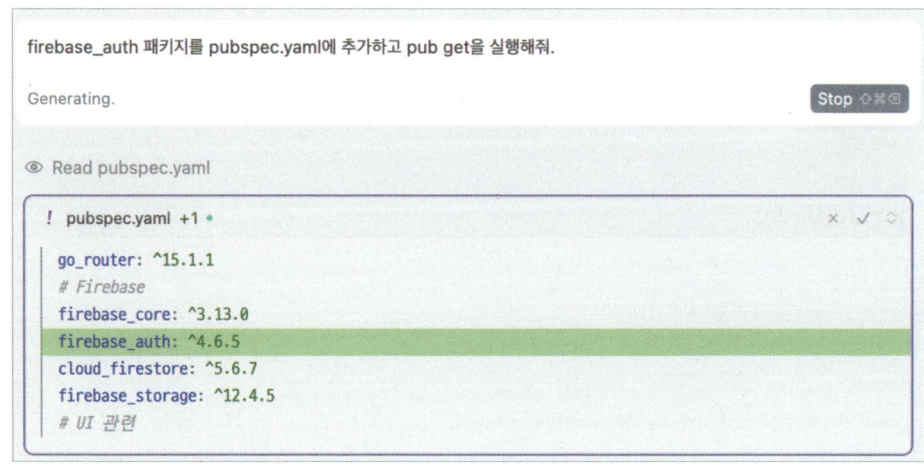

패키지 추가를 AI에게 요청한 모습

복잡한 로직 및 API 연동 지원

상태 관리State Management 패턴을 적용하거나, 외부 API와 통신하여 데이터를 가져오고, 이를 플러터 UI에 바인딩하는 작업은 때로 복잡하게 느껴질 수 있습니다. 커서 AI는 여러분의 프로젝트 맥락 속에서 이러한 작업을 수행하는 코드를 생성하거나 기존 코드를 개선하는 데 도움을 줄 수 있습니다. 예를 들어, "Riverpod 패키지를 사용해서 사용자 로그인 상태를 관리하는 코드를 작성해줘." 또는 "Dio 패키지를 사용해서 특정 API 엔드포인트에서 JSON 데이터를 가져오는 함수를 만들어 줘."와 같이 구체적으로 요청하면, 관련 코드의 초안을 빠르게 얻을 수 있습니다. 물론 생성된 코드는 반드시 검토하고 프로젝트에 맞게 수정해야 하지만, 시작점을 제공받는 것만으로도 큰 도움이 됩니다.

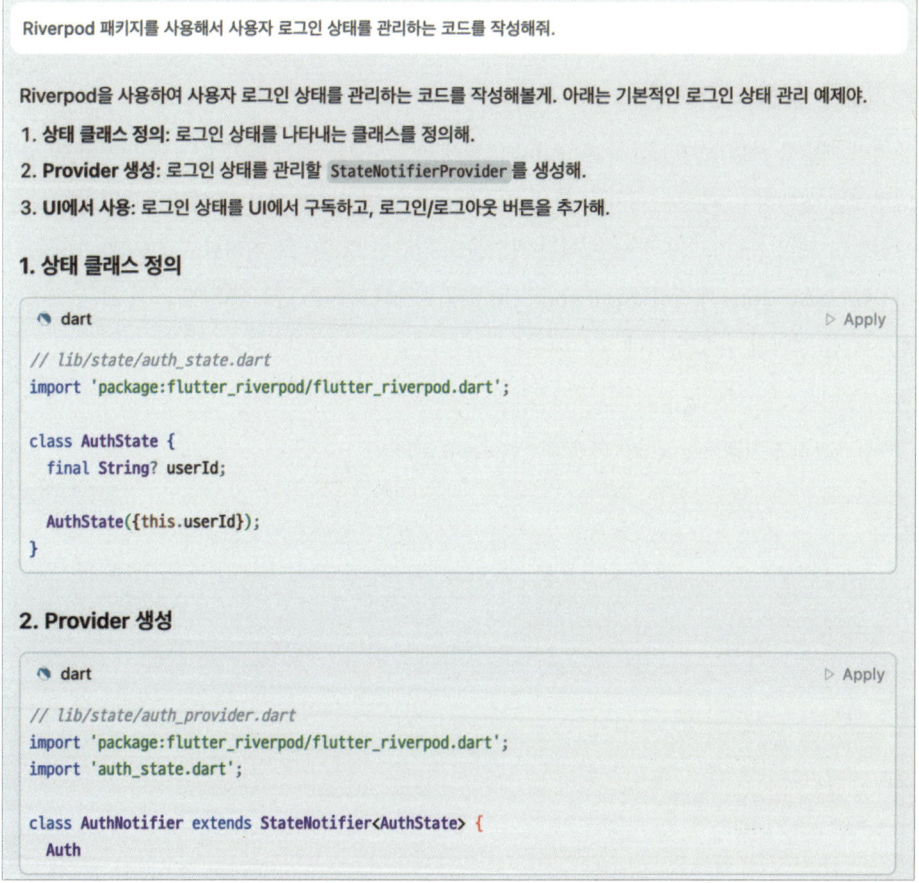

상태 관리 코드 생성을 요청한 모습

📖 용어 사전

상태 관리 패턴: 앱 안에서 데이터(상태)가 어떻게 바뀌고, 어디서 관리되며, 어떤 방식으로 화면에 반영되는지를 정리한 설계 방식입니다.

API: 앱과 다른 프로그램(서버, 시스템 등)이 정보를 주고받기 위해 약속된 통신 방법입니다.

엔드포인트: API에서 특정 기능을 수행하는 주소(URL)입니다.

JSON: 앱과 서버가 정보를 주고받을 때 사용하는 가볍고 읽기 쉬운 데이터 형식입니다.

결국 플러터는 '무엇을 만들지'에 대한 효율성을 높여 주고, 커서 AI는 '어떻게 만들지'에 대한 효율성을 극대화합니다. 이 둘의 조합은 개발자가 불필요한 반복 작업과 씨름하는 대신, 서비스의 핵심 가치와 사용자 경험에 더욱 집중할 수 있도록 만들어 줍니다. 아이디어를 구상하고, 빠르게 프로토타입을 만들고, 사용자 피드백을 반영하여 개선하는 개발 사이클을 놀랍도록 단축시킬 수 있죠.

이제 우리는 이 강력한 두 도구를 손에 쥐었습니다. 다음 절에서는 이 도구들을 활용하여 실제로 어떤 프로젝트를 만들어 나갈 것인지, 그 개요를 함께 살펴보겠습니다.

1.3 프로젝트 개요

우리는 지금까지 커서 AI라는 강력한 코딩 어시스턴트와 플러터라는 효율적인 앱 개발 프레임워크라는 두 가지 핵심 무기를 살펴보았습니다. 이론만으로는 재미없죠? 이제 이 강력한 도구들을 직접 손에 쥐고 실제로 동작하는 '나만의 앱 서비스'를 만들어 볼 시간입니다. 이론 학습에서 실제 코딩으로 넘어가는 이 시점이 가장 설레는 순간 아닐까요? 마치 여행 계획을 다 짜고 드디어 공항으로 향하는 기분과 비슷할 겁니다.

이번 프로젝트에서는 우리가 배운 커서 AI와 플러터를 활용하여 **커뮤니티 앱**을 만들어 볼 것입니다. 왜 하필 커뮤니티 앱이냐고요? 커뮤니티 앱은 **사용자 인증, 데이터 관리**(글쓰기, 댓글), **실시간 업데이트** 등 앱 서비스의 핵심 기능들을 다양하게 다루어 볼 수 있는 아주 좋은 예제이기 때문입니다. 또한, 여러분이 실제로 소규모 그룹이나 스터디 모임 등에서 활용할 수 있는 실용적인 앱을 직접 만들어보는 경험은 큰 성취감과 자신감을 줄 것입니다.

이 프로젝트를 통해 여러분은 단순히 코드를 따라 치는 것을 넘어 아이디어를 구체화하고, 기획하고, 디자인하고, 개발하여 실제 서비스로 완성하는 전 과정을 경험하게 될 것입니다. 커서 AI와 함께라면 이 과정이 결코 어렵거나 지루하지 않을 거라 확신합니다. 오히려 AI와 협업하며 놀라운 속도로 결과물을 만들어 내는 재미에 푹 빠지게 될지도 모릅니다.

앱의 목표와 핵심 기능

우리의 목표는 거창하고 복잡한 앱을 만드는 것이 아닙니다. 오히려 작지만 핵심 기능을 갖춘, 실용적인 커뮤니티 앱의 MVP를 빠르게 완성하는 데 초점을 맞출 것입니다. 이를 통해 아이디어를 빠르게 검증하고 실제 사용자 피드백을 받을 수 있는 기반을 마련하는 경험을 쌓는 것을 목표로 합니다. 우리가 만들 커뮤니티 앱의 주요 특징과 목표는 다음과 같습니다.

커뮤니티 앱의 주요 특징과 목표

- **사용자 친화적인 소통 공간**: 특정 관심사를 공유하는 소규모 그룹이나 커뮤니티 구성원들이 쉽고 편안하게 소통하고 정보를 나눌 수 있는 공간을 제공합니다.
- **핵심 기능 중심의 MVP**: 사용자 인증, 게시물 작성/읽기/수정/삭제, 댓글 기능 등 커뮤니티 앱의 필수 기능들을 우선적으로 구현합니다.
- **확장 가능한 구조**: 향후 기능 추가(예: 푸시 알림, 사용자 프로필 꾸미기, 검색 기능 등)나 수익 모델(예: 광고) 적용을 염두에 둔 구조로 설계하여, 앱이 성장할 수 있는 기반을 다집니다.
- **커서 AI & 플러터 활용 극대화**: 개발 전 과정에서 커서 AI를 적극적으로 활용하여 생산성을 높이고 플러터의 장점을 살려 효율적이고 아름다운 UI를 구현합니다.

이 목표를 달성하기 위해 구현할 핵심 기능은 다음과 같습니다.

앱의 핵심 기능

- **사용자 인증**: Firebase Authentication을 이용한 이메일/비밀번호 기반 회원 가입 및 로그인
- **게시물 관리(CRUD)**: Firestore를 이용한 게시물 작성(Create), 조회(Read), 수정(Update), 삭제(Delete)
- **댓글 기능**: Firestore 서브컬렉션을 이용한 게시물별 댓글 작성 및 조회
- **기본 UI/UX**: 플러터 위젯을 활용한 직관적인 화면 구성(리스트, 상세 화면, 작성 화면 등), 라이트/다크 테마 지원

이 핵심 기능들을 하나씩 구현해가면서 커서 AI와 플러터를 활용한 실전 앱 개발 역량을 키워 나갈 것입니다.

학습 목표와 프로젝트 진행 구조

이 책과 프로젝트를 통해 여러분이 얻어갈 수 있는 것들은 다음과 같습니다.

이 책의 학습 목표

- **커서 AI 실전 활용 능력**: 커서 AI의 주요 기능(코드 생성, 수정, 설명, 리팩터링, 맥락 관리 등)을 실제 프로젝트에 적용하고 AI와 효과적으로 협업하는 방법을 익힙니다.
- **플러터 기본기 및 UI 개발**: 플러터의 핵심 위젯 사용법, 레이아웃 구성, 상태 관리 기본 개념을 이해하고 실제 앱 UI를 구현하는 능력을 키웁니다.
- **파이어베이스 연동 및 백엔드 기초**: Firebase Authentication과 Firestore를 활용하여 사용자 인증 및 데이터 관리 기능을 구현하는 방법을 배우고, 서버리스 백엔드 개발의 기초를 경험합니다.
- **MVP 개발 프로세스 이해**: 아이디어 구상부터 기획, 디자인, 개발, 간단한 배포 준비까지 앱 서비스 개발의 전체적인 흐름을 이해하고 경험합니다.
- **1인 개발 생산성 향상**: AI 도구를 활용하여 혼자서도 효율적으로 앱 서비스를 개발하고 관리하는 노하우를 습득합니다.

이 프로젝트는 다음과 같은 순서와 구조로 진행될 것입니다.

- **앱 아이디어 발굴과 기획(Chapter 2)**: AI를 활용하여 커뮤니티 앱 아이디어를 구체화하고, 타깃 사용자를 정의하며, PRD(제품 요구 사항 문서)를 작성하여 개발의 방향을 설정합니다.
- **커뮤니티 앱 디자인하기(Chapter 3)**: AI와 함께 유저 플로우를 설계하고 와이어프레임을 제작하며, 앱의 시각적 통일성을 위한 디자인 시스템(색상, 폰트, 컴포넌트)을 구축합니다.
- **커뮤니티 앱 개발 시작하기(Chapter 4)**: 커서 AI 설치 및 핵심 기능(Notepads, Composer, MCP)을 익히고, 플러터 프로젝트를 생성하여 기본 구조를 설정하고, 첫 화면 UI를 구현합니다.
- **사용자 인증과 데이터 관리(Chapter 5)**: 파이어베이스를 플러터 프로젝트에 연동하고, Authentication을 이용해 로그인/회원 가입 기능을, Firestore를 이용해 게시물 및 댓글 CRUD 기능을 구현합니다(실시간 업데이트 포함).
- **앱 완성 후 수익화 및 최적화(Chapter 6)**: (개요 수준) AdMob을 이용한 광고 연동 방법을 알아보고, 기본적인 앱 성능 최적화 개념을 살펴봅니다.

이 구조를 따라 차근차근 진행하다 보면 어느새 여러분 손으로 직접 만든 커뮤니티 앱이 완성되어 있을 것입니다. 자, 이제 본격적으로 아이디어를 구체화하는 단계로 넘어가 볼까요?

02

앱 아이디어 발굴과 기획

학습 목표

- 챗GPT 등 AI 도구를 활용하여 앱 아이디어를 탐색하고 구체화할 수 있습니다.
- 타깃 사용자 페르소나를 정의하고 경쟁 앱 분석을 통해 앱의 차별점을 도출할 수 있습니다.
- AI의 도움을 받아 앱의 목표와 요구 사항을 정의한 기획 문서(PRD) 초안을 작성할 수 있습니다.
- 앱의 핵심 사용자 흐름을 설계하고 기본적인 수익 모델을 고려할 수 있습니다.

이제 앱 개발의 첫 단추를 꿰어야 할 시간입니다. Chapter 1에서 우리는 커서 AI와 플러터라는 강력한 도구에 대해 알아봤습니다. 하지만 아무리 좋은 도구가 있어도, 무엇을 만들지 명확한 설계도가 없다면 제대로 된 결과물을 만들기 어렵습니다. 앱 개발에서 가장 중요한 첫걸음은 바로 '무엇을 만들 것인가'를 명확히 정하는 것입니다.

어떤 앱을 만들겠다는 아이디어가 명확하지 않으면 개발 과정에서 방향을 잃기 쉽고, 시간과 노력을 낭비할 가능성이 높습니다. 특히 우리가 만들려는 커뮤니티 앱은 사람들이 모여 소통하고 관계를 맺는 공간이기 때문에 **누구를 위한 앱인지(타깃 사용자), 그들이 무엇을 필요로 하는지(니즈)**를 깊이 고민하는 과정이 필수입니다.

"하지만 저는 기획이나 아이디어 발상에는 약한데요?"라고 걱정할 수도 있습니다. 괜찮습니다! 이제 우리에게는 AI라는 훌륭한 브레인스토밍 어시스턴트이자 기획 보조 도구가 있으니까요. 이 챕터에서는 AI의 도움을 받아 창의적이면서도 실현 가능한 커뮤니티 앱 아이디어를 발굴하고, 이를 바탕으로 체계적인 기획 문서를 작성하는 방법을 함께 알아볼 것입니다. 마치 건물을 짓기 전에 부지를 선정하고, 어떤 건물을 지을지 구체적인 계획을 세우는 과정과 같습니다. 이 단계를 탄탄하게 밟아야만 이후 디자인과 개발 과정이 훨씬 수월해지고 성공 가능성도 높아집니다.

자, 그럼 AI와 함께 아이디어의 씨앗을 심고 튼튼한 기획의 뼈대를 세우는 여정을 시작해볼까요?

2.1 커뮤니티 앱 아이디어 정하기

모든 성공한 서비스는 '누군가의 문제'를 해결하거나 '충족되지 않은 니즈'를 만족시키는 것에서 출발합니다. 커뮤니티 앱 역시 마찬가지입니다. 막연히 '사람들이 모이는 앱'을 만드는 것이 아니라, 어떤 사람들이, 왜 모여야 하는지 그리고 그들이 우리 앱을 통해 무엇을 얻어갈 수 있는지를 명확히 해야 합니다. 이 과정에서 AI는 우리의 생각의 폭을 넓혀 주고, 미처 발견하지 못했던 가능성을 제시하는 훌륭한 어시스턴트가 될 수 있습니다. 개인적으로 아이데이션에 자주 사용하는 모델은 챗GPT의 GPT-o3, 구글의 Gemini 2.5 Pro입니다. 최근 두 모델 모두 딥 리서치 기능이 추가되어, 리서치 후 해당 데이터로 아이데이션하기 매우 좋고, 추론 모델들이기에 아이디어를 매우 잘 생성합니다.

AI를 활용한 아이디어 브레인스토밍

아이디어가 떠오르지 않거나 너무 막연하게 느껴질 때 AI에게 도움을 요청해보세요. 마치 경험 많은 컨설턴트에게 조언을 구하듯 구체적인 질문을 통해 창의적인 아이디어를 얻을 수 있습니다. AI로 아이디어를 얻는 과정은 다음 3단계로 나눌 수 있습니다.

1단계. 탐색할 주제나 문제 정의하기

어떤 종류의 커뮤니티에 관심 있는지 혹은 해결하고 싶은 문제가 무엇인지 AI에게 알려 주세요.

주제 탐색을 위한 예시 프롬프트

> 요즘 사람들이 많이 느끼는 외로움을 해소할 수 있는 소규모 온라인 커뮤니티 앱 아이디어를 몇 가지 제안해줘.

> 특정 취미(예: 식물 키우기, 보드 게임)를 가진 사람들이 정보를 공유하고 함께 활동할 수 있는 커뮤니티 앱의 기능에 대한 아이디어를 알려 줘.

> 1인 가구가 서로 도울 수 있는 커뮤니티 앱을 만들고 싶은데, 어떤 기능들이 있으면 유용할까?

2단계. AI의 제안을 바탕으로 심화 질문하기

AI가 제안한 아이디어가 흥미롭다면, 더 구체적인 질문을 통해 아이디어를 발전시킬 수 있습니다.

심화 질문(AI가 '식물 키우기 커뮤니티' 아이디어를 제안했을 경우)

식물 키우기 초보자들이 가장 어려워하는 점은 뭘까? 그걸 해결해줄 수 있는 기능은?

식물 교환이나 분양 기능을 넣는다면 어떤 방식으로 구현하는 게 좋을까?

기존 식물 커뮤니티 앱들과 차별화될 수 있는 독특한 기능은 없을까?

3단계. 나만의 아이디어로 구체화하기

AI와의 대화를 통해 얻은 영감을 바탕으로, 여러분이 가장 잘 만들 수 있고 열정을 느낄 수 있는 구체적인 커뮤니티 앱 아이디어를 정합니다. 예를 들어, '반려 식물 초보 집사들을 위한 Q&A 및 식물 일기 공유 커뮤니티'와 같이 명확하게 정의하는 것이 좋습니다.

> 반려 식물 커뮤니티 앱을 만들고 싶어. 이에 대해 기존 서비스들과의 차별점을 넣은 mvp 단계의 앱 아이디어를 제안해줘.
>
> 1m 7s 동안 생각함 >
>
> **요즘 서비스들이 하는 것부터 짚어보자**
> - **Planta** → 날씨·실내 환경까지 고려한 맞춤 물주기 알림이 핵심. 커뮤니티는 약함. *getplanta.com*
> - **Greg** → 해시태그 기반 소셜 피드 + Q&A가 강점. 24 h 내 답변율 92 %. *greg.app*
> - **Blossom** → 질병·종 식별 기능, 라이브러리 큼. *blossomplant.com*
> - **LetPlant** → "AI 식물 컨시어지" 콘셉트로 라이브러리 + 커뮤니티. *play.google.com*
> - 국내엔 **풀박사·Fuleaf** 같은 라이트한 관리 앱이 있고, 라이프스타일 감성에 집중. *fuleaf.com*
>
> 결국 "알림 + 식별 + 커뮤니티" 조합은 이미 레드오션. 차별 포인트가 필요함.
>
> **MVP 콘셉트: "Plant Pal" – 동네-기반 반려식물 커뮤니티 + AI 코파일럿**
>
> | 목표 | 한 줄 설명 | 비슷한 서비스와의 차별점 |
> |---|---|---|
> | 1. Hyper-local 네트워킹 | 동네·아파트 단지 단위로 묶어 "물주기 모임, 삽목 나눔, 여행 중 플랜트-시팅" 매칭 | 기존 앱은 전 세계 피드 → 실제 오프라인 도움까지 연결 안 됨 |
> | 2. 즉답 AI 코치 | 사진 업로드 → GPT-Vision → 즉시 진단 & 요약 답변, 관련 Q&A 글 3개 추천 | 대부분 24 h 커뮤니티 답변 대기 (Greg) |

AI 브레인스토밍 대화 예시

타깃 사용자 정의 및 경쟁 앱 분석

이제 아이디어가 어느 정도 구체화되었다면 "누가 이 앱을 사용할 것인가?"라는 질문에 답해야 합니다. 타깃 사용자를 명확히 정의하는 것은 앱의 기능, 디자인, 마케팅 방향을 결정하는 데 매우 중요합니다. 이때 **사용자 페르소나**^{Persona}를 만드는 것이 도움이 됩니다.

사용자 페르소나 작성

페르소나는 우리 앱의 핵심 사용자를 대표하는 가상의 인물입니다. 이름, 나이, 직업, 관심사, 앱 사용 목표, 겪고 있는 문제점$^{Pain\ Point}$ 등을 구체적으로 설정합니다. 이 과정에도 AI의 도움을 받아 페르소나의 초안을 요청할 수 있습니다.

페르소나 초안 요청을 위한 예시 프롬프트

> 내가 만들 '반려 식물 초보 집사 커뮤니티 앱'의 핵심 사용자 페르소나를 2명 만들어 줘. 이름, 나이, 직업, 식물 키우기 경험 수준, 앱 사용 동기, 불편한 점 등을 포함해서.

페르소나 예시(AI 제안 기반)

- **이름**: 김민지
- **나이**: 27세
- **직업**: 사회 초년생 디자이너
- **식물 경험**: 3개월 차, 최근 입양한 몬스테라가 자꾸 시들어서 걱정이 많음
- **앱 사용 동기**: 식물 관련 질문을 편하게 하고 답변을 얻고 싶음, 다른 사람들은 식물을 어떻게 예쁘게 키우는지 보고 싶음
- **불편한 점**: 인터넷 정보는 너무 많고 부정확해서 신뢰하기 어려움. 주변에 식물 키우는 친구가 없음

이렇게 페르소나를 정의하면 앱 기능을 설계할 때 "민지 씨라면 이 기능이 필요할까?", "민지 씨는 이 화면을 쉽게 이해할 수 있을까?"와 같이 사용자의 입장에서 생각하기 쉬워집니다.

경쟁 앱 분석

이미 시장에 나와 있는 유사한 커뮤니티 앱들을 분석하는 것은 매우 중요합니다. 어떤 앱들이 있는지, 각 앱의 장단점은 무엇인지, 사용자들이 어떤 점을 좋아하고 불편하게 느끼는지를 파악해야 우리 앱만의 차별화된 가치를 만들 수 있습니다. 예전에는 경쟁 앱을 분석하기 위해 일일이 앱을 찾고 다운받고 사용하면서 평가해야 했지만 이 과정에도 AI의 도움을 받을 수 있습니다.

경쟁 앱 정보 요청을 위한 예시 프롬프트

> 식물 키우기 관련 커뮤니티 앱이나 플랫폼에는 어떤 것들이 있어? 각 서비스의 주요 특징과 장단점을 알려 줘.알려

AI가 제공한 정보와 직접 앱을 사용해본 경험을 바탕으로 경쟁 앱들이 놓치고 있는 부분이나, 우리가 더 잘할 수 있는 부분을 찾아냅니다. 예를 들어, '기존 앱들은 정보는 많지만 초보자가 따라 하기 어렵다. 우리 앱은 초보자 맞춤형 Q&A와 쉬운 가이드 콘텐츠에 집중하자.' 또는 '기존 앱들은 커뮤니티 기능이 약하다. 우리 앱은 사용자 간의 식물 일기 공유와 댓글 소통을 강화하자.'와 같이 경쟁 앱 정보를 바탕으로 우리 앱의 강점을 만들 수 있습니다.

> 경쟁 앱 정보나 시장 조사에 대한 AI는 챗GPT의 '심층 리서치' 기능을 이용하면 고퀄리티의 자료를 얻을 수 있습니다. 심층 리서치 기능은 LLM모델이 웹에서 실제 관련 높은 데이터들을 리서치해서 결과를 도출하는 기능입니다. 2025년 5월 기준, 플러스 요금제를 사용하면 한 달에 10번의 심층 리서치가 가능하니 시도해보세요. 또는 퍼플렉시티(Perplexity)로도 충분히 시장 조사 및 경쟁 앱 정보를 리서치할 수 있습니다.

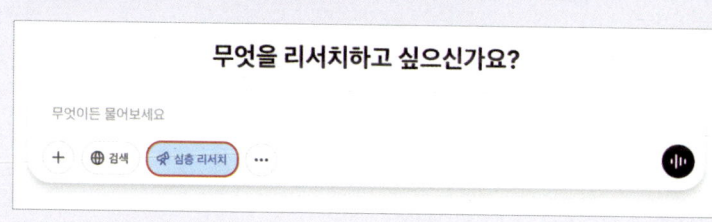

챗GPT의 '심층 리서치' 기능

2.2 기획 문서, PRD 작성하기

아이디어를 정하고 타깃 사용자를 분석했다면, 이제 본격적으로 앱 개발의 청사진을 그릴 차례입니다. **기획 문서**는 프로젝트의 목표, 범위, 기능, 요구 사항 등을 명확하게 정의하여 개발 과정의 나침반 역할을 합니다. 특히 혼자 개발하는 경우에도 개발 방향을 잃지 않고 체계적으로 진행하기 위해 그리고 AI 어시스턴트(커서 AI)와 효과적으로 협업하기 위해서는 기획 문서를 작성하는 것이 좋습니다.

이때 가장 일반적으로 사용되는 문서 중 하나가 PRD$^{Product\ Requirements\ Document}$(제품 요구 사항 문서)입니다. 너무 복잡하고 방대한 문서를 만들 필요는 없습니다. 핵심 내용을 중심으로 간결하게 작성하는 것만으로도 충분합니다.

AI를 활용한 PRD 작성법

PRD는 앱 개발의 '왜', '무엇을', '어떻게'를 담는 문서입니다. AI는 PRD의 기본 구조를 잡고 내용을 채우는 데 도움을 줄 수 있습니다. PRD의 주요 구성 요소는 다음과 같습니다.

PRD의 주요 구성 요소

1. **개요**^{Overview}: 프로젝트 배경, 목표, 타깃 사용자 요약
2. **목표**^{Goals}: 앱을 통해 달성하고자 하는 구체적인 비즈니스 목표 또는 사용자 목표
   (예: 3개월 내 활성 사용자 100명 확보, 사용자 만족도 4.0 이상 달성)
3. **사용자 페르소나**$^{User\ Personas}$: 사용자 페르소나 정보
   (예: 이름: 김민지, 나이: 27세, 직업: 사회 초년생 디자이너, 식물 경험: 3개월 차, 최근 입양한 몬스테라가 자꾸 시들어서 걱정이 많음)
4. **기능 요구 사항**$^{Functional\ Requirements}$: 앱이 제공해야 하는 구체적인 기능 목록
   (예: 이메일 회원 가입, 게시물 작성, 댓글 보기 등)
5. **비기능 요구 사항**$^{Non-functional\ Requirements}$: 성능, 보안, 사용성 등 기능 외적인 요구 사항
   (예: 앱 로딩 속도 3초 미만, 모든 화면 다크 모드 지원)
6. **(선택)릴리스 기준**$^{Release\ Criteria}$: MVP 출시를 위해 반드시 구현해야 하는 최소 기능 정의

1단계. PRD 초안 작성하기

내가 만들 앱에 어떤 구성 요소가 중요한지 정리해 다음과 같이 AI에게 PRD의 초안 작성을 요청할 수 있습니다.

PRD 초안 요청하기

내가 만들 '반려 식물 초보 집사 커뮤니티 앱'의 PRD 초안을 작성해줘. 다음에 첨부한 주요 구성 요소를 포함해서.

PRD 주요 구성 요소
- 프로젝트 개요(대상 사용자, 앱의 목표)
- 핵심 기능
- 기술 스택
- 향후 추가 기능
- 성공 지표

PlantPal(가칭) - 반려 식물 집사 커뮤니티
제품 요구 사항 문서(PRD)

1. 프로젝트 개요
1.1 앱 소개
앱 이름: 반려 식물 집사 커뮤니티(가칭: PlantPal)
핵심 가치: 반려 식물 집사들을 위한 온라인 모임/정보 및 일지 공유 중심의 커뮤니티 MVP
비전: 정서적 위로가 되어줄 수 있는 반려 식물이 더 잘 관리될 수 있도록 도와주는 친구
1.2 대상 사용자
- 식물을 키우고 있지만 잘 못 돌보는 사용자
- 반려 식물 관리에 어려움을 겪는 사용자
- 자신의 식물 성장 과정을 기록하고 공유하고 싶은 사용자
1.3 앱의 목표
- 혼자 식물 관리하기 쉽고 부담없이 정보도 얻을 수 있는 환경 조성
- 사용자 간의 감정 공유를 중심으로 한 커뮤니티 형성
- 직관적이고 간편한 UI/UX로 진입 장벽 최소화

2. 핵심 기능(MVP)

2.1 인증 시스템

기능: Firebase Email/Password 기반 회원 가입 및 로그인

요구 사항:

- 이메일 주소와 비밀번호를 통한 계정 생성
- 회원 가입/로그인 기능
- 비밀번호 재설정 기능

2.2 피드(게시글 목록)

기능: 다른 사용자가 작성한 게시글 목록 표시

요구 사항:

- 최신순 정렬
- 게시물 목록, 썸네일, 간단한 내용 미리보기 제공
- 게시물 작성자 아이디 표시
- 댓글 수, 좋아요 수 등 메타데이터 구현
- 무한 스크롤

2.3 게시글 상세 보기

기능: 특정 게시글의 전체 내용 및 댓글 표시

요구 사항:

- 게시글 이미지 표시
- 본문 전체 내용 표시
- 작성자 닉네임 표시
- 작성일자 및 작성 시간 표시
- 댓글 목록 표시

2.4 게시글 작성

기능: 새로운 게시글 작성

요구 사항:

- 제목 및 본문 입력 필수
- 선택적으로 이미지 1장 첨부 가능
- 게시글 유형 선택(질문/기록)
- 작성 완료 후 버튼으로 작성 마무리

2.5 댓글 작성

기능: 특정 게시글에 댓글 작성

요구 사항:

- 텍스트 기반 댓글 입력

- 댓글 작성자 닉네임 및 시각 표시

- 실시간 업데이트(선택)

3. 기술 스택
프런트엔드: 리액트 네이티브 또는 플러터

백엔드: 파이어베이스(Authentication, Firestore, Storage)

배포: Google Play Store, Apple App Store

4. 향후 추가 기능(Future Roadmap)
4.1 사용자 경험 향상
- 사용자 프로필 보기 및 편집 기능

- 게시글/댓글 좋아요 기능

- 사용자 알림 확인 기능

4.2 콘텐츠 관리 기능
- 다중 이미지 업로드 지원

- 식물 종류 및 카테고리 분류

- 검색 기능 추가

4.3 커뮤니티 기능 강화
- 알림 시스템 구현

- 배지/포인트

- 식물 관리 일지 통계 제공

5. 성공 지표
사용자 지표: DAU/MAU, 재방문율, 이탈률 등

콘텐츠 지표: 일일 게시글/댓글 수, 작성자 수 대비 활동률, 좋아요/댓글 수가 높은 우수한 게시물 카테고리

운영 지표: 오류 리포팅 수, 운영자 응대 시간 등

2단계. AI 제안 검토 및 수정

AI가 제안한 초안을 바탕으로 내용을 검토하고, 우리 앱의 상황에 맞게 구체화하고 수정합니다. 특히 기능 요구 사항은 우선 순위를 정하는 것이 중요합니다.

> 백엔드는 파이어베이스를 사용하는 걸로 해주고, 커뮤니티 기능을 위주로 PRD를 다시 작성해줘.

PlantPal(가칭) - 반려 식물 집사 커뮤니티
제품 요구 사항 문서(PRD)

1. 프로젝트 개요
1.1 앱 소개
앱 이름: 반려 식물 집사 커뮤니티(가칭: PlantPal)
핵심 가치: 반려 식물 집사들을 위한 온라인 모임/정보 및 일지 공유 중심의 커뮤니티 MVP
비전: 정서적 위로가 되어줄 수 있는 반려 식물이 더 잘 관리될 수 있도록 도와주는 친구

1.2 대상 사용자
- 식물을 키우고 있지만 잘 못 돌보는 사용자
- 반려 식물 관리에 어려움을 겪는 사용자
- 자신의 식물 성장 과정을 기록하고 공유하고 싶은 사용자

1.3 앱의 목표
- 혼자 식물 관리하기 쉽고 부담없이 정보도 얻을 수 있는 환경 조성
- 사용자 간의 감정 공유를 중심으로 한 커뮤니티 형성
- 직관적이고 간편한 UI/UX로 진입 장벽 최소화

2. 핵심 기능(MVP)
2.1 인증 시스템
기능: Firebase Email/Password 기반 회원 가입 및 로그인
요구 사항:
- 이메일 주소와 비밀번호를 통한 계정 생성
- 회원 가입/로그인 기능
- 비밀번호 재설정 기능

2.2 피드(게시글 목록)
기능: 다른 사용자가 작성한 게시글 목록 표시
요구 사항:

- 최신순 정렬
- 게시물 목록, 썸네일, 간단한 내용 미리보기 제공
- 게시물 작성자 아이디 표시
- 댓글 수, 좋아요 수 등 메타데이터 구현
- 무한 스크롤

2.3 게시글 상세 보기

기능: 특정 게시글의 전체 내용 및 댓글 표시

요구 사항:

- 게시글 이미지 표시
- 본문 전체 내용 표시
- 작성자 닉네임 표시
- 작성일자 및 작성 시간 표시
- 댓글 목록 표시

2.4 게시글 작성

기능: 새로운 게시글 작성

요구 사항:

- 제목 및 본문 입력 필수
- 선택적으로 이미지 1장 첨부 가능
- 게시글 유형 선택(질문/기록)
- 작성 완료 후 버튼으로 작성 마무리

2.5 댓글 작성

기능: 특정 게시글에 댓글 작성

요구 사항:

- 텍스트 기반 댓글 입력
- 댓글 작성자 닉네임 및 시각 표시
- 실시간 업데이트(선택)

3. 기술 스택

프런트엔드: 플러터

백엔드: 파이어베이스(Authentication, Firestore, Storage)

배포: Google Play Store, Apple App Store

4. 향후 추가 기능(Future Roadmap)

4.1 사용자 경험 향상
- 사용자 프로필 보기 및 편집 기능
- 게시글/댓글 좋아요 기능
- 사용자 알림 확인 기능

4.2 콘텐츠 관리 기능
- 다중 이미지 업로드 지원
- 식물 종류 및 카테고리 분류
- 검색 기능 추가

4.3 커뮤니티 기능 강화
- 알림 시스템 구현
- 배지/포인트
- 식물 관리 일지 통계 제공

5. 성공 지표
사용자 지표: DAU/MAU, 재방문율, 이탈률 등
콘텐츠 지표: 일일 게시글/댓글 수, 작성자 수 대비 활동률, 좋아요/댓글 수가 높은 우수한 게시물 카테고리
운영 지표: 오류 리포팅 수, 운영자 응대 시간 등

📌 **1인 개발자와 PRD**

'혼자 개발하는데 PRD가 꼭 필요한가?'라고 생각할 수 있습니다. 하지만 PRD는 미래의 나 자신과의 소통 도구이자, 커서 AI와 같은 AI 어시스턴트에게 프로젝트의 맥락을 알려 주는 중요한 자료가 됩니다. 'Chapter 4 커서 AI와 친해지기'에서 다룰 커서 AI의 'Notepads' 기능에 이 PRD의 핵심 내용을 정리해 두면, AI가 프로젝트의 목표와 요구 사항을 더 잘 이해하고 훨씬 정확한 코드를 제안하는 데 도움이 됩니다. 프로젝트가 커지고, 시간이 지나도 이 PRD가 있다면 AI와의 작업에 대한 연속성을 가져갈 수 있기 때문에 굉장히 중요한 문서입니다. 바로 이 부분이 다른 AI를 사용하는 작업들과 차이점을 만들어 내죠.

핵심 유저 플로우 주요 기능 설계

PRD에 기능 목록을 나열했다면, 이제 사용자가 실제로 앱을 어떻게 사용하게 될지 **유저 플로우**User Flow을 설계하고, 각 기능의 세부 내용을 구체화해야 합니다.

1단계. 핵심 유저 플로우 정의하기

사용자가 특정 목표(예: 회원 가입 완료, 게시물 작성 완료)를 달성하기 위해 앱 내에서 거치는 단계별 경로를 정의합니다.

예시(게시물 작성 흐름)

홈 화면 진입 → '글쓰기' 버튼 클릭 → 글쓰기 화면 이동 → 제목/내용 입력 → 이미지 첨부(선택) → '작성 완료' 버튼 클릭 → 게시물 등록 확인 → 홈 화면으로 복귀(새 글 확인)

유저 플로우 초안 요청 프롬프트

> 우리 앱의 '게시물 작성' 유저 플로우를 단계별로 설명해줘.
>
> **Plant Pal – 게시물 작성 유저 플로우**
>
> ✅ 시나리오:
> "잎이 누렇게 말라가는데, 원인을 모르겠어서 질문을 올리고 싶어."
>
> **1단계.**
> 작성 진입(Entry Point)
> 사용자가 홈 화면 or 동네방 피드에서 + 버튼 또는 질문하기 버튼을 탭
> 선택 옵션 등장:
> 질문하기 🤔
> 자랑하기 😎
> 나눔하기 🤗
>
> 초보 집사는 주로 '질문하기'를 선택함. 선택한 유형에 따라 기본 폼이 달라짐.
>
> **2단계.**
> 사진 업로드 or 촬영
> 사용자는 사진을 업로드하거나 직접 카메라로 찍을 수 있어
> 업로드 직후, OpenAI Vision API를 호출하여:
> 식물 종류 추정(태그로 표시)
> 병징/이상 징후 자동 인식(예: "잎 끝 타거나 갈변")

추출된 태그는 UI 상단에 자동 추가되어 사용자가 수정/삭제 가능

목적은 초보 사용자의 '글쓰기 부담'을 줄이고, AI가 먼저 맥락을 파악하게 하기 위함

3단계.

질문 제목 & 내용 작성
AI가 제목 제안(예: "몬스테라 잎 끝이 말라요, 왜일까요?")
본문에 추가로 설명 입력 가능
예: "거실 창가에 두고 있고, 한 달 전에 분갈이했어요."
글의 톤 & 카테고리 자동 추천:
카테고리: 물 주기, 병해충, 햇빛, 온도 등
톤: 질문/공유/기록

4단계.

지역 & 공개 범위 설정
기본값은 내 동네방 + 글로벌 공개
사용자는 옵션 선택 가능:
"내 동네만 보기"
"전 세계 공개"
"팔로워만 보기"

하이퍼로컬 커뮤니티와 글로벌 커뮤니티의 균형을 사용자가 선택 가능

5단계.

미리보기 & AI 초안 확인(선택)
옵션: "AI 추천 답변 먼저 보기"
GPT-4o가 Vision+텍스트를 기반으로 첫 번째 임시 답변 제공
해당 답변은 게시 시 'AI 응답'으로 자동 붙음

이 기능으로 사용자는 글을 올리기 전에도 어느 정도 해결ㄷ감을 얻을 수 있음

6단계.

게시 & 알림 설정

> 게시 버튼 탭 → 게시 완료
>
> 게시 후 사용자가 선택 가능:
>
> "답변 달리면 알림받기"
>
> "동일한 증상 있는 사람에게도 알리기"(자동 유사 글 추천용)
>
> Cloud Function이 백그라운드에서 GPT 요약 + 다국어 번역도 수행함
>
> **7단계.**
>
> 게시 후 관리
>
> 사용자는 내 글에 달린 AI 답변, 다른 사용자 답변에 좋아요/댓글을 남길 수 있음
>
> 질문 해결 시 "해결됨 체크" → 답변자에게 XP + 배지 지급
>
> 이후 동일 증상으로 질문하는 사용자에게 이 글이 추천됨

2단계. 주요 기능 상세 설계

각 기능이 구체적으로 어떻게 동작해야 하는지, 어떤 UI 요소가 필요한지 등을 정의합니다. 예를 들어 게시물 작성 기능의 UI 요소를 정리하면 다음과 같습니다.

게시물 작성 기능의 UI 요소(예시)

- 제목 입력 필드(최대 50자 제한)
- 내용 입력 필드(텍스트 서식 지원 없음, 최대 1000자)
- 이미지 첨부 버튼(최대 3장, JPG/PNG 형식 지원)
- 작성 완료 버튼(제목과 내용이 비어 있으면 비활성화)

우리가 가진 자원은 무한하지 않기 때문에 서버를 사용할 때는 항상 비용과 사용자 경험 사이에 줄다리기를 해야 합니다. 앞서 제한 사항은 일반적으로 데이터베이스에 저장하고 동기화하기 위한 데이터 저장량을 제한해야 하는데, 사용자 경험을 해치지 않는 선에서 정하기 나름입니다.

이번에는 게시물 작성 기능의 상세 요구 사항 정의를 요청하겠습니다.

주요 기능 상세 설계 요청 프롬프트

게시물 작성 기능의 상세 요구 사항을 정의해줘. 포함되어야 할 UI 요소와 제약 조건 등을 고려해서.

게시물 작성 기능 상세 요구 사항(Post Creation Spec)

✅ **1. 기능 개요**
사용자가 커뮤니티에 질문·자랑·나눔 등의 목적에 맞춰 게시물을 작성하고 업로드할 수 있는 기능. AI를 활용해 글 작성 부담을 줄이고, 커뮤니티 활성화에 기여하는 핵심 기능 중 하나.

✅ **2. 포함 UI 요소**

1. 작성 유형 선택(Segmented Selector or Modal)
- 질문하기 🧐
- 자랑하기 😎
- 나눔하기 🤗

2. 식물 사진 업로드/촬영
- 이미지 업로드 버튼(카메라/앨범 선택)
- 썸네일 미리보기
- 업로드 후 분석 상태 인디케이터(예: "AI가 식물 분석 중…")

3. AI 추출 태그 영역
- 종 이름, 증상, 환경 태그 자동 생성
- 각 태그 삭제 및 수정 가능

4. 제목 입력 필드
- 플레이스홀더 예시: "잎 끝이 말라요, 왜 그럴까요?"

5. 본문 입력 필드
- 플레이스홀더 예시: "창가 쪽에 놓아 두고 있고, 일주일 전에 물 줬어요."

6. 카테고리 선택 드롭다운(자동 추천 + 수동 선택)
- 물 주기/병해충/햇빛/습도/분갈이/기타

7. 지역/공개 범위 설정 영역
- 라디오 버튼:
  - 내 동네만
  - 전체 공개

- 팔로워만 보기

8. AI 답변 미리보기(선택형 토글)
    - AI 미리보기 ON/OFF
    - GPT-응답을 미리 받아보고 게시에 포함 여부 결정

9. 게시하기 버튼
    - 게시 조건이 충족되지 않으면 비활성화 처리

✅ 3. 기능 요구 사항

3-1. 이미지 업로드 처리
- 1장 이상 필수(최대 5장)
- 업로드 직후 클라우드 저장소에 저장
- 업로드된 이미지 → Cloud Function 통해 Vision API 호출
- Vision 결과에서:
    - 종/이상 증상 추출 → 태그 추천
    - 위험 표현은 자동 모더레이션

3-2. 자동 태그
- 태그는 최대 6개 자동 추천됨
- 사용자가 직접 삭제/편집 가능

3-3. 본문 입력
- 최소 20자 이상 작성
- 욕설/비속어/비방은 실시간 필터링 후 안내 메시지 노출
- 링크, 전화번호 입력은 제한

3-4. 카테고리
- AI가 제목/본문 기반으로 추천
- 사용자 수동 변경 가능

이 단계에서 유저 플로우 다이어그램이나 와이어프레임(간단한 화면 스케치)을 그려 보면 더욱 명확한 기능 설계에 도움이 됩니다('Chapter 3 커뮤니티 앱 디자인하기'에서 자세히 다룹니다.).

수익 모델 설정

MVP 단계에서부터 거창한 수익 모델을 고민할 필요는 없지만, 장기적으로 앱을 운영하기 위해서는 어떤 방식으로 수익을 창출할지 미리 생각해 두는 것이 좋습니다. 커뮤니티 앱의 일반적인 수익 모델은 다음과 같습니다.

광고

앱 내 특정 영역(예: 배너, 게시물 사이, 설정 페이지 하단 등)에 광고를 노출하고 수익을 얻는 방식입니다. Google AdMob, Facebook Audience Network 등 다양한 플랫폼을 통해 비교적 쉽게 구현할 수 있습니다.

광고 단가는 콘텐츠 유형, 사용자 국가, 노출 위치 등에 따라 다르며, 사용자 경험을 해치지 않도록 자연스럽게 배치하는 것이 중요합니다. 예를 들어, 메인 피드의 글 사이사이에 네이티브 형태의 광고를 자연스럽게 넣거나, 사용자가 게시물을 다 읽고 나서 나타나는 전면 광고 등을 활용할 수 있습니다. 광고를 적용할 때는 '노출은 자연스럽게, 클릭은 유도하지 않게'가 기본 원칙입니다(자세한 내용은 'Chapter 6 사용자 인증과 데이터 관리'에서 간단히 다룹니다.).

구독(프리미엄 기능)

기본 기능은 누구나 무료로 이용할 수 있도록 하되, 추가적인 고급 기능(예: 광고 제거, 특별한 프로필 꾸미기, 커뮤니티 활동 리포트, 글 열람 통계 보기 등)을 사용하려면 월 단위 혹은 연 단위로 구독료를 지불하는 방식입니다. 이 방식은 특히 앱에 꾸준히 머무르는 충성 사용자층이 생길 때 효과적이며, 정기적인 수익 흐름을 만들어 주는 장점이 있습니다. 단, 프리미엄 기능은 '굳이 필요한가?'를 넘어서 '있으면 무조건 쓰고 싶다'고 느낄 수 있도록 설계하는 것이 중요합니다. 보통 무료 이용 중에도 프리미엄 기능을 체험할 수 있는 '무료 체험 기간'을 제공하면 전환율이 높아집니다.

인앱 구매

앱에서 사용할 수 있는 특정 아이템(예: 커뮤니티 내 가상 화폐, 프로필 꾸미기 아이템, 스티커, 활동 배지 등)을 유료로 판매하는 방식입니다. 예를 들어, 특정 게시판에 글을 쓰기 위해 '포인트'를 사용해야 한다거나, 활동에 따라 획득한 포인트로 순위를 경쟁할 수 있게 만들면 사용자의 참여 유도와 수익화를 함께 노릴 수 있습니다. 이 방식은 특히 사용자가 커뮤니티 내에서 **자기 표현** 혹은 **차별화**를 중요하게 여기는 경우에 유효합니다.

제휴 마케팅

앱 내에서 사용자와 관련 있는 상품이나 서비스를 추천하고, 이를 통해 판매가 이루어질 경우 일정 수수료를 받는 방식입니다. 예를 들어, 자기계발 커뮤니티라면 책, 온라인 강의, 워크숍 등을 연결할 수 있고, 디지털 노마드 커뮤니티라면 숙소 예약, 여행 장비, 원격 근무 툴 등이 어울릴 수 있습니다.

다만 무분별한 제휴보다는 **사용자에게 진짜 도움이 되는 서비스만 자연스럽게 소개하는 방향**이 중요합니다. 추천 콘텐츠에 링크를 삽입하거나, 특정 주제 게시판에 제휴 제품 리뷰를 제공하는 식으로 녹여낼 수 있습니다.

우리 커뮤니티 앱의 MVP 단계에서는 우선 광고 모델을 적용해보겠습니다. 사용자가 어느 정도 모이고 앱의 가치가 검증되면, 추후 구독 모델이나 다른 수익 모델을 추가하는 것을 고려할 수 있습니다.

자, 여기까지 왔다면 여러분은 이제 막연했던 아이디어를 구체적인 기획으로 발전시키는 중요한 단계를 완료한 겁니다! **탄탄한 기획은 성공적인 앱 개발의 절반**이라고 해도 과언이 아닙니다. 이제 이 기획 문서를 바탕으로 사용자들이 눈으로 보고 상호 작용할 앱의 '얼굴', 즉 디자인을 해볼 차례입니다. 다음 챕터에서 만나요!

03
커뮤니티 앱 디자인하기

학습 목표

- AI 도구를 보조적으로 활용하여 앱의 정보 구조와 사용자 흐름(UX)을 설계할 수 있습니다.
- 주요 화면에 대한 와이어프레임을 제작하고 기본 레이아웃을 구성할 수 있습니다.
- AI와 함께 앱의 시각적 일관성을 위한 디자인 시스템(색상, 타이포그래피, 기본 컴포넌트 스타일)을 정의할 수 있습니다.
- 정의된 디자인 시스템을 커서 AI의 Notepads에서 활용할 수 있도록 마크다운 형식으로 정리할 수 있습니다.

훌륭한 앱은 단순히 기능만 좋다고 완성되는 것이 아닙니다. 사용자를 사로잡는 매력적인 디자인은 성공하는 앱의 또 다른 핵심 요소입니다. 특히 우리가 만들고자 하는 커뮤니티 앱은 사용자들이 편안하고 즐겁게 소통할 수 있는 공간을 제공해야 하므로 디자인의 역할이 더욱 중요합니다. Chapter 2에서 우리는 AI와 함께 아이디어를 발굴하고, 타깃 사용자를 정의하며, 앱의 기획 단계를 꼼꼼히 다져왔습니다. 이제 그 탄탄한 기획을 바탕으로 사용자들이 눈으로 보고 손으로 만지게 될 앱의 겉모습, 즉 디자인을 구체화할 차례입니다.

본격적인 개발에 들어가기 전에 디자인 단계에서 충분히 고민하고 설계하는 것은 마치 건물을 짓기 전에 튼튼한 설계도를 그리는 것과 같습니다. 사용자 경험(UX)을 고려한 정보 구조 설계부터, 시각적인 아름다움과 통일성을 위한 디자인 시스템 구축까지 Chapter 3에서는 커뮤니티 앱의 디자인 전반을 체계적으로 다룰 것입니다. AI의 도움을 받아 효율적으로 디자인 작업을 진행하고, 사용자에게 매력적인 앱을 만들어 나가는 여정을 함께 시작해볼까요?

3.1 유저 플로우 설계와 와이어프레임 제작

이제 본격적으로 앱의 뼈대를 세우는 단계입니다. 아무리 멋진 디자인이라도 사용자가 길을 잃고 헤매는 앱은 좋은 앱이라고 할 수 없겠죠. **정보 구조**^{Information Architecture}(IA)와 **유저 플로우** 설계는 사용자가 앱을 이용하는 동안 원하는 정보를 쉽고 빠르게 찾도록 돕는 핵심 과정입니다. 마치 도시를 설계할 때 도로와 건물 배치, 표지판 등을 고려하는 것처럼 앱이라는 디지털 공간을 사용자가 편리하게 이용할 수 있도록 정보 구조를 설계하는 것이죠.

특히 커뮤니티 앱은 사용자들이 다양한 기능을 자연스럽게 이용하고, 서로 활발하게 소통하도록 유도하는 것이 중요합니다. 복잡하고 직관적이지 않은 사용자 경험은 이탈로 이어질 수 있습니다. 따라서 사용자 입장에서 생각하며 쉽고 명확한 정보 구조와 유저 플로우를 설계해야 합니다.

챗GPT로 유저 플로우와 와이어프레임 제작

이 과정에서 우리는 든든한 AI 친구, 챗GPT의 도움을 받을 겁니다. 과거에는 UX 전문가나 디자이너의 영역으로 여겨졌던 유저 플로우 설계와 와이어프레임 제작을, 이제는 AI와 함께라면 개발자 혼자서도 충분히 해낼 수 있습니다.

유저 플로우 설계

유저 플로우^{User Flow}는 사용자가 앱을 사용하는 과정에서 거치는 단계별 경로를 시각적으로 표현한 것입니다. 마치 게임의 시나리오처럼 사용자가 앱에 들어와서 어떤 행동을 하고, 어떤 화면을 거쳐 목표를 달성하는지를 한눈에 보여 주는 지도라고 생각하면 됩니다. 예를 들어, 우리 커뮤니티 앱의 핵심 유저 플로우 중 하나인 '게시물 읽기'는 다음과 같이 간단하게 정의할 수 있습니다.

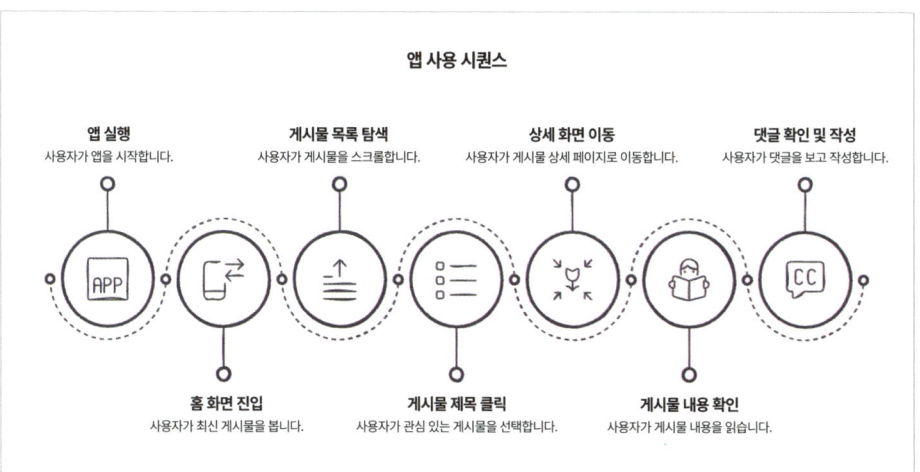

'게시물 읽기' 유저 플로우

더 복잡한 흐름도 챗GPT와 함께라면 쉽게 설계할 수 있습니다. 챗GPT에게 다음과 같이 질문해보세요.

유저 플로우 설계 프롬프트

우리 '반려 식물 초보 집사 커뮤니티 앱'의 주요 기능인 '새 게시물 작성'을 위한 유저 플로우를 설계해줘. 사용자가 앱의 홈 화면에 진입할 때부터 게시물 작성을 완료하고 다시 홈 화면으로 돌아오기까지의 단계를 자세하게 설명해줘. 각 단계에서 사용자가 어떤 행동을 하고 어떤 화면을 보게 되는지 명확하게 알려 줘.

[유저 플로우] 새 게시물 작성 프로세스(Home → Post → Back to Home)

Step 1. 홈 화면 진입
- 화면명: HomeScreen

📱 UI 구성
- 상단: "오늘의 물 주기 알림", 내 식물 상태 카드
- 중단: 피드 리스트(동네방 + 글로벌 통합)
- 하단 내비게이션 바: 홈, 동네방, +작성, 알림, 내 정보

👤 사용자 행동
- 하단 중앙의 '+작성' 버튼을 탭

⚙️ 시스템 동작

- Post 작성 유형 선택 Bottom Sheet 호출

Step 2. 작성 유형 선택

🔹 **화면명**: PostTypeSelectModal

📱 **UI 구성**
- 세 가지 카드:
  - 질문하기
  - 자랑하기
  - 나눔하기

👤 **사용자 행동**
- '질문하기' 선택

⚙️ **시스템 동작**
- 선택된 유형에 따라 작성 화면 초기 폼 구성
- PostEditorScreen으로 이동

Step 3. 게시물 작성 화면

🔹 **화면명**: PostEditorScreen

📱 **UI 구성**

1. 사진 업로드
- 이미지 업로드 버튼(앨범/카메라)
- 업로드 시 썸네일 표시

2. AI 태그 영역
- 종, 증상, 환경 태그 자동 추가(예: #몬스테라 #잎말림)

3. 제목 입력 필드
- 예시: "잎이 마르는데 왜일까요?"

4. 본문 입력 필드
- 예시: "거실 창가에 두고 있고, 물은 일주일 전에 줬어요."

5. 카테고리 선택
- 자동 추천 or 수동 선택(예: 병해충, 햇빛)

6. 공개 범위 설정
- [내 동네]/[전체 공개]/[팔로워만]

7. AI 답변 미리보기(토글)
- ON 시 GPT 응답 표시

8. 게시하기 버튼
- 조건 충족 시 활성화

👤 **사용자 행동**
- 사진 업로드, 텍스트 입력, 태그·카테고리 확인 후 '게시하기' 버튼 탭

⚙️ **시스템 동작**
- 사진은 클라우드 저장소에 업로드
- 게시물은 Firestore에 저장
- AI 답변 요청(GPT-4o) → 답변 저장
- 자동 번역 요청(백그라운드 처리)
- 유사 질문 인덱싱 트리거 등록

Step 4. 게시 완료 확인
🔹 **화면명**: PostSuccessModal

📱 **UI 구성**
- "게시 완료!" 메시지
- 요약 보기(미리보기 카드 형태)
- 아래 CTA:
  - 내 게시물 보기
  - 홈으로 돌아가기

👤 **사용자 행동**
- '홈으로 돌아가기' 선택

⚙️ **시스템 동작**
- 홈 화면으로 Pop or Replace Navigation

Step 5. 홈 화면 복귀 후 피드 반영
🔹 **화면명**: HomeScreen(Updated)

📱 **UI 변화**
- 가장 최근 글이 피드 상단에 노출됨(내 글은 강조 배경)
- "내 글에 AI가 답변 중입니다." 배너 잠깐 노출

👤 **사용자 행동**
- 내 글 확인하거나, 다른 피드 탐색

챗GPT는 텍스트 기반으로 유저 플로우를 단계별로 설명해주거나 때로는 간단한 텍스트 기반 와이어프레임 형태로 보여 주기도 합니다. 이 답변을 참고하여 여러분의 앱에 맞는 유저 플로우를 구체화해보세요.

와이어프레임 제작

와이어프레임^{Wireframe}은 앱의 화면 구성을 간략하게 스케치한 것입니다. 건축물의 뼈대와 같이 앱의 기본적인 레이아웃과 콘텐츠 배치, 주요 UI 요소들을 종이에 펜으로 슥슥 그린 것처럼 표현하는 것이죠. 와이어프레임을 통해 디자인의 큰 그림을 미리 그려 보고 유저 플로우가 자연스러운지, 중요한 정보가 잘 배치되었는지 등을 검토할 수 있습니다.

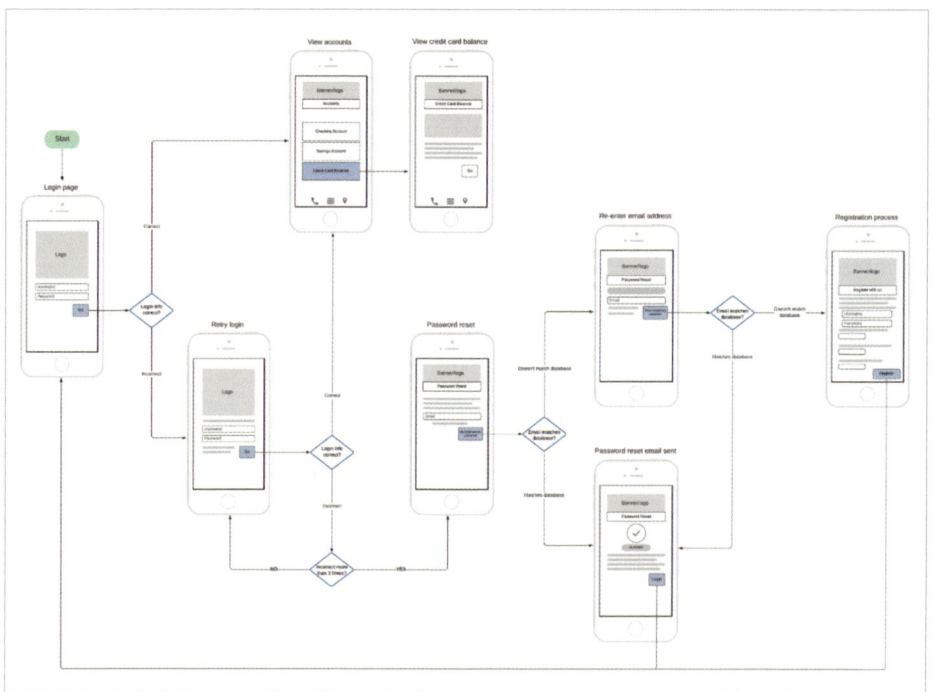

간단한 와이어프레임 예시

챗GPT에게 와이어프레임 아이디어를 얻는 방법은 다음과 같습니다.

와이어프레임 아이디어 요청 프롬프트

'반려 식물 초보 집사 커뮤니티 앱'의 '홈 화면' 와이어프레임 구성을 텍스트로 설명해줘.
포함될 요소는 다음과 같아.

- 상단: 앱 로고 또는 제목, 알림 아이콘, 검색 아이콘
- 중앙: 스크롤 가능한 게시물 카드 리스트(각 카드에는 이미지 썸네일, 제목, 작성자, 작성일, 좋아요/댓글 수 표시)
- 하단: 탭 내비게이션 바(홈, 글쓰기, 내 정보 탭 포함)

각 요소의 대략적인 위치와 역할을 설명해줘.

🏠 홈 화면 와이어프레임 구성(텍스트 버전)

1. 상단 헤더 영역(Top App Bar)
- **위치**: 화면 최상단(상태 바 아래)
- **구성 요소**:
  - **앱 로고 or 텍스트 제목**: 중앙에 위치. 예: "🌿 Plant Pal"
    - 앱 브랜딩 요소이자 홈임을 명확히 보여 줌
  - **알림 아이콘(🔔)**: 우측 상단
    - 사용자의 댓글, 좋아요, 답변, 배지 획득 등 알림으로 이동
  - **검색 아이콘(🔍)**: 알림 아이콘 왼쪽
    - 키워드로 게시물, 사용자, 태그 등을 검색할 수 있는 검색 화면으로 이동

✅ **역할**: 전역 내비게이션의 핵심 포인트. 사용자가 빠르게 필요한 정보를 탐색하거나 새 알림을 확인할 수 있음

2. 중앙 본문 영역 – 피드 리스트(Feed List)
- **위치**: 헤더 아래, 하단 탭 내비게이션 위까지의 영역 전체
- **구성 요소**:
  - 스크롤 가능한 게시물 카드 리스트
    - 최신순 또는 추천순으로 나열
    - 각 게시물은 카드 UI로 표현됨
  - 각 카드 구성:
    - 이미지 썸네일(좌측 or 상단)

- 제목(글 유형 아이콘 포함 예: ❓ 잎이 노래졌어요)
- 작성자 닉네임(예: @초록이)
- 작성일(상대 시간: "3시간 전")
- 좋아요 ❤️/댓글 💬 수(숫자 배지 형태)
- 터치 시 게시물 상세 화면으로 이동

✅ **역할**: 커뮤니티의 중심 콘텐츠 노출. 사용자는 여기서 질문을 둘러보거나 자랑, 나눔 글을 탐색함
AI 번역이 적용된 글로벌 피드는 "🌐 번역됨" 배지로 표시 가능

3. 하단 탭 내비게이션 바(Bottom Navigation Bar)
- **위치**: 화면 최하단, 시스템 내비게이션 위
- **구성 요소**:
  - 🏠 **홈 탭**(선택된 상태): 현재 화면
  - ➕ **작성 탭**: 게시물 작성으로 이동(모달 or 작성 유형 선택 화면)
  - 👤 **내 정보 탭**: 프로필, 내 식물, 배지, 설정 등으로 이동

✅ **역할**: 앱 내 주요 기능으로의 접근을 빠르게 도와주는 고정 내비게이션

기본 레이아웃과 주요 화면 설계

이제 와이어프레임과 유저 플로우를 바탕으로 앱의 전반적인 **레이아웃**과 **주요 화면**들을 구체적으로 설계해 봅시다. 우리 커뮤니티 앱의 기본적인 레이아웃은 사용 편의성을 최우선으로 고려하여 많은 모바일 앱에서 표준으로 사용하는 **하단 내비게이션 기반의 구조**로 설계할 겁니다. 사용자들은 하단 내비게이션 메뉴를 통해 앱의 주요 기능 화면들을 쉽고 빠르게 이동할 수 있습니다.

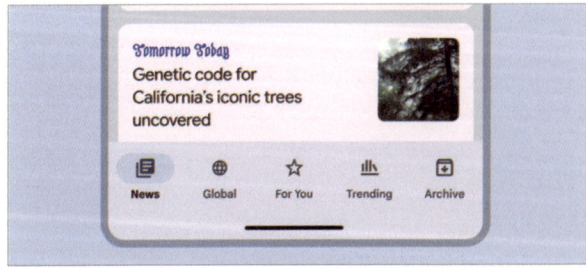

하단 내비게이션 구조

우리가 만들 커뮤니티 앱의 주요 화면은 다음 4가지입니다.

커뮤니티 앱의 주요 화면

- 홈 화면
- 게시글 상세 화면
- 글쓰기 화면
- 내 정보 화면

실제 와이어프레임은 피그마와 같은 디자인 툴로 만드는 게 일반적이지만 이 책에서는 실제 디자인을 하지는 않습니다. 우리가 해야 할 것은 AI가 잘 알아들을 수 있는 문서로 와이어프레임을 만드는 것입니다.

홈 화면 구성

- **역할**: 앱의 메인 화면. 사용자가 가장 먼저 접하는 곳으로, 최신 게시물 목록을 보여 줍니다.
- **구성 요소(예시)**: 상단 앱 바(로고/제목, 알림/검색 아이콘), 중앙 게시물 리스트(스크롤 가능, 카드 형태), 하단 탭 내비게이션
- **고려 사항**: 시각적으로 매력적이고, 새로운 정보를 쉽게 발견할 수 있도록 디자인합니다.

와이어프레임을 바탕으로 홈 화면의 와이어프레임을 텍스트 문서로 작성해줘. AI가 이해할 수 있도록 코드 블록 안에 마크다운으로 작성해줘.

🏠 Plant Pal - 홈 화면 와이어프레임

📋 개요
- **화면명**: `홈 화면(HomeScreen)`
- **설명**: 커뮤니티 피드 중심의 메인 화면으로, 게시물 탐색, 작성, 알림 확인 등 주요 진입점 제공

📐 전체 레이아웃 구조
```
[상단 앱바]
├── 로고/제목
```

    ├── 검색 아이콘
    └── 알림 아이콘

[본문 영역 - 스크롤 피드]
    ├── 게시물 카드 1
    ├── 게시물 카드 2
    └── ...

[하단 탭 바]
    ├── 홈 | 작성 | 내 정보
```

---

## 1. 🔝 상단 앱바 영역

| 요소 | 설명 |
|------|------|
| 앱 로고/제목 | 중앙 정렬 텍스트 또는 아이콘(예: 🌿 Plant Pal) |
| 검색 아이콘(🔍) | 우측 상단, 검색 화면으로 이동 |
| 알림 아이콘(🔔) | 검색 옆에 위치, 알림 화면으로 이동 |

- **위치**: 화면 최상단
- **역할**: 앱 브랜딩, 빠른 탐색 및 알림 접근

---

## 2. 📄 게시물 피드 영역(Scrollable Feed)

- **위치**: 상단 앱바 아래 ~ 하단 탭바 위
- **설명**: 커뮤니티 최신 글이 카드 형태로 스크롤 가능하게 나열됨

### 📦 게시물 카드 구성

| 요소 | 설명 |
```

|-----|-----|
썸네일 이미지	카드 상단 or 좌측(16:9 비율)
제목	텍스트, 최대 2줄 표시
작성자 닉네임	예: @초록이
작성일	상대 시간 예: "2시간 전"
좋아요 수(❤️)	숫자 + 아이콘
댓글 수(💬)	숫자 + 아이콘

- 인터랙션: 카드 탭 시 `게시물 상세 화면`으로 이동

---

3. 📱 하단 탭 내비게이션 바

- 위치: 화면 최하단(시스템 내비게이션 위)
- 역할: 주요 기능(피드 탐색, 글쓰기, 내 정보)으로 빠른 접근

🔵 탭 구성

탭	아이콘	동작
홈	🏠	현재 화면, 강조 표시
작성	➕	게시물 작성 화면 진입(`작성 유형 선택` 모달로 이동)
내 정보	👤	프로필, 내 식물, 설정으로 이동

📌 향후 확장 포인트

- 피드 상단에 **필터(동네/카테고리/태그)** 추가 가능
- AI 번역된 게시물은 "🌐 번역됨" 배지 표시
- 스켈레톤 로딩 UI/무한 스크롤 구현 고려

게시물 상세 화면

- **역할**: 사용자가 선택한 게시물의 전체 내용을 보여 주고, 댓글을 확인하고 작성할 수 있는 화면.
- **구성 요소(예시)**: 상단 앱 바(뒤로 가기, 작성자 정보/메뉴), 게시물 내용 영역(제목, 작성자, 작성일, 본문, 이미지, 좋아요/공유 버튼), 댓글 목록 영역, 댓글 입력 필드
- **고려 사항**: 게시물 가독성에 집중하고, 댓글 작성 및 확인이 용이하도록 배치합니다.

같은 방식으로 게시물 상세 화면의 와이어 프레임을 작성해줘.

📝 Plant Pal – 게시물 상세 화면 와이어프레임

📋 개요
- **화면명**: `게시물 상세 화면(PostDetailScreen)`
- **설명**: 하나의 게시물을 전체 보기로 확인하고, 댓글을 달거나 좋아요/공유 등의 상호 작용을 하는 화면

📐 전체 레이아웃 구조
```
[상단 앱바]
  ├── 뒤로가기 버튼
  ├── 화면 제목(예: "질문 상세")
  └── 더보기 메뉴(…)

[본문 영역 - 스크롤 가능]
  ├── 게시물 이미지(1장 이상 슬라이더)
  ├── 제목 + 카테고리 태그
  ├── 작성자 정보 + 작성일
  ├── 게시글 본문 내용
  ├── AI 추천 답변 블록(선택)
  ├── 좋아요/댓글/공유 버튼
  └── 댓글 목록

[하단 입력창]
  ├── 댓글 입력 필드
```

    └─ 보내기 버튼
```
---

## 1. 🔝 상단 앱바 영역

| 요소 | 설명 |
|-----|-----|
| **뒤로가기 버튼(←)** | 좌측 상단, 이전 화면으로 이동 |
| **화면 제목** | 중앙에 표시(예: "질문", "자랑") |
| **더보기 메뉴(…)** | 우측 상단, 게시물 신고/수정/삭제 등 옵션 표시 |

- 역할: 탐색 & 사용자 컨트롤 진입점

---

## 2. 🖼️ 게시물 콘텐츠 영역

- **위치**: 상단 앱바 아래 ~ 댓글 입력창 위까지 스크롤 가능

### 🧩 주요 구성 요소

| 요소 | 설명 |
|-----|-----|
| **이미지 슬라이더** | 업로드된 식물 사진들 좌우 스와이프 가능 |
| **제목** | 큰 글씨 제목, 최대 2줄 |
| **카테고리 태그** | 예: #물 주기 #몬스테라 |
| **작성자 정보** | 프로필 사진 + 닉네임(@초록이), 작성일("3시간 전") |
| **본문 내용** | 최대 1,000자, 줄바꿈 포함 |
| **AI 추천 답변** | GPT가 제공한 요약/해설(있을 경우만 표시) |
| **상호 작용 버튼** | ❤️ 좋아요 수, 💬 댓글 수, 🔝 공유 버튼 |

- 인터랙션:
  - 이미지 탭 시 전체보기 확대
```

- 사용자 이름 탭 시 프로필 화면 이동
- AI 답변 블록은 <👍 유용해요> 버튼 포함 가능

---

3. 💬 댓글 목록

- **표시 위치**: 본문 하단에 순차 노출(최신순 or 좋아요순)
- **각 댓글 구성**:
  - 프로필 사진 + 닉네임
  - 댓글 본문
  - 작성일 + 좋아요 버튼
  - 신고 아이콘(옵션)

- **인터랙션**:
  - 댓글 롱프레스 → 삭제 or 신고 메뉴
  - 답글 기능은 MVP에서는 생략 가능(추가 예정)

---

4. 📝 하단 댓글 입력창

요소	설명
입력 필드	플레이스홀더: "댓글을 입력하세요..."
보내기 버튼	입력 시 활성화(종이비행기 아이콘)

- **역할**: 즉시 피드백/소통 창구
- **제약**:
  - 최소 1자, 욕설 자동 필터링
  - 최대 300자

✂️ 향후 확장 포인트

- 댓글에 답글(스레드) 기능
- 댓글에 이모지 리액션
- AI 자동 요약 버튼("이 글 요약 보기")
- 글쓴이만 볼 수 있는 '내 식물 연결하기' 기능
- 자동 번역된 댓글 구간 구분(🔵 번역됨 배지)

글쓰기 화면

- **역할**: 사용자가 새로운 게시물을 작성하는 화면
- **구성 요소(예시)**: 상단 앱 바(취소/임시 저장, 완료 버튼), 제목 입력 필드, 내용 입력 필드, 이미지 첨부 버튼, (선택)카테고리 선택 등
- **고려 사항**: 입력 과정을 최대한 단순하고 직관적으로 만듭니다.

같은 방식으로 글쓰기 화면 와이어프레임을 작성해줘.

🪴 Plant Pal - 게시물 작성 화면 와이어프레임

📋 개요
- 화면명: `게시물 작성 화면(PostEditorScreen)`
- 설명: 사용자가 질문, 자랑, 나눔 등의 글을 작성하고 커뮤니티에 업로드하는 화면
- 목표: 초보 집사가 편하게 사진과 질문을 올릴 수 있도록, 최소 입력 설계 + AI 자동 추천 제공

📐 전체 레이아웃 구조
```
[상단 앱바]
  ├── 닫기 버튼(X)
  ├── 화면 제목("글쓰기")
  └── 게시 버튼(비활성화 → 조건 충족 시 활성화)

[본문 영역 - 스크롤 가능]
  ├── 작성 유형 선택 영역
  ├── 이미지 업로드(최소 1장)
```

          ├── AI 태그 자동 추출 영역
          ├── 제목 입력
          ├── 본문 입력
          ├── 카테고리 선택
          ├── 공개 범위 설정
          └── AI 답변 미리보기(선택)

    [하단 키보드 영역]
          └── 키보드 입력 시 자동 스크롤
    ```
---

## 1. 🔝 상단 앱바 영역

| 요소 | 설명 |
|------|------|
| **닫기 버튼**(X) | 좌측 상단, 글쓰기 취소 및 홈 복귀 |
| **화면 제목** | 중앙 표시: "글쓰기" |
| **게시 버튼** | 우측 상단, 조건 충족 시 활성화(사진 + 본문 등) |

- **역할**: 화면 종료 & 업로드 실행 제어

---

## 2. 📁 작성 유형 선택

| 요소 | 설명 |
|------|------|
| **유형 선택 드롭다운** | 기본값: "질문하기"/"자랑하기"/"나눔하기" |
| **아이콘** | 유형별 이모지 또는 태그 표시(예: ❓, 😎, 🌱) |

- **역할**: UI 전체 흐름 결정(작성 포맷 일부 변경)

---
    ```

3. 🖼 이미지 업로드

요소	설명
이미지 업로드 버튼	앨범 or 카메라 선택 가능
미리보기 썸네일 리스트	최대 5장, 삭제 가능
AI 분석 로딩 표시	업로드 후 Vision 분석 진행 중 애니메이션 노출

- **제약**: 최소 1장 필수
- **AI 연동**: Vision API 호출 → 종, 증상 추출

---

4. 🏷 AI 태그 자동 추출 영역

요소	설명
추천 태그	예: #몬스테라 #잎말림 #실내
수정 기능	사용자가 태그 삭제/추가 가능

- **역할**: 검색성 향상 + 초보자 부담 완화

---

5. 📝 텍스트 입력 필드

제목 입력
- 플레이스홀더: "잎이 마르는데 왜일까요?"
- 최대 글자 수: 80자

본문 입력
- 플레이스홀더: "거실 창가에 두고 있고, 한 달 전에 분갈이했어요."
- 최소 20자, 최대 1000자
- 욕설/비속어 자동 필터링

---

6. 📚 카테고리 선택

요소	설명
자동 추천	AI가 제목/본문 기반으로 자동 선택
수동 선택 가능	드롭다운으로 변경 가능(예: 물 주기, 병해충, 햇빛 등)

---

7. 🌐 공개 범위 설정

옵션	설명
내 동네만 보기	하이퍼로컬 피드에만 노출
전 세계 공개	모든 피드에 노출(기본값)
팔로워만 보기	제한 공개, 추후 DM 기능과 연결 가능

- **역할**: 노출 범위 제어

---

8. 🤖 AI 답변 미리보기(선택 영역)

요소	설명
토글 ON/OFF	"AI 답변 미리 보기" 켜기
답변 블록 표시	GPT가 추론한 임시 답변 표시, 사용자가 보고 결정 가능

- **역할**: 즉시 해결감 제공 + 피드백 유도

📎 제약 조건 요약

| 필드 | 조건 |

|------|------|
이미지	최소 1장/최대 5장
제목	필수/최대 80자
본문	필수/최소 20자
태그	최대 10개
욕설	금지어 필터링 적용

📌 향후 확장 고려

- AI가 본문 초안 자동 완성
- 카메라 실시간 식물 인식 → 등록 자동화
- '작성 중 자동 임시 저장' 기능
- '이전에 작성한 글 불러오기' 기능

내 정보(프로필) 화면:

- **역할**: 사용자 본인의 프로필 정보, 작성한 글/댓글 목록, 설정 메뉴 등을 제공하는 화면
- **구성 요소(예시)**: 프로필 사진, 닉네임, 자기소개, 내가 쓴 글/댓글 목록 탭, 설정 버튼
- **고려 사항**: 사용자가 자신의 활동 내역을 쉽게 확인하고 관리할 수 있도록 구성합니다.

같은 방식으로 프로필 화면도 와이어프레임을 작성해줘.

👤 Plant Pal - 프로필 화면 와이어프레임

📄 개요
- 화면명: `프로필 화면(ProfileScreen)`
- 설명: 사용자가 본인의 정보, 식물, 활동 내역, 설정 등을 확인하고 관리할 수 있는 화면
- 접근 경로: 하단 탭바의 👤 '내 정보' 탭을 클릭

📐 전체 레이아웃 구조
```
```

[상단 앱바]
    ├── 설정 아이콘(⚙️✉️)

[프로필 요약 영역]
    ├── 프로필 이미지
    ├── 닉네임(@초록이)
    ├── 한 줄 소개(선택)
    └── 레벨/배지/XP 상태

[탭 영역 or 섹션]
    ├── 나의 식물
    ├── 나의 게시물
    ├── 내가 쓴 댓글
    └── 받은 배지

[기타 메뉴 영역]
    ├── 친구 초대하기
    ├── 공지사항
    ├── 도움말/문의
    └── 로그아웃
```

---

## 1. 🧭 상단 앱바

| 요소 | 설명 |
|-----|-----|
| 설정 아이콘(⚙️) | 우측 상단, 설정 화면으로 이동 |

- **역할**: 계정 및 앱 설정 진입

---

## 2. 👤 프로필 요약 영역
```

요소	설명
프로필 이미지	원형, 기본 이미지 제공 or 업로드 가능
닉네임	예: @초록이(수정 가능)
한 줄 소개	"물 주는 걸 까먹지 않는 초보 집사!"
레벨/XP/배지	시각화된 경험치 바 + 최근 획득 배지 3개 노출

- **인터랙션**: 이미지/닉네임/소개 탭 → 수정 모달로 연결

---

3. 🌱 탭 or 섹션 영역(Scrollable Content)

1) 나의 식물
- 등록한 식물 리스트(이미지 + 이름)
- 탭 시 해당 식물 상세 페이지로 이동
- <+ 식물 추가> 버튼 포함

2) 나의 게시물
- 내가 작성한 글 목록(요약 카드 형태)
- 필터: 질문/자랑/나눔 탭

3) 내가 쓴 댓글
- 내가 단 댓글 리스트
- 댓글 탭 시 원글로 이동

4) 받은 배지
- 누적 배지 갤러리
- 배지 탭 시 설명 툴팁 or 상세 팝업

---

4. ✅ 기타 메뉴

메뉴	설명
친구 초대하기	링크 공유, 보상 제공
공지사항	운영팀 공지 확인용
도움말/문의하기	FAQ or 이메일 연결
로그아웃	Firebase Auth 세션 종료

📎 제약 조건 & UX 고려

- 프로필 수정은 기본 인증 사용자만 가능(익명은 읽기 전용)
- XP/배지 시스템은 서버 기준으로 실시간 반영
- 무한 스크롤 리스트에는 로딩 인디케이터 적용
- UI는 라이트/다크 모드 모두 대응

📌 향후 확장 포인트

- 프로필 커버 이미지 업로드
- 팔로우/팔로워 기능
- 활동 캘린더 시각화(루틴 관리용)
- 배지 기반 레벨업 시스템 확장
- 식물 관리 통계 대시보드

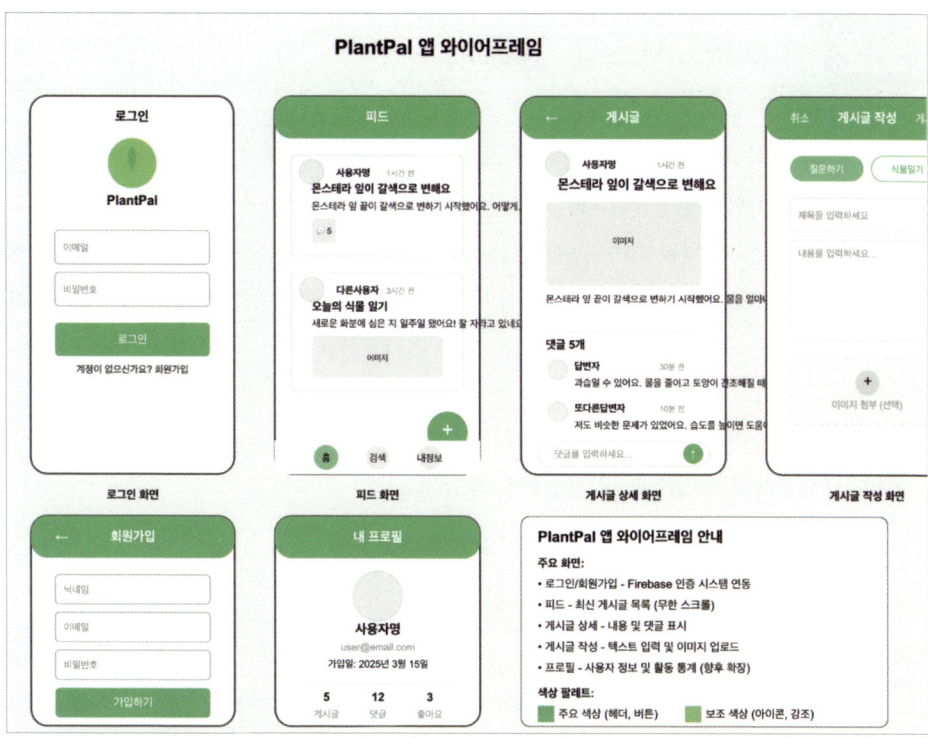

PRD를 기반으로 AI가 생성한 앱 와이어프레임

이 외에도 필요에 따라 알림 목록 화면, 검색 결과 화면, 설정 상세 화면 등을 추가로 설계할 수 있습니다. 각 화면의 구성 요소와 배치, 사용자 인터랙션 등을 챗GPT와 함께 고민하고, 와이어프레임으로 시각화하는 과정을 거치면서 우리 앱의 UX 디자인을 점차 완성해 나갈 것입니다.

이제 이렇게 설계한 와이어프레임을 바탕으로 앱의 시각적인 스타일을 정의하는 디자인 시스템 구축에 대해 알아보겠습니다.

3.2 디자인 시스템 만들기

이제 앱의 뼈대, 즉 와이어프레임과 유저 플로우를 설계했으니 앱에 옷을 입힐 차례입니다. **디자인 시스템**은 앱 전체에 일관된 시각적 스타일을 부여하는 핵심 요소입니다. 마치 잘 정리된 도구 상자처럼 미리 정의된 디자인 요소(색상, 글꼴, 버튼 스타일 등)들을 재사용하여 효율적이고 통일감 있는 UI를 구축하는 것이죠. 잘 만들어진 디자인 시스템은 다음과 같은 장점을 제공합니다.

디자인 시스템의 역할

- **일관성**: 앱 전체에 걸쳐 통일된 사용자 경험을 제공합니다.
- **효율성**: 반복적인 디자인 및 개발 작업을 줄여 생산성을 높입니다.
- **브랜드 강화**: 앱의 고유한 정체성을 시각적으로 표현합니다.
- **AI 협업 촉진**: 특히 커서 AI와 같은 도구와 함께 작업할 때 명확하게 정의된 디자인 규칙은 AI가 프로젝트의 맥락을 더 잘 이해하고 일관된 코드를 생성하는 데 결정적인 역할을 합니다.

과거에는 디자인 시스템을 구축하려면 디자이너와 개발자가 오랜 시간 협업해야 했지만, 이제는 AI의 도움을 받아 훨씬 빠르고 효율적으로 디자인 시스템의 기초를 다질 수 있습니다. 디자인 전문 지식이 부족하더라도 AI 어시스턴트와 함께 기본적인 가이드라인을 설정하고 이를 발전시켜 나갈 수 있습니다.

> 📌 이 절에서 정의하는 디자인 요소들은 커서 AI의 Notepads 기능에 마크다운[Markdown] 형식으로 정리하여 개발 단계에서 AI에게 일관된 스타일 가이드라인을 제공하는 데 직접 활용할 것입니다. 따라서 개인 메모장 또는 노션 등에 지금까지 생성한 내용을 저장해 놓기 바랍니다! Notepads 기능에 대한 자세한 설명은 'Chapter 4.2 AI의 이해도를 높이는 열쇠, 효과적인 맥락 제공 전략'에서 자세히 살펴보겠습니다.

색상, 폰트, 컴포넌트 정하기

디자인 시스템의 핵심 요소는 **색상**Color, **타이포그래피**Typography, **컴포넌트**Components입니다. 이 세 가지 요소만 잘 정의해도 앱의 전체적인 인상과 사용성을 크게 좌우할 수 있습니다. AI는 이 과정에서 우리의 든든한 조력자가 되어줄 것입니다.

색상 정하기

서비스에서 색상은 브랜드 이미지를 나타내고, 사용자의 감성에 영향을 미치는 중요한 요소로, 역할에 따라 여러 가지 색상을 사용합니다.

색상의 역할

- Primary Color(주 색상): 앱의 주된 브랜드 색상(버튼, 헤더 등)
- Secondary Color(보조 색상): 보조적인 강조 색상(선택적 요소, 상태 표시 등)
- Accent Color(강조 색상): 상호 작용 요소나 중요한 정보 강조(알림, 링크 등)
- Background Color(배경 색상): 화면 배경색
- Text Color(텍스트 색상): 기본 텍스트 색상(본문, 제목 등)
- Error Color(오류 색상): 오류 메시지 표시

우리 '반려 식물 초보 집사 커뮤니티' 앱의 주 색상은 커뮤니티의 성격에 맞게 식물, 자연, 편안함, 따뜻함 등을 연상시키는 색상이 좋겠습니다. 챗GPT를 활용해 색상 팔레트를 어떻게 설정할지 아이디어를 얻고 원하는 색상은 바로 적용할 수 있도록 HEX 코드를 요청합니다.

> **🔤 용어 사전**
>
> **HEX 코드**: 웹이나 앱에서 색상을 표현할 때 사용하는 16진수 기반의 색상 코드입니다. 일반적으로 # 기호로 시작하며, 6자리의 영문자와 숫자 조합으로 구성됩니다(예: #FF5733). 이 코드는 각각 두 자리씩 빨강(R), 초록(G), 파랑(B)의 값을 나타냅니다. 예를 들어, #000000은 검정색, #FFFFFF는 흰색을 의미합니다. 디자인 시스템, 스타일 가이드, 프런트엔드 개발 등에서 널리 사용하며, 정확하고 일관된 색상 표현을 가능하게 합니다.

색상 팔레트 추천 요청

'반려 식물 초보 집사 커뮤니티 앱'을 위한 색상 팔레트를 추천해줘. 앱의 주요 특징은 다음과 같아.

- 타깃 사용자: 식물 키우기 초보자
- 앱 분위기: 차분하고, 자연 친화적이며, 친근하고 따뜻한 느낌
- 필요한 색상 역할: 주 색상, 보조 색상, 강조 색상, 배경 색상, 텍스트 색상, 오류 색상

각 색상에 대한 HEX 코드를 알려 주고, 어떤 느낌을 주는지 간단히 설명해줘.

🌿 **Plant Pal 색상 팔레트 제안**

- Primary Color(주 색상) | #7BAE7F | 세이지 그린 | 은은한 톤의 식물색. 편안하고 신뢰감 있는 분위기. 앱의 핵심 정체성을 표현
- Secondary Color(보조 색상) | #B6D5AB | 라이트 올리브 | 부드러운 연두색으로, 상호 작용 버튼이나 섹션 구분에 사용. 친근하고 포근한 느낌
- Accent Color(강조 색상) | #FFC96F | 허니 옐로우 | 따뜻하고 활력 있는 포인트 컬러. 좋아요 버튼, 뱃지, 액션 강조 등에 활용
- Background Color(배경 색상) | #F7F6F2 | 에크루 화이트 | 크림빛이 도는 따뜻한 화이트. 배경으로 눈에 부담 없이 콘텐츠를 잘 받쳐줌
- Text Color(텍스트 색상) | #2F2F2F | 차콜 블랙 | 시인성을 높인 다크 그레이. 너무 강하지 않아 부드러운 인상을 유지함
- Error Color(오류 색상) | #D9534F | 소프트 레드 | 주의를 주지만 너무 공격적이지 않은 붉은색. 에러 메시지나 유효성 경고용

🎨 **시각적 이미지**

- 전체적으로 **내추럴 톤**과 로우 **채도**를 사용해서 초보자 *친화적인 부드러운 UX*를 만들 수 있음
- 강조 색상만 살짝 화사하게 넣으면 지루하지 않으면서도 따뜻한 느낌을 유지할 수 있음
- 이 팔레트는 **다모드에도 조정이 쉬운 구조**라 확장성도 좋음

예시 활용

사용 위치	적용 색상
기본 버튼, 탭 선택 표시	#7BAE7F (Primary)
서브 버튼, 뱃지 배경	#B6D5A8 (Secondary)
좋아요/포인트/하이라이트	#FFC96F (Accent)
전체 배경, 카드 배경	#F7F6F2 (Background)

| 본문 텍스트, 타이틀 | |#2F2F2F (Text) |
| 유효성 에러, 오류 메시지 | |#D9534F (Error) |

챗GPT가 제안한 여러 팔레트 중 하나를 선택하거나 조합하여 최종 색상을 결정합니다. 그리고 이를 커서 AI의 Notepads에 다음과 같이 마크다운 형식으로 정리합니다.

```
## Design System: Colors

### Light Theme

*   **Primary:** `#4CAF50` (자연, 성장 - 메인 녹색 계열)
*   **Secondary:** `#FFC107` (따뜻함, 활기 - 밝은 노란색 계열)
*   **Accent:** `#03A9F4` (신뢰, 정보 - 밝은 파란색 계열)
*   **Background:** `#FFFFFF` (깨끗함 - 흰색)
*   **Surface:** `#F5F5F5` (카드 등 배경 위 요소 - 밝은 회색)
*   **Text Primary:** `#212121` (기본 텍스트 - 어두운 회색)
*   **Text Secondary:** `#757575` (보조 텍스트 - 중간 회색)
*   **Error:** `#F44336` (오류 - 빨간색)
*   **On Primary:** `#FFFFFF` (Primary 색상 위의 텍스트 - 흰색)
*   **On Secondary:** `#212121` (Secondary 색상 위의 텍스트 - 어두운 회색)
*   **On Error:** `#FFFFFF` (Error 색상 위의 텍스트 - 흰색)

### Dark Theme (이후 구체화)

*   **Primary:** `#81C784` (라이트 테마 Primary의 밝은 버전)
*   **Secondary:** `#FFD54F` (라이트 테마 Secondary의 밝은 버전)
*   ... (나머지 색상도 정의)
```

📌 **커서 AI Notepads 활용**

이 챕터에서 마크다운 형식으로 정리한 색상, 타이포그래피, 컴포넌트 스타일 정보는 추후 커서 AI의 핵심 기능 중 하나인 Notepads에 그대로 복사하여 사용할 예정이니 메모장 등에 복사해서 저장해 두세요.

이렇게 저장해 둔 마크다운 텍스트는 이후 실제 플러터 코드를 작성할 때 @ 기호를 사용하여 Notepads의 이 디자인 시스템 정보를 참조할 수 있습니다. 예를 들어, 커서 AI에게 "@Design

> System: Colors를 참고하여 버튼 스타일을 만들어 줘."라고 요청하면 AI는 여러분이 정의한 주 색상과 버튼 텍스트 스타일을 정확히 인지하고 코드를 생성해줄 것입니다.
>
> 이것이 바로 커서 AI의 맥락 이해 능력을 극대화하는 방법이며, 1인 개발자가 AI와 효율적으로 협업하여 일관성 있는 결과물을 빠르게 만들어 내는 핵심 비결입니다.

타이포그래피 정하기

폰트는 앱의 가독성을 높이고 텍스트 콘텐츠의 인상을 결정하는 중요한 요소입니다. 커뮤니티 앱에서는 사용자들이 텍스트를 많이 읽게 되므로 가독성 좋은 폰트를 선택하는 것이 매우 중요합니다. 폰트 역시 색상과 마찬가지로 폰트 종류뿐만 아니라 크기, 굵기, 행간 등 고려해야 할 요소들이 많습니다.

폰트 선택 시 고려 사항

- 글꼴 종류(Font Family)
- 크기(Size)
- 굵기(Weight)
- 행간(Line Height)
- 자간(Letter Spacing).

또 한 가지 고려해야 할 요소는 폰트의 무료/유료 여부와 한글 지원 여부 그리고 라이선스입니다. 가장 흔히 쓰는 무료 폰트로는 **Google Fonts**가 있습니다. Google Fonts의 Noto Sans KR과 같이 가독성이 검증된 폰트가 좋은 선택지가 될 수 있습니다. 개인적으로는 최근 많은 서비스에서 사용하는 **Pretendard** 폰트를 선호합니다.

- Google Fonts: https://fonts.google.com
- Pretendard: https://cactus.tistory.com/306

하나의 화면에도 다양한 텍스트 요소가 사용되는 만큼 폰트 조합이나 스타일 가이드라인을 잘 잡는 것은 무척 중요합니다. 이는 앱 전체에서 일관된 사용자 경험을 주기 때문입니다. 같은 타이틀이라도 화면마다 다르다면, 디자인의 일관성이 무너지고 사용자는 어색함을 느끼게 될 것입니다.

이 과정 역시 챗GPT의 도움을 받으면 간단하게 해결할 수 있습니다. 기본 폰트를 설정하고 챗GPT에게 앱 분위기, 폰트를 적용할 스타일을 다음과 같이 정리해서 전달합니다.

타이포그래피 스타일 요청 프롬프트

'반려 식물 초보 집사 커뮤니티 앱'에 사용할 타이포그래피 시스템을 제안해줘. AI가 이해할 수 있게 코드 블록 안에 마크다운으로 생성해줘.

- 기본 폰트: Noto Sans KR(Google Fonts)

- 앱 분위기: 친근하고 읽기 쉬운 느낌

- 필요한 스타일: 제목 1(Headline 1), 제목 2(Headline 2), 본문 1(Body 1), 본문 2(Body 2), 버튼 텍스트(Button), 캡션(Caption)

각 스타일에 대해 적절한 글자 크기(pt 또는 sp 단위), 굵기(예: Regular, Medium, Bold), 행간을 추천해줘. 플러터에서 사용할 수 있는 형태로 알려 주면 좋겠어.

✏️ Plant Pal - 타이포그래피 시스템

- 기본 폰트: `Noto Sans KR`(Google Fonts)
- 앱 톤: 자연스럽고 친근하며, 시인성이 좋은 가독성 중심 디자인
- 단위: `sp`(Flutter), `pt` 유사

📗 타이포그래피 스타일 정의

스타일 이름	폰트 크기	굵기	행간(line height)	Flutter 예시
Headline 1	24sp	Bold	32sp	`TextStyle(fontSize: 24, fontWeight: FontWeight.bold, height: 1.33)`

Headline 2	20sp	Medium	28sp	`TextStyle(fontSize: 20, fontWeight: FontWeight.w500, height: 1.4)`
Body 1	16sp	Regular	24sp	`TextStyle(fontSize: 16, fontWeight: FontWeight.w400, height: 1.5)`
Body 2	14sp	Regular	20sp	`TextStyle(fontSize: 14, fontWeight: FontWeight.w400, height: 1.43)`
Button	14sp	Medium	16sp	`TextStyle(fontSize: 14, fontWeight: FontWeight.w500, height: 1.14, letterSpacing: 0.5)`
Caption	12sp	Regular	16sp	`TextStyle(fontSize: 12, fontWeight: FontWeight.w400, height: 1.33, color: Colors.grey)`

설명 및 사용 예시

- Headline 1
  - 사용처: 화면 제목, 피드 상세 제목 등
  - 느낌: 강하지만 둔탁하지 않은 시각적 무게

- Headline 2
  - 사용처: 카드 제목, 섹션 제목
  - 느낌: 가독성과 위계 구분을 동시에

- Body 1
  - 사용처: 본문, 설명 텍스트
  - 느낌: 일상적이고 편안한 리듬감

- Body 2
  - 사용처: 카드 요약, 보조 정보 등
  - 느낌: 크기가 작아도 여유 있는 간격 유지

- Button
  - 사용처: 모든 버튼 텍스트
  - 느낌: 또렷하고 명확한 클릭 유도

- Caption
  - 사용처: 작성일, 저작자, 태그 등
  - 느낌: 보조 정보로 존재하지만 흐리지 않음

🧩 플러터 적용 예시(ThemeData)

```dart
final TextTheme plantPalTextTheme = TextTheme(
  headline1: TextStyle(fontSize: 24, fontWeight: FontWeight.bold, height: 1.33, fontFamily: 'NotoSansKR'),
  headline2: TextStyle(fontSize: 20, fontWeight: FontWeight.w500, height: 1.4, fontFamily: 'NotoSansKR'),
  bodyText1: TextStyle(fontSize: 16, fontWeight: FontWeight.w400, height: 1.5, fontFamily: 'NotoSansKR'),
  bodyText2: TextStyle(fontSize: 14, fontWeight: FontWeight.w400, height: 1.43, fontFamily: 'NotoSansKR'),
  button: TextStyle(fontSize: 14, fontWeight: FontWeight.w500, height: 1.14, letterSpacing: 0.5, fontFamily: 'NotoSansKR'),
  caption: TextStyle(fontSize: 12, fontWeight: FontWeight.w400, height: 1.33, color: Colors.grey, fontFamily: 'NotoSansKR'),
);
```

✅ 참고 사항
- `Noto Sans KR`은 Google Fonts에서 쉽게 불러올 수 있으며, 가독성이 뛰어나 모바일 앱 UI에 적합함
- 각 `height` 값은 줄간격 비율(`line height/font size`)로 계산
- 다크 모드 대응 시 Caption 등의 색상 대비 조정 필요

AI의 제안을 참고하여 최종 스타일을 결정하고 추후 Notepads에 붙여 넣을 수 있도록 메모장이나 노션 등에 저장해 둡니다.

> 📌 플러터에서는 TextStyle 객체로 정의하며, 여기서는 핵심 속성을 명시합니다.

컴포넌트 스타일 정하기

컴포넌트^{Components}는 앱을 구성하는 재사용 가능한 UI 요소들입니다(예: 버튼, 텍스트 필드, 카드, 앱 바). 디자인 시스템에서는 이러한 컴포넌트들의 기본 스타일(모양, 크기, 색상, 상태 변화 등)을 미리 정의합니다.

주요 컴포넌트

- Button
- TextField
- Card
- AppBar
- BottomNavigationBar
- Dialog

> 디자인 시스템과 PRD를 바탕으로, 컴포넌트 스타일을 정의해줘. AI가 잘 이해할 수 있도록 코드 블록 안에 마크다운으로 작성해줘.
>
> \# 🧱 **Plant Pal – UI 컴포넌트 스타일 가이드**
>
> \#\# 📄 개요
> - 목적: 일관된 디자인 시스템 기반으로 버튼, 카드, 입력창 등의 UI 구성요소 스타일 정의
> - 기준: Noto Sans KR, 자연친화적 톤, 초보자에게 친근하고 명확한 인상
>
> \#\# 🔵 Primary Button
> - 사용 예: 글쓰기 완료, 확인, 저장 등 주요 액션
> - 스타일 정의:

```json
{
  "type": "elevated_button",
  "font": {
    "family": "NotoSansKR",
    "size": 14,
    "weight": "Medium"
  },
  "color": {
    "background": "#7BAE7F",
    "text": "#FFFFFF",
    "disabled_background": "#C7D9C5",
    "disabled_text": "#F7F6F2"
  },
  "shape": {
    "corner_radius": 12,
    "elevation": 2
  },
  "padding": "12px 20px"
}
```

Card(Post Preview Card)

- 사용 예: 홈 피드 내 게시물 카드
- 스타일 정의:

```json
{
  "type": "card",
  "background": "#FFFFFF",
```

```
    "border_radius": 16,
    "shadow": "0px 2px 4px rgba(0,0,0,0.05)",
    "elements": {
      "image": {
        "aspect_ratio": "16:9",
        "border_radius": 12
      },
      "title": {
        "font_size": 16,
        "weight": "Bold",
        "color": "#2F2F2F"
      },
      "meta": {
        "font_size": 12,
        "color": "#7D7D7D"
      },
      "reaction_icon": {
        "color": "#FFC96F"
      }
    },
    "padding": "16px"
}
```

🖉 Text Input(Multiline)
- 사용 예: 게시물 제목, 본문 작성
- 스타일 정의:

```json
{
  "type": "text_input",
  "multiline": true,
```

```
    "font": {
      "size": 16,
      "weight": "Regular",
      "color": "#2F2F2F"
    },
    "placeholder_color": "#A3A3A3",
    "background": "#FFFFFF",
    "border": {
      "color": "#B6D5A8",
      "focus_color": "#7BAE7F",
      "radius": 10
    },
    "padding": "12px"
}
```

🔍 Search Bar
- 사용 예: 게시물/태그 검색
- 스타일 정의:

```json
{
  "type": "search_input",
  "height": 48,
  "icon": "search",
  "font": {
    "size": 14,
    "weight": "Regular"
  },
  "background": "#F1F3EF",
  "border_radius": 12,
  "padding": "0 16px",
```

```
  "placeholder": "검색어를 입력하세요"
}
```

🏷️ Tag Chip
- 사용 예: 식물 태그, 카테고리 선택
- 스타일 정의:

```json
{
  "type": "chip",
  "font": {
    "size": 12,
    "weight": "Medium"
  },
  "padding": "6px 12px",
  "color": {
    "background": "#EAF4E7",
    "text": "#4E854E",
    "selected_background": "#7BAE7F",
    "selected_text": "#FFFFFF"
  },
  "shape": {
    "border_radius": 20
  }
}
```

🍢 Snackbar/Alert
- 사용 예: 게시 성공, 에러 메시지, 알림 등
- 스타일 정의:

```json
{
  "type": "snackbar",
  "font": {
    "size": 14,
    "weight": "Regular"
  },
  "background": "#2F2F2F",
  "text_color": "#FFFFFF",
  "success_color": "#7BAE7F",
  "error_color": "#D9534F",
  "corner_radius": 8,
  "elevation": 3
}
```

📌 참고
- 폰트 전체: Noto Sans KR
- 기본 텍스트 색상: `#2F2F2F`
- 배경 색상: `#F7F6F2`
- 주 색상: `#7BAE7F`
- 강조 색상: `#FFC96F`
- 오류 색상: `#D9534F`

이 스타일 가이드는 피그마 컴포넌트 설계, 플러터 테마 구성, 디자인 시스템 문서화에 바로 활용 가능함

이 단계에서는 컴포넌트의 스타일을 텍스트로 정의하는 데 집중합니다. 실제 플러터 코드로 구현하는 것은 'Chapter 4 커서 AI와 친해지기'에서 커서 AI를 활용하여 진행할 것입니다. 하지만 지금 스타일을 명확히 정의해 두면 나중에 커서 AI에게 정확한 지시를 내릴 수 있습니다.

이렇게 정리한 주요 컴포넌트의 스타일 가이드라인을 Notepads에 붙여 넣을 수 있도록 메모장이나 노션 등에 저장해 둡니다.

라이트/다크 테마 적용

최근 많은 앱이 라이트 테마와 다크 테마를 모두 지원하여 사용자의 선호도나 환경에 맞는 경험을 제공합니다. 디자인 시스템을 구축할 때 처음부터 두 테마를 고려하는 것이 좋습니다. 라이트/다크 테마를 적용할 때 고려해야 할 것은 테마에 따라 달라지는 색상 팔레트입니다. 타이포그래피나 컴포넌트의 기본 구조는 대부분 유지됩니다.

다크 테마는 일반적으로 라이트 테마 색상의 명도와 채도를 조정하여 만듭니다. 배경은 어두워지고, 텍스트와 주요 요소는 밝아집니다. 챗GPT의 도움을 받아 라이트 테마 색상을 기반으로 다크 테마 색상 팔레트를 추천받을 수 있습니다.

다크 테마 색상 변환 요청

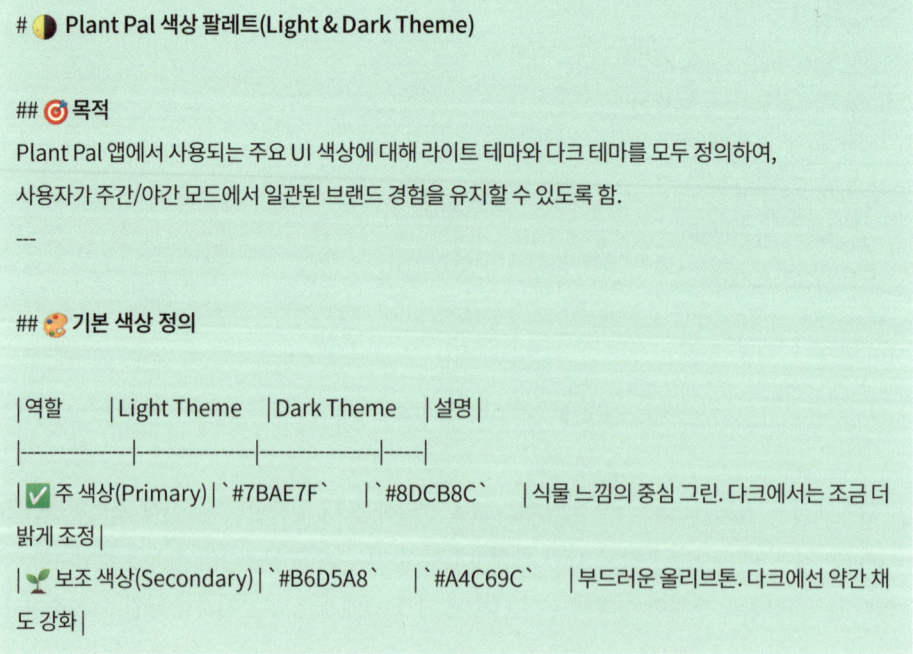

🌼 강조 색상(Accent)	`#FFC96F`	`#FFD98A`	포인트용 허니 옐로우. 다크에서도 잘 보이게 살짝 밝게
🎨 배경 색상(Background)	`#F7F6F2`	`#1E1E1E`	따뜻한 화이트 ↔ 눈부시지 않은 어두운 그레이블랙
✏️ 텍스트 색상(Text)	`#2F2F2F`	`#F2F2F2`	다크 모드에서 명확하게 보이도록 밝은 텍스트
🚫 오류 색상(Error)	`#D9534F`	`#FF7B72`	경고는 잘 보이되, 과하게 자극적이지 않게 설정

📌 예시 적용

UI 영역	Light Theme	Dark Theme
버튼 배경	`#7BAE7F`	`#8DCB8C`
버튼 텍스트	`#FFFFFF`	`#1E1E1E`
카드 배경	`#FFFFFF`	`#2A2A2A`
카드 텍스트	`#2F2F2F`	`#F2F2F2`
입력 필드 배경	`#FFFFFF`	`#2E2E2E`
입력 텍스트	`#2F2F2F`	`#F2F2F2`
플레이스홀더 텍스트	`#A3A3A3`	`#AFAFAF`
구분선	`#E0E0E0`	`#3C3C3C`
액션 강조(좋아요 등)	`#FFC96F`	`#FFD98A`

🖍 시각적 특징 요약

- 다크 테마에서는 톤을 살짝 밝히되 눈부심 없이 부드럽게 유지
- 텍스트 대비 확보 기준은 WCAG AA 이상을 고려함
- 기본적으로 Flat Design + Low Elevation 기반에 적합

🔧 적용 팁(플러터 기준)

```dart
final ColorScheme lightColorScheme = ColorScheme(
```

```
  brightness: Brightness.light,
  primary: Color(0xFF7BAE7F),
  secondary: Color(0xFFB6D5A8),
  error: Color(0xFFD9534F),
  background: Color(0xFFF7F6F2),
  surface: Color(0xFFFFFFFF),
  onPrimary: Colors.white,
  onSecondary: Colors.black,
  onBackground: Color(0xFF2F2F2F),
  onSurface: Color(0xFF2F2F2F),
  onError: Colors.white,
);

final ColorScheme darkColorScheme = ColorScheme(
  brightness: Brightness.dark,
  primary: Color(0xFF8DCB8C),
  secondary: Color(0xFFA4C69C),
  error: Color(0xFFFF7B72),
  background: Color(0xFF1E1E1E),
  surface: Color(0xFF2A2A2A),
  onPrimary: Colors.black,
  onSecondary: Colors.white,
  onBackground: Color(0xFFF2F2F2),
  onSurface: Color(0xFFF2F2F2),
  onError: Colors.black,
);
```

📌 플러터에서는 ThemeData 위젯을 사용하여 라이트 테마와 다크 테마를 정의하고 쉽게 전환할 수 있습니다. 이 부분 역시 Chapter 4 이후 개발 단계에서 커서 AI의 도움을 받아 구현하게 될 것입니다.

이제 앱의 시각적 기초인 디자인 시스템의 뼈대가 마련되었습니다. 물론 이 시스템은 앱을 개발하고 운영하면서 계속 발전시켜 나가야 합니다. 다음 챕터에서는 드디어 이 디자인 시스템과 기획을 바탕으로 커서 AI와 함께 실제 플러터 코드 작성을 시작합니다!

04

커서 AI와 친해지기

학습 목표

- 커서 AI를 설치하고 플러터 개발 환경에 맞게 기본 설정을 할 수 있습니다.
- 커서 AI의 핵심 기능(AI 채팅, 코드 생성/편집 워크플로우, 빠른 작업)을 실제 코딩 과정에서 활용할 수 있습니다.
- Notepads, @ 레퍼런스, .cursor/rules 등을 사용하여 AI에게 효과적으로 프로젝트 맥락을 전달하는 방법을 적용할 수 있습니다.
- 커서 AI를 활용하여 체계적인 플러터 프로젝트 구조를 설정하고, 디자인 시스템을 참조하여 첫 화면의 UI를 구현할 수 있습니다.

지금까지 우리는 AI와 함께 우리 커뮤니티 앱의 멋진 디자인 시스템을 완성했습니다. 탄탄한 기획과 매력적인 디자인 설계도까지 얻었으니, 이제 코딩을 시작할 준비는 거의 다 끝난 셈이죠. 하지만 본격적인 개발에 들어가기 전에, 이 책의 핵심 도구인 **커서 AI**와 제대로 친해지는 시간을 가져야 합니다!

"나는 플러터 개발에 이미 익숙한데, 새로운 에디터나 AI 도구를 또 배워야 할까?"라는 생각이 들 수도 있습니다. 물론 플러터를 잘 다루는 것은 중요하지만, 이제 AI 시대의 개발은 '어떻게 하면 AI와 효과적으로 협력하여 더 빠르고 스마트하게 일할 수 있는가'가 핵심 경쟁력이 되고 있습니다. 커서 AI는 단순한 코드 에디터나 자동 완성 도구를 넘어, 여러분의 **개발 생산성을 몇 배로 증폭시켜 줄 강력한 AI 파트너**입니다. 실제로 저는 평균 4~6개월 걸리던 앱 개발이 최근에는 단 일주일만에 가능해 졌습니다.

이번 Chapter 4에서는 바로 이 놀라운 개발 파트너, 커서 AI와 제대로 친해지는 방법을 집중적으로 탐구합니다. 여러분의 컴퓨터에 커서 AI를 설치하고 기본적인 사용법을 익히는 것부터 시작해서, AI의 능력을 100% 끌어내는 핵심 기능들(AI 채팅, 코드 편집 워크플로우, 빠른 작업 등)을 속속들이 파헤쳐 볼 겁니다. 그리고 가장 중요한, AI가 단순히 엉뚱한 코드를 뱉어 내는 것이 아니라 내 프로젝트를 정확히 이해하고 맥락에 맞는 도움을 주도록 만드는 AI 조련술, 즉 효과적인 맥락 관리 비법(Notepads, @ 참조, .cursor/rules 등)까지 깊이 있게 다룰 예정입니다.

플러터 개발에 이미 능숙하더라도 커서 AI를 제대로 활용하는 법을 익힌다면, 단순 코딩 시간을 줄이는 것을 넘어 아이디어를 현실로 만드는 과정 자체가 훨씬 더 즐겁고 창의적으로 변하는 것을 경험하게 될 겁니다. 자, 시작해볼까요?

4.1 처음 만나는 커서 AI

자, 드디어 커서 AI와 함께 코딩을 시작할 시간입니다! 혹시 '코딩'이라는 단어만 들어도 머리가 복잡해지나요? 걱정 마세요. 예전처럼 까만 화면에 알 수 없는 코드만 빼곡하게 타이핑해야 하는 시대는 지났습니다. 마치 '자동 번역기'가 외국어 울렁증을 싹 없애준 것처럼 우리에게는 코딩의 장벽을 낮춰 줄 커서 AI라는 훌륭한 어시스턴트가 있으니까요.

커서 AI는 여러분의 코딩을 도와주는 AI 비서라고 생각하면 딱 맞아요. 마치 옆에 앉아서 "이 코드는 이렇게 짜는 게 더 효율적이에요.", "이 부분에서 실수가 있었던 것 같은데요?"하고 꼼꼼하게 짚어 주는 개인 코딩 선생님 같은 존재죠. 더 놀라운 건 24시간 내내 밤낮없이 여러분의 코딩을 도와줄 수 있다는 거예요! 이제부터 커서 AI를 설치하고 기본적인 사용법과 유용한 기능들을 하나씩 알아볼까요?

커서 AI 설치 및 기본 사용법

이제 커서 AI라는 강력한 도구를 손에 쥘 시간입니다! 마치 게임을 시작하기 전에 캐릭터를 생성하는 것처럼 커서 AI를 설치하고 우리에게 맞게 설정을 해야 합니다. 커서 AI는 여러분 컴퓨터에 설치해서 사용하는 프로그램이에요.

커서 AI 다운로드 및 설치

가장 먼저 할 일은 커서 AI 공식 웹사이트에서 설치 파일을 다운로드받는 겁니다. 마치 요리하기 전에 레시피를 찾는 것처럼, 공식 웹사이트에서 정확한 설치 파일을 찾아야죠. 커서 AI 공식 웹사이트에 접속합니다.

- **커서 AI 웹사이트**: https://www.cursor.com

웹사이트 메인 화면에서 여러분의 운영 체제(Windows, macOS, Linux)에 맞는 다운로드 버튼을 찾아 클릭하세요. 다운로드가 자동으로 시작됩니다.

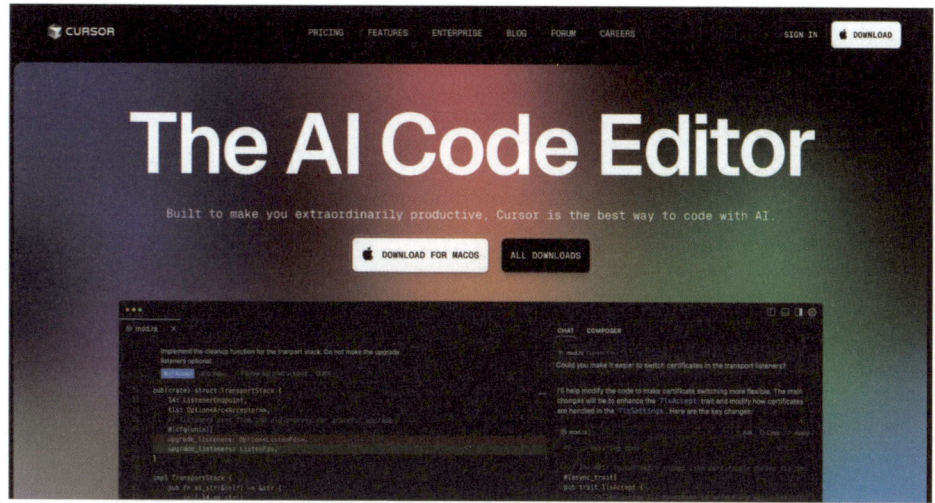

커서 AI 웹사이트

설치 파일을 다운로드받았다면 이제 설치를 시작해볼까요? 마치 앱을 설치하는 것처럼 간단하게 몇 번의 클릭만으로 설치를 완료할 수 있습니다. 다운로드받은 설치 파일을 실행합니다(예: Cursor Setup.exe 또는 Cursor.dmg). 설치 마법사의 안내에 따라 설치를 진행합니다. 대부분 특별한 설정 없이 〈다음〉 또는 〈동의〉 버튼을 몇 번 클릭하면 설치가 완료됩니다.

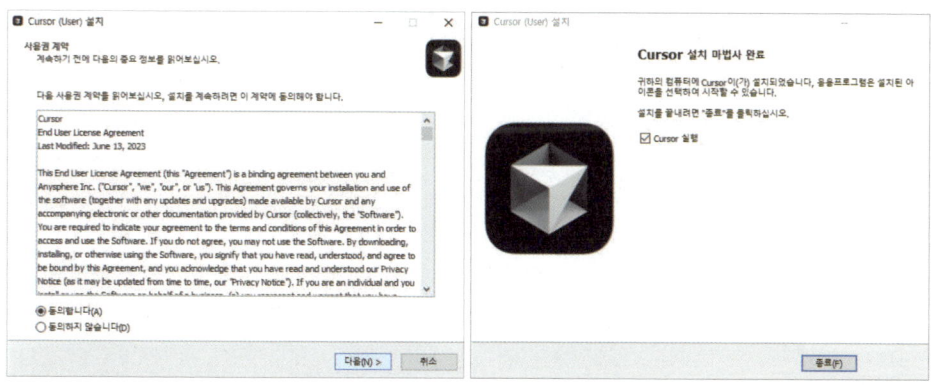

커서 AI 초기 설정

설치가 완료되었다면, 이제 커서 AI를 실행해 초기 설정을 진행하겠습니다. 바탕화면이나 응용 프로그램 폴더에서 커서 모양의 커서 AI 아이콘을 찾아 더블 클릭하여 실행하세요. 커서 AI가 처음이라면 〈Sign Up〉을 클릭해 웹에서 회원 가입을 진행합니다.

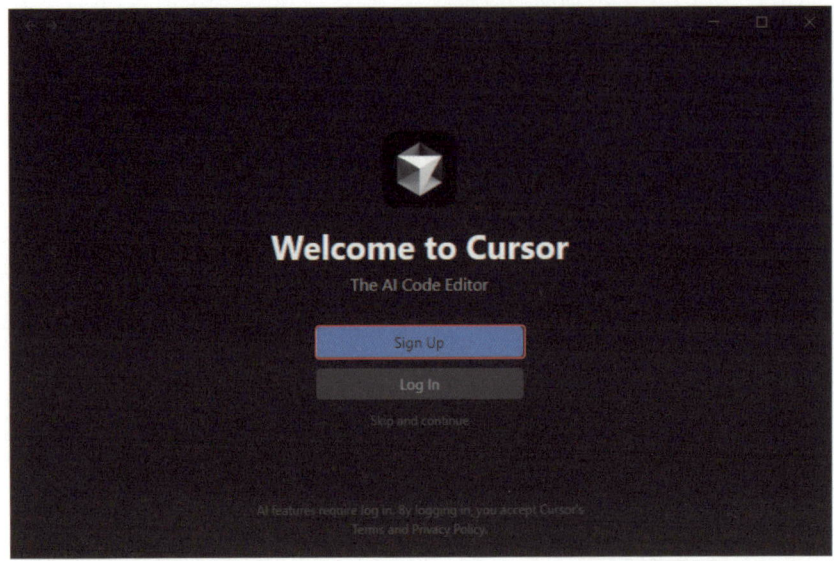

커서 AI 시작 화면

간단하게 회원 가입을 진행하면 다음과 같이 웹에서 'Settings' 화면을 확인할 수 있어요.

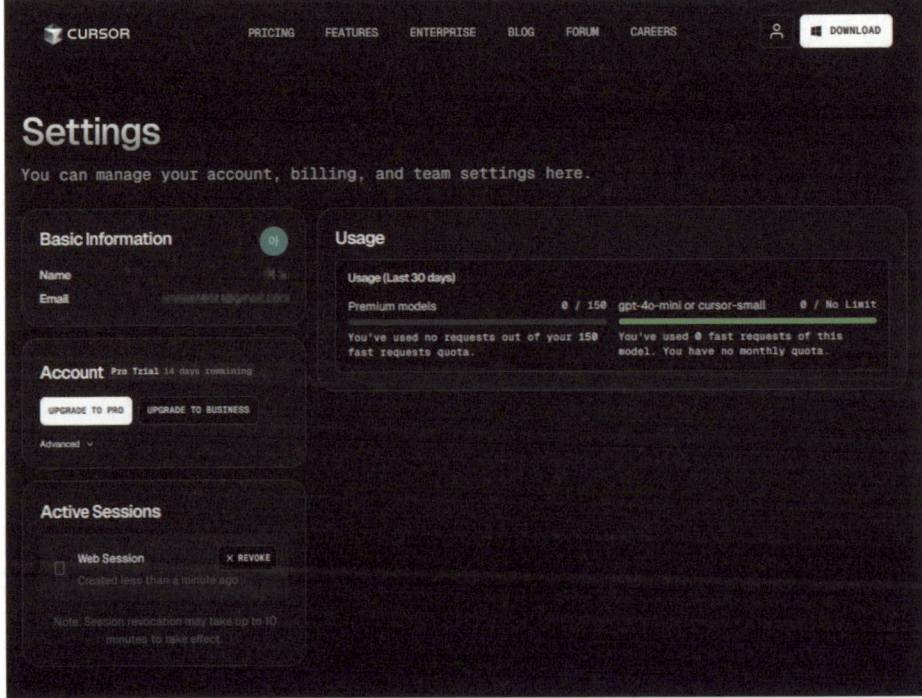

'Settings' 화면

실행한 커서 AI 프로그램으로 돌아와 로그인을 진행합니다. 처음 커서 AI를 실행하면 간단한 환영 화면과 초기 설정 화면을 볼 수 있습니다. 테마(라이트/다크 모드)를 선택하거나, 키맵^{Keymap}(단축키 설정)을 선택하는 옵션이 제공됩니다. 만약 이전에 VS Code$^{Visual\ Studio\ Code}$나 JetBrains IDE(IntelliJ, 안드로이드 스튜디오 등)를 사용했다면, 해당 IDE와 동일한 단축키 설정을 선택할 수 있습니다. 이는 기존 작업 환경에 익숙한 사용자들에게 매우 편리합니다. 〈Import from VS Code〉 버튼을 눌러서 기존 설정을 가져올 수도 있습니다.

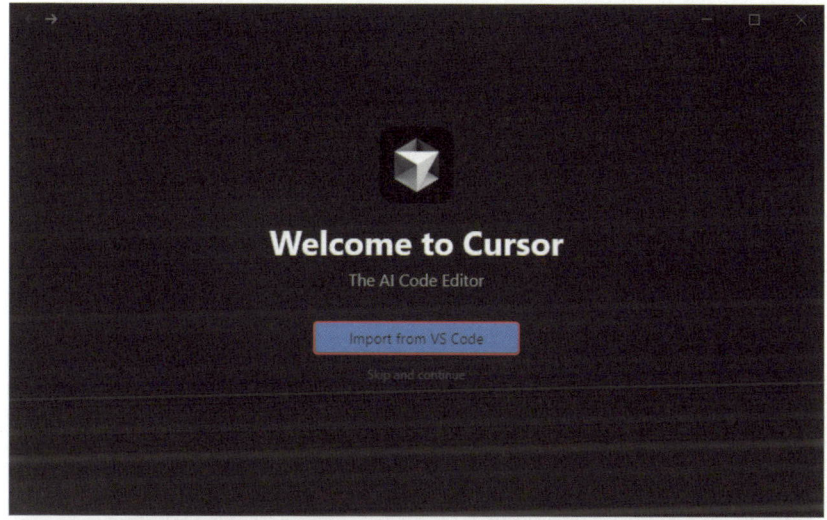

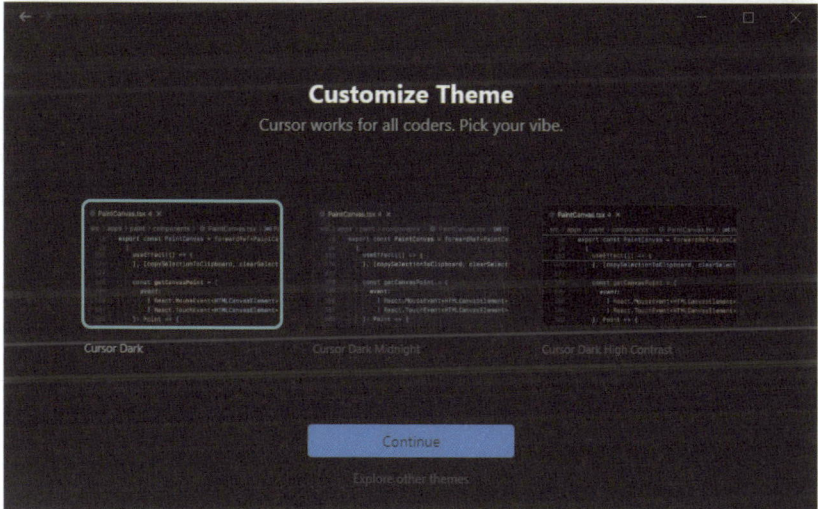

Quick Start/Review Settings 화면 간단한 설명 추가

VS Code 설정을 하면, Quick Start에서 간단한 단축키와 설명을 볼 수 있습니다. Review Settings에서는 AI를 어떤 언어로 사용할 것인지 등을 설정할 수 있습니다.

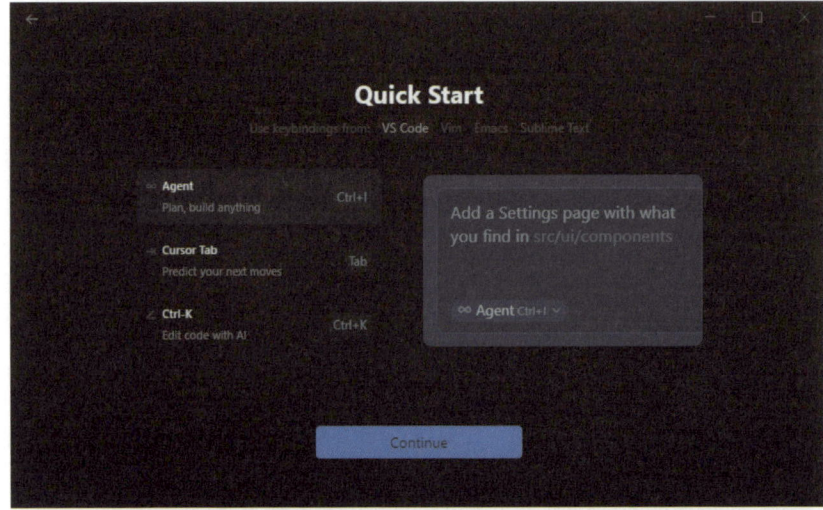

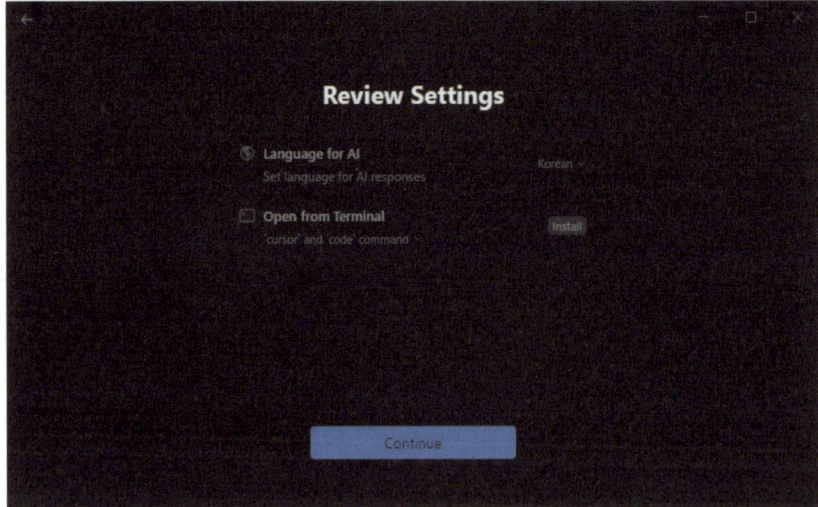

Quick Start와 Review Settings

📖 **용어 사전**

IDE: 코드를 작성하고 실행하고 디버깅(오류 확인)할 수 있도록 도와주는 통합 개발 도구입니다.

키맵: IDE나 프로그램에서 사용하는 단축키의 조합과 설정을 모아 놓은 것을 가리킵니다.

커서 AI의 기본 화면 구성

VS Code를 사용해본 적이 있다면 커서 AI를 실행했을 때 매우 익숙한 화면이 나타날 겁니다. 기본적인 화면 구성은 다음과 같습니다. 사용해본 적이 없다면, 프로젝트를 생성할 곳에 폴더를 만들고, 첫 화면에서 〈Open Folder〉를 선택하면 됩니다. 아직은 아무것도 생성하지 않았으므로 빈 화면이 보일 것입니다.

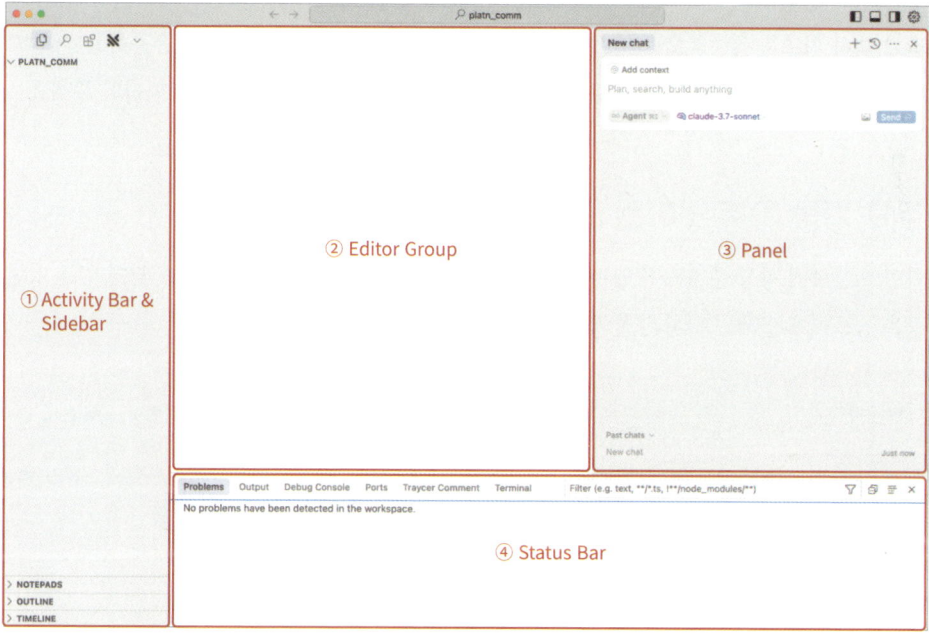

커서 AI의 기본 인터페이스

- ① **Activity Bar & Sidebar**: 프로젝트 파일 탐색기, 검색, 소스 컨트롤(Git), 확장 기능 등을 이용할 수 있는 영역입니다.
- ② **Editor Group**: 실제 코드를 작성하고 편집하는 주 작업 영역입니다. 여러 파일을 탭으로 열어볼 수 있습니다.
- ③ **Panel**: 터미널, 디버그 콘솔, 출력 창 등 부가적인 정보를 확인하거나 명령어를 입력하는 영역입니다.
- ④ **Status Bar**: 현재 열린 파일 정보, Git 브랜치, 오류/경고 개수 등 상태 정보가 표시됩니다.

커서 AI는 기본적으로 VS Code의 확장 기능들을 대부분 지원하기 때문에 VS Code를 사용해본 경험이 있다면 금방 익숙해질 겁니다. 마치 새로운 스마트폰을 샀는데, 기존에 사용하던 앱들을 그대로 사용할 수 있는 것과 비슷하죠. 만약 설정을 바꾸고 싶다면 〈Cursor → preferences → cursor settings〉에서 언어 및 VS Code 설정을 할 수 있습니다.

커서 AI 설치도 마쳤고 기본적인 화면 구성도 익혔으니 본격적으로 이 똑똑한 AI 어시스턴트의 핵심 기능들을 파헤쳐 볼 시간입니다. 커서 AI는 무척 다양한 기능을 가지고 있지만, 처음부터 모든 기능을 다 알 필요는 없습니다. 우리가 커뮤니티 앱을 만들면서 가장 많이 사용하게 될 핵심 기능인 **AI 채팅**, **코드 생성 및 편집**(cmd + K / ctrl + L), **빠른 작업**Quick Actions을 그리고 **맥락 참조**를 집중적으로 마스터해보겠습니다. 각 기능이 어떤 상황에서 유용하고, 어떻게 사용해야 그 효과를 극대화할 수 있는지 구체적인 예시와 함께 알아볼 테니 잘 따라와 주세요.

주요 기능 ① 무엇이든 물어보세요, AI 채팅

화면 오른쪽에 항상 준비되어 있는 채팅 패널은 AI와의 소통 창구입니다. 마치 옆에 있는 경험 많은 동료에게 언제든 편하게 물어볼 수 있는 것처럼 활용하세요.

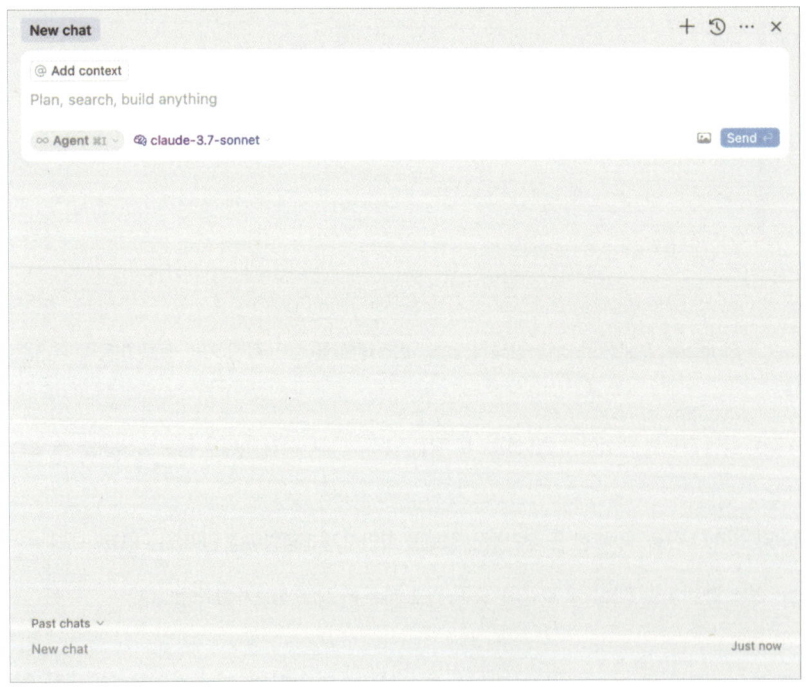

채팅 패널

채팅 패널은 간단한 질문부터 코드 스니펫 생성 요청, 오류 메시지 해결 그리고 프로젝트 전반에 대한 넓은 범위의 작업 지시까지 가능합니다. 구체적인 프롬프트 예시로 살펴보겠습니다.

> 📖 **용어 사전**
>
> **코드 스니펫**: 특정 기능을 수행하는 '짧은 코드 조각'을 의미합니다.

기본적인 질문 해결

플러터 위젯 사용법이 헷갈릴 때

플러터에서 ListView.builder를 어떻게 사용하는지 간단한 예시 코드 보여 줘.

특정 개념이 궁금할 때

플러터의 상태 관리(State Management) 방식에는 어떤 것들이 있고, Provider는 어떤 경우에 주로 사용해?

라이브러리/패키지 정보가 필요할 때

파이어베이스 Firestore에서 데이터를 실시간으로 가져오려면 어떤 패키지를 써야 하고, 기본 설정은 어떻게 해야 해?

코드 스니펫 생성 요청

반복적인 코드 작성이 필요할 때

Firebase Auth를 사용한 이메일/비밀번호 로그인 기본 함수 코드를 만들어 줘.

특정 기능의 기본 구조를 잡고 싶을 때

Firestore의 데이터를 StreamBuilder로 받아서 ListView에 표시하는 기본 플러터 화면 코드 좀 짜줘.

에러 메시지 해결

앱 실행 중 빨간 화면(에러)이 떴을 때 에러 메시지를 복사해서 채팅 창에 붙여 넣고 해결 방법을 요청해보세요. AI가 원인을 분석하고 해결책을 제시해줄 가능성이 높습니다.

에러 메시지를 해결할 때

> (에러 메시지 첨부) 이 플러터 에러 메시지가 왜 발생하는지, 어떻게 해결해야 할지 알려 줘.

프로젝트 전반에 대한 조언 구하기

프로젝트를 진행하는 데 있어서 자신의 영역이 아닌 부분에 대한 질문 그리고 더 나은 방법을 찾기 위해 물어볼 사람이 없을 때 채팅 창에 바로 질문할 수 있습니다.

기능을 추가하는 방법이 궁금할 때

> 우리 커뮤니티 앱에 푸시 알림 기능을 추가하고 싶은데, Firebase Cloud Messaging(FCM)을 사용하는 게 좋을까? 기본 설정 절차 좀 알려 줘.

프로젝트 폴더 구조를 잡을 때

> 프로젝트 폴더 구조를 어떻게 잡는 게 좋을지 추천해줘.(예: MVC, MVVM 등)

챗 탭 기능

챗 탭 기능을 활용하면 여러 주제나 작업에 대한 대화를 동시에 진행할 수 있습니다. 예를 들어, 한 탭에서는 Firestore 관련 질문을 하고, 다른 탭에서는 UI 디자인 관련 논의를 병행하는 식이죠. 마치 웹 브라우저 탭처럼 여러 대화 맥락을 깔끔하게 관리할 수 있어 복잡한 작업 시 매우 유용합니다(새 탭 생성 단축키: `cmd` + `N` 또는 `ctrl` + `N`).

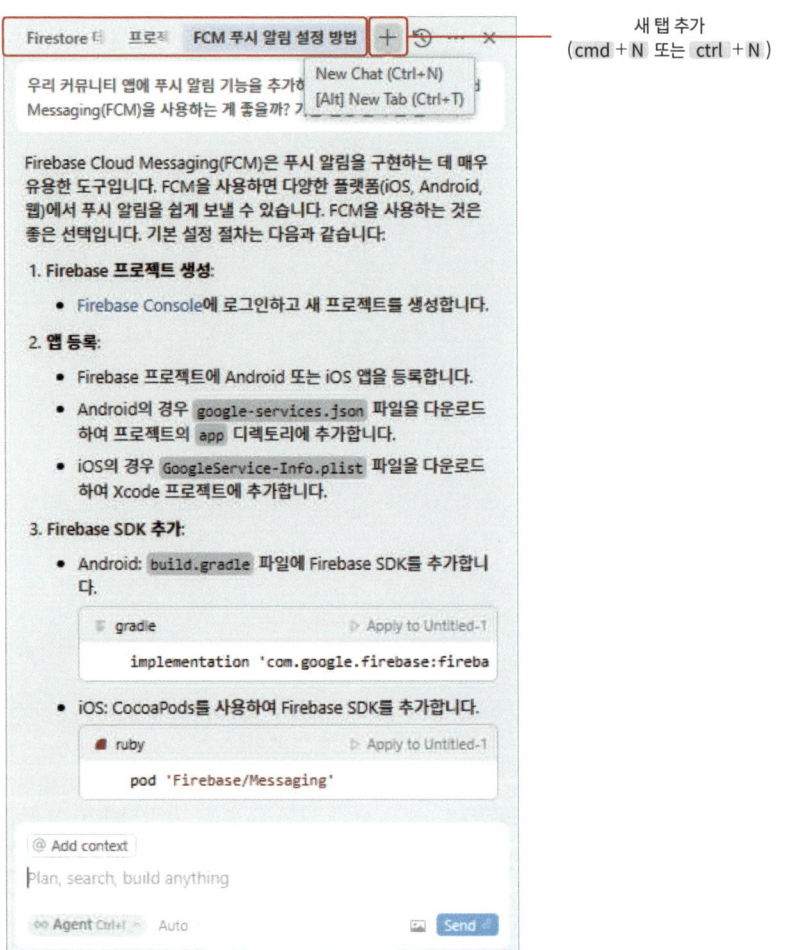

챗 탭 기능 사용 중인 화면

다양한 모델 선택

커서 AI는 지속적으로 최신 AI 모델을 지원합니다. 커서 프로그램 오른쪽 상단에서 설정 아이콘인 〈Open Cursor Settings〉(단축키 ctrl + shift + J)를 클릭한 다음 〈Models〉 메뉴를 클릭하면 여러분의 플랜에 따라 Claude 3.7 Sonnet이나 Gemini 2.5 Pro와 같은 강력한 모델을 사용해볼 수 있습니다.

사용할 수 있는 모델 리스트

혹은 자동 모델 선택Auto select model 기능을 켜 두면, 커서 AI가 작업 내용과 모델 상태를 고려해 최적의 모델을 알아서 골라 주기도 합니다. 모델마다 특성이 다르니 여러 모델을 시험해보며 자신에게 맞는 모델을 찾아보는 것도 좋습니다.

자동 모델 선택 기능

주요 기능 ② AI와 소통하는 코드 편집기

커서 AI의 가장 강력하고 빈번하게 사용할 또 다른 기능은 코드를 생성하고 편집할 수 있는 **코드 편집기**입니다. AI 채팅이 옆자리 동료와 대화하는 느낌이라면, 코드 편집기와 채팅 패널을 유기적으로 오가며 AI와 함께 코드를 만들고 다듬는 과정은 마치 숙련된 페어 프로그래밍 어시스턴트와 함께 일하는 듯한 강력한 경험을 제공합니다. 이전 버전의 커서에서는 별도의 인라인 팝업(Composer)이나 특정 단축키(`cmd` + `I`)로 코드를 생성하고 편집했었지만, 최신 버전에서는 **채팅 패널**(Agent 모드 통합)을 중심으로 더욱 통합되고 강력해진 워크플로우를 제공합니다.

코드 편집기 내에서 `cmd` + `I` (macOS) 또는 `ctrl` + `I` (Windows/Linux) 단축키를 사용하면, 선택한 코드 블록이나 현재 커서 위치를 기반으로 AI와 즉시 소통할 수 있습니다.

코드 생성

새로운 함수, 클래스, 위젯 등 코드 블록을 처음부터 만들고 싶을 때 빈 줄에 커서를 놓고 `cmd` + `I` (macOS) 또는 `ctrl` + `I` (Windows/Linux)를 누르면 AI에게 원하는 코드 생성을 요청할 수 있는 입력 창이나 관련된 인터페이스가 나타납니다. 여기에 "회원 가입 버튼 UI 만들어 줘."와 같이 채팅 입력창에 자연어로 원하는 코드 생성을 요청합니다. 이때 필요하다면 @ 기호를 사용하여 관련된 파일이나 심볼(클래스, 함수 등)을 참조하여 AI에게 더 정확한 맥락을 제공할 수 있습니다.

코드 생성 요청 예시

> 플러터 ElevatedButton 위젯 코드 만들어 줘. 텍스트는 '로그인'이고, onPressed는 비워 둬.

> @models/post_model.dart 의 PostModel 객체를 인자로 받아서 제목과 내용을 표시하는 간단한 Card 위젯 UI 코드 생성해줘.

> 이메일 주소 형식이 유효한지 검사하는 다트 함수 isValidEmail 만들어 줘.

> 이메일 주소 형식이 유효한지 검사하는 다트 함수 isValidEmail 만들어 줘.

이메일 형식을 검사하는 Dart 함수입니다:

```dart
bool isValidEmail(String email) {
  final emailRegExp = RegExp(r'^[a-zA-Z0-9._%+-]+@[a-zA-Z0-9.-]+\.[a-zA-Z]{2,}$');
  return emailRegExp.hasMatch(email);
}
```

이 함수는 정규식을 사용하여 이메일 형식이 올바른지 확인합니다. 이메일 주소가 규칙에 맞으면 `true`, 그렇지 않으면 `false` 를 반환합니다.

목적을 가진 함수 코드 생성을 요청한 모습

AI가 채팅 패널에 생성해준 코드 블록을 확인합니다. 코드 블록 위에 마우스 커서를 올리면 복사 버튼이나 〈Apply〉 버튼(만약 AI가 특정 파일 수정을 제안했다면)이 표시됩니다. 이 버튼을 사용하여 편집기에 코드를 가져옵니다.

```dart
bool isValidEmail(String email) {
  final emailRegExp = RegExp(r'^[a-zA-Z0-9._%+-]+@[a-zA-Z0-9.-]+\.[a-zA-Z]{2,}$');
  return emailRegExp.hasMatch(email);
}
```

코드를 적용할 수 있는 〈Apply〉 버튼

코드 수정/리팩터링

기존 코드를 개선하거나 기능을 추가하거나 오류를 수정하고 싶을 때, 수정할 코드 블록을 선택한 후 `ctrl` + `K` (macOS) 또는 `ctrl` + `K` (Windows/Linux)를 누르면 오른쪽 채팅 패널이 열리면서 선택한 코드가 자동으로 첨부(Context로 포함)됩니다. "이 코드를 더 간결하게 리팩터링해줘." 또는 "여기에 에러 처리 로직 추가해줘."와 같은 지시를 내릴 수 있습니다. AI는 선택된 코드를 기반으로 수정 제안을 합니다.

코드 수정/리팩터링 요청 예시

(선택된 함수 코드와 함께) 이 함수에 try-catch 블록을 추가해서 에러 처리 로직을 넣어 줘.

(선택된 위젯 코드와 함께) 이 StatelessWidget을 StatefulWidget으로 변환해줘.

(선택된 Firestore 코드와 함께) 이 데이터 저장 로직에 로딩 상태 표시(예: isLoading 변수 사용)를 추가해줘.

(선택된 위젯 코드와 함께) 이 위젯 스타일에 @Notepads에 저장된 디자인 시스템의 Primary 색상을 적용해줘.

(선택된 코드와 함께) 이 코드를 null safety 규칙에 맞게 더 안전하게 리팩터링해줘.

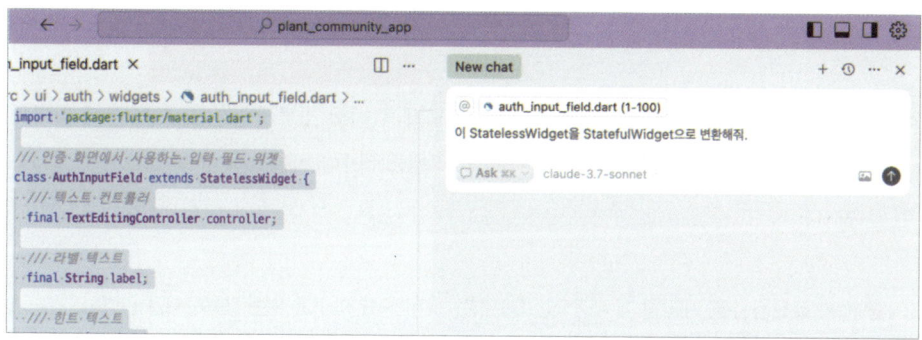

선택한 코드를 콘텍스트로 첨부한 모습

이 기능들을 사용하면 별도의 창으로 이동할 필요 없이 코드 편집 환경에서 AI에게 지시를 내리고 그 결과를 바로 확인할 수 있습니다.

AI가 제안한 변경 사항은 **Diff 뷰**(변경 전후 비교)를 통해 명확하게 확인하고 적용 여부를 결정할 수 있어 매우 효율적입니다. Diff 뷰를 통해 변경 내용을 꼼꼼히 확인하고, 전체 또는 부분을 **적용(Apply)**하거나 **거부(Reject)**합니다.

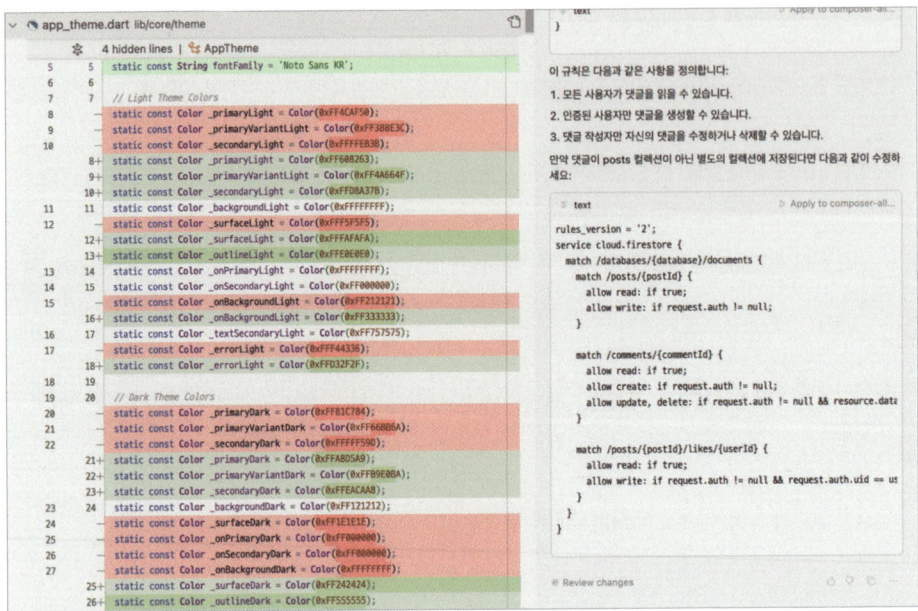

AI가 어떤 부분을 수정했는지 확인할 수 있는 Diff 뷰

이처럼 편집기에서 콘텍스트를 선택하고 채팅 패널에서 AI와 소통하며 Diff 뷰를 통해 결과를 검토하고, 적용하는 워크플로우를 익히면 복잡한 코드 작업도 훨씬 빠르고 효율적으로 처리할 수 있습니다.

> 📌 AI가 코드를 수정 제안할 때 제공되는 Diff 뷰는 매우 중요합니다! AI는 강력하지만 완벽하지 않기 때문에 제안된 변경 사항이 여러분의 의도와 정확히 일치하는지, 잠재적인 문제는 없는지 반드시 직접 확인해야 합니다.
>
> – **변경 내용 명확히 확인**: 녹색은 추가된 부분, 빨간색은 제거된 부분을 보여 줍니다. AI가 어떤 로직을 변경했는지 정확히 파악하세요.
>
> – **선택적 적용/수정**: 전체 변경 사항을 한 번에 적용할 수도 있고(Apply), 문제가 있다면 거부(Reject)하거나, AI의 제안을 참고하여 직접 코드를 수정할 수도 있습니다.
>
> – **품질 관리**: 최종 코드의 품질은 개발자인 여러분의 책임입니다. AI의 제안을 비판적으로 검토하고 최선의 코드를 만들어 나가세요.

주요 기능 ③ 빠른 작업과 문맥에 맞는 즉각적인 도움

코드 위에서 마우스 오른쪽 버튼을 클릭하거나 특정 코드 줄 또는 **문제 표시(빨간 줄 등)** 위에서 `ctrl` + `.` (macOS) 또는 `ctrl` + `.` (Windows/Linux) 단축키를 누르면 현재 문맥에 맞는 다양한 AI 작업을 빠르게 실행할 수 있습니다.

주요 액션 예시

- Explain: 선택한 코드의 기능을 설명해줍니다. 복잡한 코드를 이해할 때 유용합니다.
- Fix Lints/Fix Errors: 코드 분석기가 발견한 문제점(린트 에러, 컴파일 에러 등)을 AI가 자동으로 수정하도록 시도합니다.

이 기능들은 특정 코드 조각에 대해 빠르게 도움을 받고 싶을 때 매우 유용합니다.

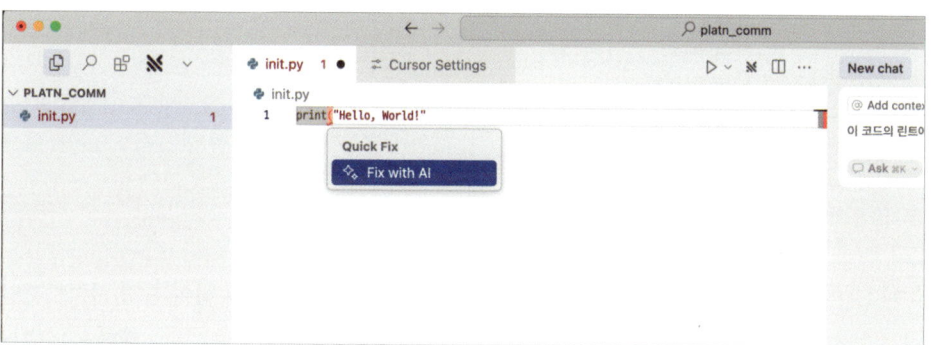

〈Fix with AI〉 기능

📖 용어 사전

린트 에러: 코드를 실행하기 전, 코딩 스타일이나 문법 규칙에 어긋난 부분을 자동으로 알려 주는 검사 결과입니다.

컴파일 에러: 코드를 실행 가능한 형태로 바꾸는 과정(컴파일) 중에 발생하는 구문 오류나 타입 오류 등의 문제를 뜻합니다.

주요 기능 ④ 더 똑똑한 AI를 위한 정보 제공, 맥락 참조

커서 AI의 진정한 힘은 바로 프로젝트의 **맥락**을 이해하는 능력에 있습니다. 그리고 이 맥락을 AI에게 효과적으로 전달하는 방법이 @와 # 기호입니다.

@ 기호는 파일이나 심볼(클래스, 함수 등)을 참조하게 하여, AI가 해당 코드의 내용을 직접 보고 작업을 수행하도록 합니다(예: "@user_model.dart 파일을 참고해서 사용자 프로필 위젯 만들어 줘.").

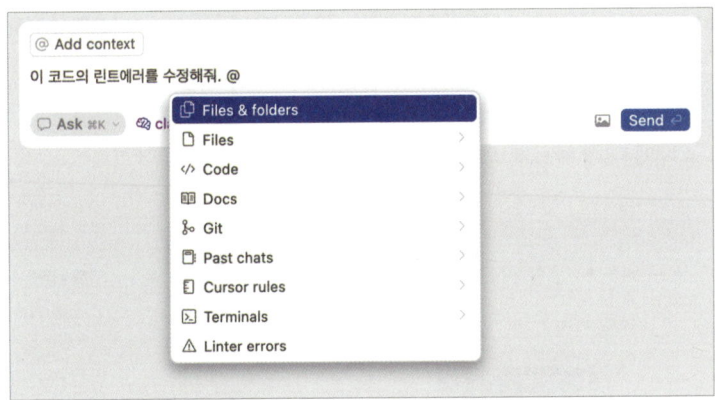

@ 기호를 채팅 창에 입력한 모습

기호는 문서(Notepads에 저장된 규칙, 외부 웹 문서 등)를 참조하게 하여 특정 가이드라인이나 지식을 기반으로 코드를 생성하도록 합니다. @ 기호로 추가한 문서 등은 **해당 채팅에서 지속적으로 참고하도록 상단에 따로 추가됩니다.**

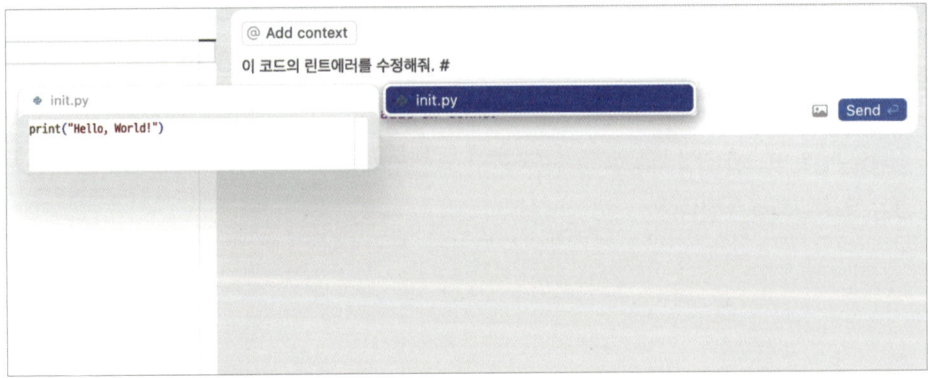

기호를 채팅 창에 입력한 모습

이처럼 강력한 맥락 관리 기능 덕분에 커서 AI는 단순히 일반적인 코드를 생성하는 것을 넘어 여러분의 프로젝트에 딱 맞는 코드를 제안할 수 있습니다.

지금까지 커서 AI의 주요 기능을 살펴보았습니다. 각 기능마다 역할이 있지만, 핵심은 현재 작업 중인 코드(맥락)를 AI에게 명확히 전달하고 채팅 패널을 통해 구체적인 지시를 내리는 것입니다. 이 과정을 마스터하면 코드 작성 및 수정 속도를 비약적으로 높이는 동시에 코드 품질까지 관리할 수 있습니다.

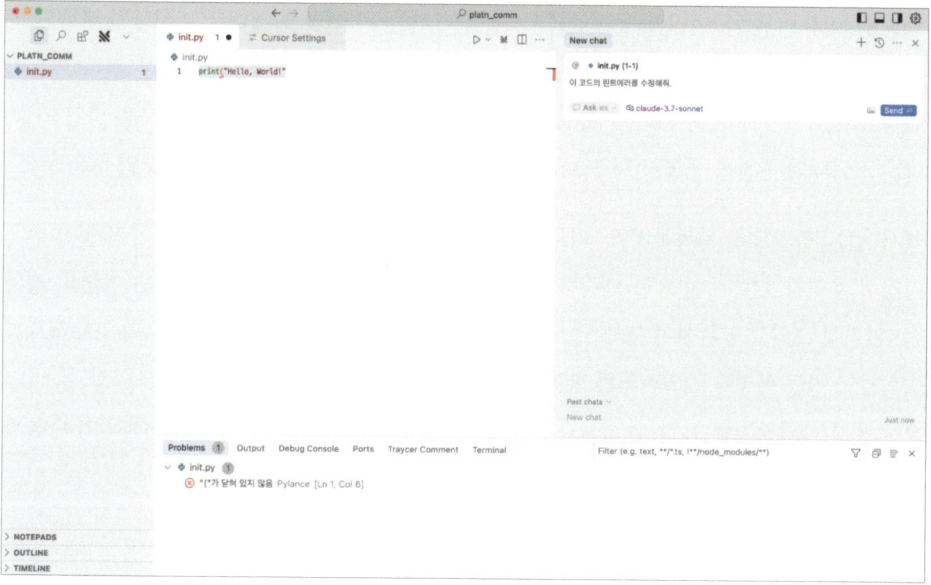

채팅 창에서 AI에게 코드를 참조시키고 수정 요청

이외에도 디버깅 지원, Git 연동 강화 등 다양한 기능이 있지만 일단 앞서 소개한 핵심 기능들만 잘 활용해도 개발 생산성이 눈에 띄게 향상되는 것을 경험할 수 있을 겁니다. 이제 커서 AI가 단순한 코드 생성기를 넘어 개발 워크플로우 깊숙이 통합되어 다양한 방식으로 도움을 주는 지능형 어시스턴트라는 점을 좀 더 명확하게 느끼길 바랍니다.

다음 절에서는 이 어시스턴트와 더욱 효과적으로 소통하고 협업하기 위한 열쇠, 바로 **맥락**과 이를 관리하는 **MCP**에 대해 자세히 알아보겠습니다. 이 개념을 이해하는 것이 커서 AI의 잠재력을 100% 활용하는 핵심입니다!

4.2 AI의 이해도를 높이는 열쇠, 효과적인 맥락 제공 전략

지금까지 우리는 커서 AI의 다양한 기능을 살펴보았습니다. 채팅으로 질문하고, `cmd` + `L` 또는 `ctrl` + `L` 로 코드를 편집하고, 빠른 작업으로 도움을 받는 등 정말 편리한 기능들이죠. 하지만 때로는 AI가 내가 원하는 대로 정확하게 동작하지 않거나 엉뚱한 코드를 제안해서 당황스러울 때도 있었을 겁니다. 왜 그럴까요?

가장 큰 이유는 AI가 '여러분의 프로젝트라는 큰 그림', 즉 **맥락**을 제대로 이해하지 못했기 때문입니다. 마치 여러분이 새로 온 동료에게 아무런 사전 정보 없이 "여기 버튼 하나 만들어 줘."라고 말하는 것과 같아요. 그 동료는 우리 프로젝트의 디자인 스타일이나 사용 중인 기술, 다른 코드와의 연관성 등을 전혀 모르기 때문에 엉뚱한 결과물을 내놓을 수밖에 없겠죠.

커서 AI는 놀랍도록 똑똑하지만, 기본적으로는 여러분이 제공하는 정보 안에서 작동합니다. 따라서 우리가 AI에게 필요한 맥락을 얼마나 효과적으로 전달하느냐에 따라 AI 응답의 정확성, 관련성 그리고 일관성이 크게 달라집니다. 맥락을 잘 제공하면 AI는 마치 우리 프로젝트를 속속들이 아는 베테랑 개발자처럼 행동하지만, 맥락이 부족하면 그저 인터넷에서 코드를 긁어오는 초보 개발자처럼 보일 수 있습니다. 맥락을 제대로 제공하면 AI와의 협업에 있어 다음과 같은 효과를 가져옵니다.

맥락 제공 시 장점

- **정확성 향상**: AI가 프로젝트의 특정 파일 구조, 사용 중인 라이브러리, 변수명 규칙 등을 알면 훨씬 더 정확하고 에러 없는 코드를 생성할 가능성이 높습니다. 예를 들어, 우리 커뮤니티 앱에서 사용하는 파이어베이스 관련 코드를 AI가 인지하고 있다면, 관련 함수를 더 정확하게 만들어 줍니다.
- **일관성 유지**: 프로젝트 전반의 코딩 스타일, 디자인 시스템(색상, 폰트 등), 아키텍처 패턴 등을 AI가 이해하면 새로 생성하는 코드가 기존 코드와 일관성을 유지하게 됩니다. 덕분에 나중에 코드를 관리하기가 훨씬 수월해집니다.
- **관련성 높은 제안**: AI가 현재 작업 중인 기능의 목표나 요구 사항을 알면 단순히 문법적으로 맞는 코드를 넘어 실제 문제 해결에 도움이 되는 관련성 높은 아이디어나 코드 구조를 제안할 수 있습니다.
- **커뮤니케이션 효율 증대**: 매번 AI에게 프로젝트의 기본 정보를 설명할 필요 없이 요청에만 집중할 수 있어 커뮤니케이션 시간을 단축하고 개발 속도를 높일 수 있습니다.

결국 AI에게 맥락을 잘 제공하는 것은 AI를 단순한 코드 생성기에서 진정한 **프로젝트 어시스턴트**로 만드는 과정입니다. 특히 혼자서 모든 것을 만들어야 하는 1인 개발자나 작은 팀에게, AI와 효과적으로 소통하며 맥락을 공유하는 능력은 단순히 편리함을 넘어 생산성과 직결되는 핵심 기술입니다. 자, 그럼 어떻게 해야 커서 AI가 우리 프로젝트의 맥락을 더 잘 이해하도록 만들 수 있을까요? 커서 AI가 제공하는 강력한 맥락 관리 도구들을 하나씩 살펴보겠습니다.

프로젝트의 장기 기억 저장소, Notepads 활용법

AI는 정말 똑똑하지만 가끔은 금붕어처럼 방금 나눴던 대화나 중요한 결정을 잊어버릴 때가 있습니다. 특히 채팅 탭을 여러 개 사용하거나, 잠시 프로젝트를 떠났다가 돌아오면 AI가 프로젝트의 중요한 맥락을 놓치고 엉뚱한 대답을 할 수도 있죠. 매번 같은 내용을 반복해서 설명하는 건 너무 비효율적이잖아요? 바로 이럴 때 필요한 것이 커서 AI의 강력한 기능, **Notepads**입니다! Notepads는 AI에게 "이 프로젝트에서는 이걸 꼭 기억하고 있어야 해!"라고 알려 주는, 프로젝트별 맞춤 메모장 또는 AI의 장기 기억 저장소라고 생각하면 됩니다. Notepads는 프로젝트를 진행하는 데 있어 다음과 같은 역할을 합니다.

Notepads의 역할

- **일관성 유지**: 프로젝트 내내 AI가 동일한 규칙(디자인, 코딩 스타일 등)을 따르도록 합니다.
- **정확성 향상**: AI가 프로젝트의 세부 사항(사용 라이브러리, 아키텍처 등)을 인지하므로 더 정확한 코드를 생성합니다.
- **반복 설명 불필요**: AI에게 매번 프로젝트 기본 정보를 알려줄 필요가 없어 커뮤니케이션 효율이 극대화됩니다.
- **새로운 AI 세션/탭에서 맥락 공유**: 다른 채팅 탭이나 나중에 다시 프로젝트를 열었을 때도 AI가 핵심 정보를 즉시 파악할 수 있습니다.
- **표준 강제**: 팀 프로젝트의 경우 정의된 규칙을 AI가 따르도록 유도하여 코드 품질을 일정하게 유지하는 데 도움이 됩니다.

Notepads 기본 활용법

Notepads를 실행하려면 왼쪽 사이드바에서 마우스 오른쪽 버튼을 클릭한 다음 [Notepads]를 활성화하면 해당 프로젝트의 Notepads 패널이 열립니다.

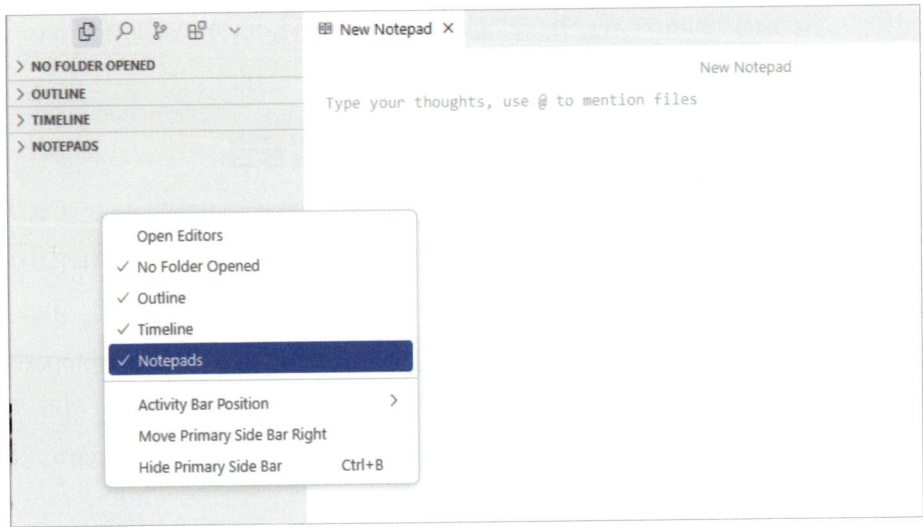

Notepads 실행

Notepads는 마크다운 문법을 사용하여 내용을 작성합니다. 이를 통해 제목, 목록, 코드 블록 등으로 정보를 구조화하여 AI가 더 쉽게 이해하도록 만들 수 있습니다. 기본적인 마크다운 문법은 다음과 같습니다.

- # 제목 1
- ## 제목 2
- – 목록 항목 1
- * 목록 항목 2
- // 코드 블록 예시

```
final String example = "Hello";
```

앞서 설명했듯 Notepads는 프로젝트의 '설명서'나 '규칙집'과 같습니다. AI가 개발하는 동안 계속 참고해야 할 핵심 정보를 담는 것이 좋습니다. 따라서 방대한 내용보다는 핵심적이고 자주 참조할 만한 내용 위주로 정리하는 것이 효과적입니다.

Notepads 효과적으로 사용하는 팁

- **간결하게 유지**: 너무 많은 내용을 넣으면 AI가 핵심을 파악하기 어려울 수 있습니다. 중요한 정보 위주로 간결하게 작성하세요.
- **구조화**: 마크다운의 제목, 목록 등을 활용하여 내용을 명확하게 구조화하세요. AI가 특정 섹션을 찾아 참고하기 쉬워집니다.
- **정기적 업데이트**: 프로젝트가 진행되면서 변경되는 사항(예: 새로운 라이브러리 추가, 디자인 시스템 수정)은 즉시 Notepads에 반영해주세요.
- **팀 공유**: 팀 프로젝트라면 팀원들과 함께 Notepads 내용을 정의하고 관리하여 일관성을 유지하세요.

AI는 채팅이나 코드 생성 요청을 처리할 때 자동으로 Notepads의 내용을 참고합니다. 하지만 우리가 AI에게 "특히 이 Notepads 내용을 좀 더 집중해서 봐줘!"라고 명시적으로 알려 줄 수도 있습니다. 바로 @ 기호(또는 일부 버전에서는 @Notepads)를 사용하는 것입니다. 채팅 입력창이나 코드 생성 프롬프트(`cmd` + `L` 사용 시)에 @ 기호를 입력하면 Notepads에 저장된 내용을 참조하도록 지시할 수 있습니다.

Notepads를 참조하게 하는 @ 기호

Notepads는 단순히 정보를 저장하는 곳이 아니라 AI와의 효과적인 소통과 협업을 위한 핵심 도구입니다. 마치 잘 정리된 노트를 가진 학생이 공부를 더 잘하듯이, 잘 관리된 Notepads는 여러분의 AI 어시스턴트를 더욱 강력하고 유능하게 만들어 줄 것입니다. 우리 커뮤니티 앱 개발 과정에서도 Notepads를 적극적으로 활용하여 AI와 환상의 호흡을 맞춰볼 겁니다.

앞서 Chapter 2, 3에서 작성해 둔 디자인 시스템과 PRD 문서를 Notepads에 저장하는 과정을 통해 구체적인 활용 방법을 살펴보겠습니다.

Notepads 활용 예시 ① 디자인 시스템 저장하기

Chapter 3에서 우리가 공들여 정의했던 색상 팔레트, 타이포그래피 스타일, 주요 컴포넌트 스타일 가이드라인을 Notepads에 그대로 옮겨 보겠습니다. 디자인 시스템을 저장해 두는 이유는 AI에게 "버튼 만들어 줘."라고 했을 때, 우리가 정한 주 색상과 버튼 텍스트 스타일을 사용하도록 만들기 위해서입니다. 각자가 만든 디자인 시스템은 같은 프롬프트를 입력하더라도 다른 결과가 나오기 때문에 자신의 디자인 시스템을 넣으면 됩니다. 마음에 들지 않으면 수정하면 그뿐이니까요.

먼저 왼쪽 사이드바의 NOTEPADS 탭에서 [Create New Notepad] 또는 [+] 아이콘을 클릭해 새 Notepads를 생성합니다.

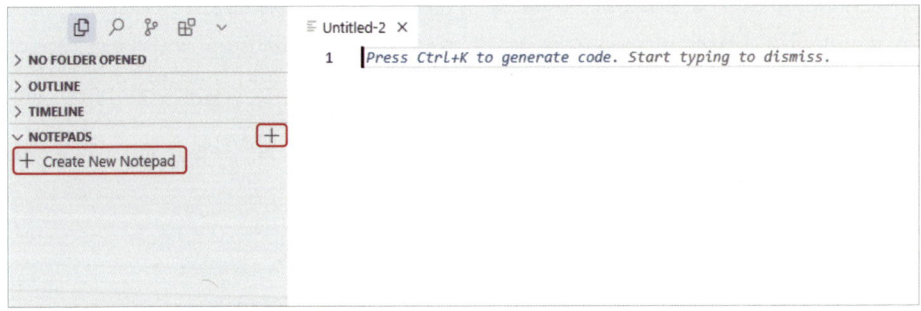

새 Notepads 생성

Chapter 3에서 작성해 둔 디자인 시스템 텍스트를 붙여 넣습니다.

```
                    Notepads에 저장할 디자인 시스템 예시(Chapter 3 내용 기반)
# Design System
## Colors
### Light Theme
*   **Primary:**  `#4CAF50` (자연, 성장 - 메인 녹색 계열)
*   **Secondary:**  `#FFC107` (따뜻함, 활기 - 밝은 노란색 계열)
*   **Accent:**  `#03A9F4` (신뢰, 정보 - 밝은 파란색 계열)
*   **Background:**  `#FFFFFF` (깨끗함 - 흰색)
```

* **Surface:** `#F5F5F5` (카드 등 배경 위 요소 - 밝은 회색)
* **Text Primary:** `#212121` (기본 텍스트 - 어두운 회색)
* ... (나머지 색상 정의)

Dark Theme
* **Primary:** `#81C784`
* ... (다크 테마 색상 정의)

Typography
* **Base Font Family:** 'Noto Sans KR'
* **Headline 1:** FontWeight.bold, FontSize: 24.0
* **Body 1 (Default):** FontWeight.regular, FontSize: 16.0, LineHeight: 1.5
* ... (나머지 타이포그래피 스타일 정의)

Components
Buttons
* **ElevatedButton (Primary):**
    * Background: Primary Color
    * Text: On Primary Color, Button Typography
    * Shape: RoundedRectangleBorder(borderRadius: BorderRadius.circular(8.0))
* ... (다른 컴포넌트 스타일 정의)

텍스트를 붙여 넣었다면 Notepads에 이름을 지정합니다. 사이드바에서 해당 Notepads에 마우스 커서를 얹으면 뜨는 [Rename Notepad] 아이콘을 클릭한 다음 "Design System"이라는 이름을 지어 줍니다.

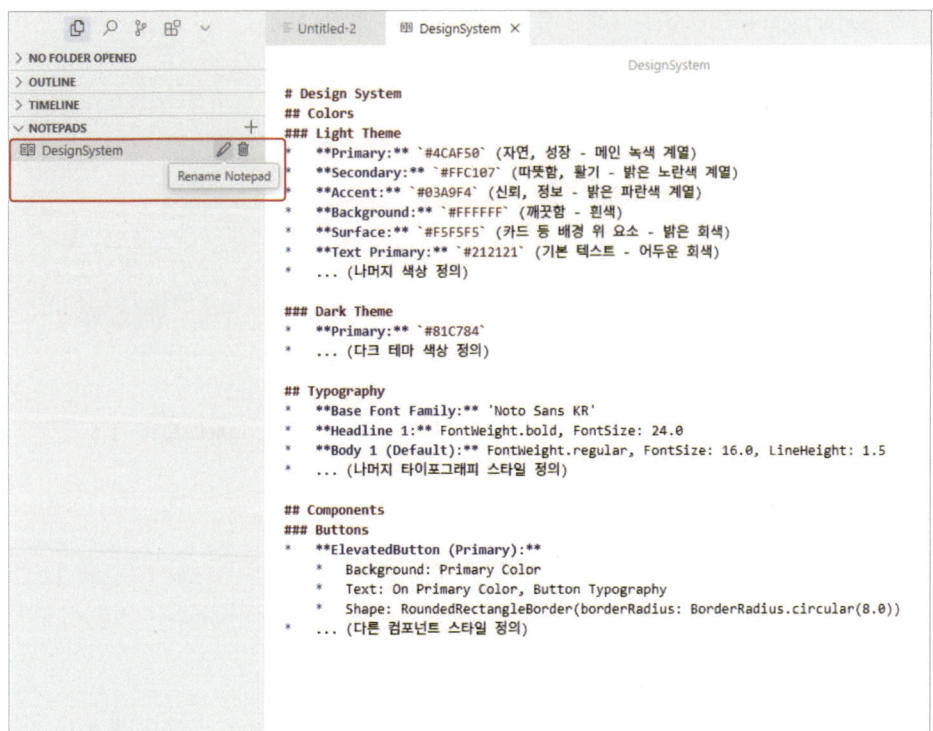

Notepads 이름 지정

Notepads에 이름을 지정해 두면 다음과 같이 프롬프트에서 @로 Notepads를 참조하면서 요청할 수 있습니다.

Design System 참조 요청

> 선택한 ElevatedButton의 스타일을 @Design System에 정의된 Primary 버튼 스타일 가이드라인에 맞게 수정해줘.

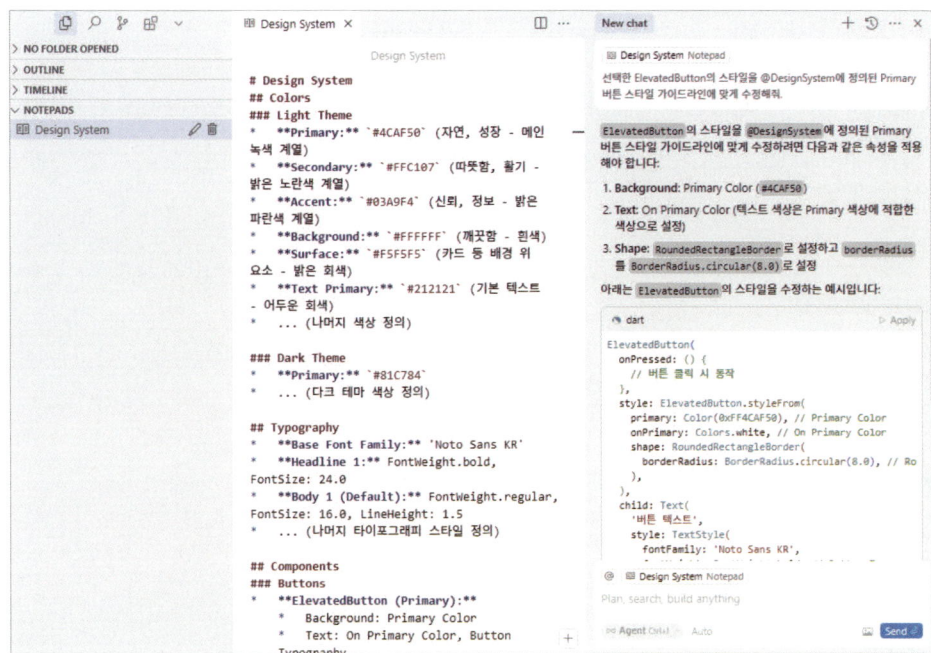

디자인 시스템 참조 활용 예시

Notepads 활용 예시 ② 프로젝트 목표 및 핵심 기능 요약

우리가 Chapter 2에서 작성한 PRD의 핵심 내용도 Notepads에 저장해 두는 것이 좋습니다. AI가 단순한 코드 조각을 만드는 것이 아니라 '우리가 만들려는 커뮤니티 앱은 반려 식물 초보 집사를 위한 Q&A와 식물 일기 공유가 핵심 목표'라는 큰 그림을 이해하도록 돕기 위해서입니다.

> 📌 외부 API 키 등 민감한 정보를 Notepads에 직접 저장하는 것은 보안상 위험할 수 있으므로 권장하지 않습니다. 이런 정보는 환경 변수나 별도의 보안 설정 파일을 통해 관리하고, Notepads에는 "API 키는 .env 파일에서 로드해서 사용합니다."와 같이 관리 방식을 명시하는 것이 좋습니다.

사이드바에서 새 Notepads를 만들겠습니다. NOTEPADS 탭 오른쪽의 [+] 아이콘을 클릭합니다.

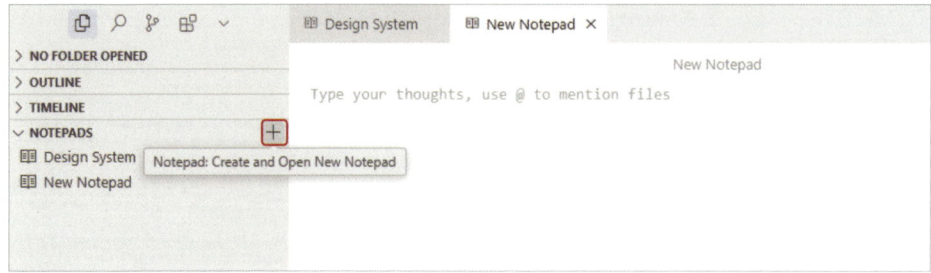

새 Notepads 생성

Chapter 2에서 작성한 PRD 문서를 붙여 넣습니다.

Notepads에 저장할 PRD 예시(Chapter 2 기반)

PlantPal(가칭) - 반려 식물 집사 커뮤니티

제품 요구 사항 문서(PRD)

1. 프로젝트 개요

1.1 앱 소개

앱 이름: 반려 식물 집사 커뮤니티(가칭: PlantPal)

핵심 가치: 반려 식물 집사들을 위한 온라인 모임/정보 및 일지 공유 중심의 커뮤니티 MVP

비전: 정서적 위로가 되어줄 수 있는 반려 식물이 더 잘 관리될 수 있도록 도와주는 친구

1.2 대상 사용자

- 식물을 키우고 있지만 잘 못 돌보는 사용자

- 반려 식물 관리에 어려움을 겪는 사용자

- 자신의 식물 성장 과정을 기록하고 공유하고 싶은 사용자

1.3 앱의 목표

- 혼자 식물 관리하기 쉽고 부담없이 정보도 얻을 수 있는 환경 조성

- 사용자 간의 감정 공유를 중심으로 한 커뮤니티 형성

- 직관적이고 간편한 UI/UX로 진입 장벽 최소화

2. 핵심 기능(MVP)

2.1 인증 시스템

기능: Firebase Email/Password 기반 회원 가입 및 로그인

요구 사항:

- 이메일 주소와 비밀번호를 통한 계정 생성
- 회원 가입/로그인 기능
- 비밀번호 재설정 기능

2.2 피드(게시글 목록)

기능: 다른 사용자가 작성한 게시글 목록 표시

요구 사항:

- 최신순 정렬
- 게시물 목록, 썸네일, 간단한 내용 미리보기 제공
- 게시물 작성자 아이디 표시
- 댓글 수, 좋아요 수 등 메타데이터 구현
- 무한 스크롤

2.3 게시글 상세 보기

기능: 특정 게시글의 전체 내용 및 댓글 표시

요구 사항:

- 게시글 이미지 표시
- 본문 전체 내용 표시
- 작성자 닉네임 표시
- 작성일자 및 작성 시간 표시
- 댓글 목록 표시

2.4 게시글 작성

기능: 새로운 게시글 작성

요구 사항:

- 제목 및 본문 입력 필수
- 선택적으로 이미지 1장 첨부 가능
- 게시글 유형 선택(질문/기록)
- 작성 완료 후 버튼으로 작성 마무리

2.5 댓글 작성

기능: 특정 게시글에 댓글 작성

요구 사항:

- 텍스트 기반 댓글 입력
- 댓글 작성자 닉네임 및 시각 표시
- 실시간 업데이트(선택)

3. 기술 스택

프런트엔드: 플러터

백엔드: 파이어베이스(Authentication, Firestore, Storage)

배포: Google Play Store, Apple App Store

4. 향후 추가 기능(Future Roadmap)

4.1 사용자 경험 향상

- 사용자 프로필 보기 및 편집 기능

- 게시글/댓글 좋아요 기능

- 사용자 알림 확인 기능

4.2 콘텐츠 관리 기능

- 다중 이미지 업로드 지원

- 식물 종류 및 카테고리 분류

- 검색 기능 추가

4.3 커뮤니티 기능 강화

- 알림 시스템 구현

- 배지/포인트

- 식물 관리 일지 통계 제공

5. 성공 지표

사용자 지표: DAU/MAU, 재방문율, 이탈률 등

콘텐츠 지표: 일일 게시글/댓글 수, 작성자 수 대비 활동률, 좋아요/댓글 수가 높은 우수한 게시물 카테고리

운영 지표: 오류 리포팅 수, 운영자 응대 시간 등

텍스트를 붙여 넣었다면 Notepads에 이름을 지정합니다. 사이드바에서 해당 Notepads에 마우스 커서를 얹으면 뜨는 [Rename Notepad] 아이콘을 클릭한 다음 "기술스택"이라는 이름을 지어 줍니다.

기술스택 참조 요청

새로운 사용자 프로필 화면(profile_screen.dart)을 만들려고 해. #기술스택에 명시된 대로 Riverpod를 사용해서 사용자 데이터를 표시하는 기본 코드를 작성해줘.

이렇게 # 기호를 사용하면 AI가 어떤 정보를 우선적으로 참고해야 할지 명확하게 알려 주어 더욱 정확한 결과물을 얻을 수 있습니다.

AI에게 실시간 정보 전달, @ 기호로 맥락 마스터하기

Notepads가 프로젝트의 전반적인 규칙과 장기 기억을 담당한다면, @ 기호는 AI와의 실시간 대화나 코드 생성 요청 중에 필요한 구체적인 정보 조각들을 콕 집어 전달하는 역할을 합니다. 마치 대화 중에 특정 자료나 이전 메모를 "이것 좀 보세요."하고 직접 보여 주는 것과 같죠.

AI에게 모호하게 설명하는 대신 @ 기호를 사용하면 AI는 "아, 지금 이 파일(또는 이 코드 조각, 이 문서)을 보고 작업하라는 거구나!"하고 훨씬 명확하게 여러분의 의도를 파악합니다. 당연히 결과물의 정확도와 관련성이 높아지고 불필요한 재요청이나 수정 과정을 크게 줄일 수 있습니다.

채팅 패널 입력창이나 코드 편집 중 AI 호출(`cmd` + `L` 또는 `ctrl` + `L` 사용 시 등) 시, @ 기호를 입력하면 아래 이미지와 같이 참조할 수 있는 다양한 **콘텍스트 소스** 목록이 나타납니다. 여기서 필요한 정보를 선택하여 AI에게 전달하는 것이죠.

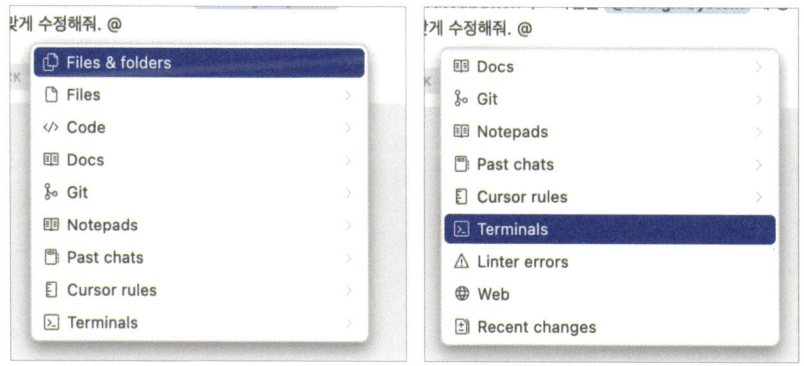

채팅 패널에 @ 기호를 입력하면 나오는 메뉴

대표로 [Files & folders], [Files], [Code], [Docs]를 통해 각 콘텍스트의 활용법을 좀 더 자세히 살펴보겠습니다.

@Files & folders와 @Files

@ 기호로 활용 가능한 주요 콘텍스트 소스는 @Files & folders 또는 @Files입니다. 특정 파일의 내용을 기반으로 코드를 생성하거나 수정해야 할 때 또는 현재 프로젝트 내의 특정 파일이나 폴더 전체를 AI에게 알려줍니다.

파일 참조하여 위젯 생성 요청

> 사용자 프로필 정보를 표시하는 플러터 Card 위젯 코드를 만들어 줘. 필요한 데이터 구조는 @user_model.dart 파일을 참고해.

이렇게 프롬프트를 작성하면 AI가 user_model.dart 파일 내용을 직접 보고, 해당 모델의 필드(예: `displayName, email`)를 사용하는 정확한 위젯 코드를 생성해줄 확률이 매우 높아집니다.

@Code

@Code는 특정 함수의 로직을 수정하거나, 특정 클래스를 확장하는 코드를 작성할 때 프로젝트 내 특정 클래스, 함수, 변수 등 코드의 특정 부분을 지칭합니다. 이 콘텍스트 소스를 프롬프트에 활용하면 AI가 정확히 어떤 함수를 수정해야 하는지 명확하게 인지하고 작업을 수행합니다.

특정 함수 리팩터링 요청

> 선택된 코드 근처에 있는 @_savePostToFirestore 함수를 좀 더 효율적으로 리팩터링해줘.

@Docs

@Docs는 특정 라이브러리의 공식 사용법에 따라 코드를 작성하거나, 프로젝트 내부 규칙 문서를 참고해야 할 때 커서 AI가 인덱싱했거나 연결된 기술 문서(예: 프로젝트 내 README, 특정 라이브러리 문서 등)를 참조합니다(정확한 범위는 설정에 따라 다를 수 있습니다.).

이 콘텍스트 소스를 프롬프트에 활용하면 AI가 검증된 공식 문서나 프로젝트 규칙을 기반으로 답변하거나 코드를 생성하여 신뢰도를 높입니다.

라이브러리 문서 참조 요청

플러터의 Provider 패키지 사용법에 대해 @Docs Provider 문서를 참고해서 설명해주고, 간단한 카운터 앱 예시 코드를 작성해줘.

@Notepads

앞서 활용 예시로 살펴본 콘텍스트 소스로, 디자인 시스템, 아키텍처 규칙 등 Notepads에 저장된 정보를 기반으로 일관성 있는 코드를 작성해야 할 때 작성해 둔 프로젝트별 Notepads 내용을 참조합니다. 이 콘텍스트 소스를 활용하면 AI가 우리가 정의한 규칙을 정확히 따르는 코드를 생성하여 앱 전체의 일관성을 유지합니다.

Notepads 디자인 시스템 적용 요청

선택한 ElevatedButton에 @Design System의 Primary 버튼 스타일을 적용해줘.

지금까지 File, Code, Docs, Notepads까지 대표적으로 4가지 콘텍스트를 활용하는 예시를 살펴보았습니다. 이외에 @ 기호로 다음과 같은 콘텍스트들을 유용하게 활용할 수 있습니다.

기타 유용한 콘텍스트

- **이미지 첨부**: 채팅 패널에 현재 상태, 참조할 데이터 등을 이미지로 첨부하여 AI의 이해를 도울 수 있습니다.
- **@Git**: 깃 히스토리, 특정 커밋, 브랜치 정보 등을 참조하여 코드 변경 내역을 분석하거나 커밋 메시지를 작성하는 데 활용할 수 있습니다.
- **@Past chats**: 이전 대화 내용을 참조하여 맥락을 이어갈 수 있습니다.
- **@Cursor rules**: .cursor/rules 디렉터리에 정의된 규칙을 참조합니다.
- **@Web**: 웹 검색을 통해 최신 정보나 라이브러리 정보를 찾아보도록 지시할 수 있습니다.
- **@Recent changes**: 최근 변경한 파일 내용을 AI가 인지하도록 합니다.
- **@Linter errors**: 특정 린터 오류를 참조하여 해결 방법을 묻거나 수정을 요청할 수 있습니다.

이처럼 필요한 정보를 정확하게 짚어 주는 습관을 들이면 AI는 여러분의 의도를 훨씬 잘 파악해 원하는 결과물을 더 빠르고 정확하게 만들어 줄 것입니다. AI에게 단순히 "게시물 카드 만들어 줘."라고 말하는 것과 "@lib/models/post_model.dart 파일을 보고 @Notepads의 #Design System에 맞춰서 게시물 카드를 만들어 줘."라고 말하는 것은 결과물의 질에서 큰 차이를 만듭니다. 이것이 바로 커서 AI와 진정으로 '협업'하는 방법이며, 개발 생산성을 한 단계 더 끌어올리는 핵심 비결입니다.

> 📌 # 기호는 @처럼 다양한 콘텍스트 유형을 선택하는 메뉴를 보여 주기보다는 특정 파일 이름이나 심볼 이름을 직접 입력하여 빠르게 참조하는 데 더 중점을 둔 기능일 가능성이 높습니다. 예를 들어, @lib/models/user_model.dart 대신 #user_model.dart처럼 파일 이름만으로 빠르게 참조하는 식이죠.
>
> 하지만 @ 기호는 어떤 종류의 정보(File, Code, Docs, Notepads 등)를 참조할지 명확하게 선택할 수 있고, 자동 완성을 통해 정확한 대상을 찾기 쉽다는 점에서 더 강력하고 일반적으로 권장되는 방법입니다. 처음에는 @ 기호를 적극적으로 활용하는 연습을 하는 것이 좋습니다.

AI와 원활한 대화를 위한 프롬프트 작성법

자, 지금까지 우리는 Notepads와 @ 기호를 사용하여 AI에게 프로젝트의 '기억'과 '실시간 정보'를 제공하는 방법을 배웠습니다. 이것만으로도 AI의 이해도를 크게 높일 수 있지만, 여기서 만족하지 않고 AI와의 소통 자체를 좀 더 효과적으로 만드는 몇 가지 노하우를 익힌다면, AI를 훨씬 더 유능한 개발 어시스턴트로 만들 수 있습니다. 마치 사람과 대화할 때도 명확하고 논리적으로 말하는 것이 중요하듯 AI와의 소통에도 요령이 필요합니다.

1. 명확하고 구체적인 질문/지시하기

가장 기본적이면서도 중요한 원칙입니다. 모호하고 두루뭉술한 요청보다는, AI가 무엇을 해야 하는지 정확히 알 수 있도록 구체적으로 지시하는 것이 좋습니다.

나쁜 예

> 로그인 기능 만들어 줘.

좋은 예

> Firebase Auth(firebase_auth 패키지)를 사용하여 이메일/비밀번호 방식의 로그인 기능을 구현하는 다트 함수 코드를 작성해줘. 로그인 성공 시 사용자 정보를 반환하고, 실패 시에는 FirebaseAuthException을 던지도록 해줘.

2. 한 번에 한 가지 작업 요청하기

AI는 한 번에 너무 많은 것을 처리하려고 하면 혼란스러워하거나 중요한 부분을 놓칠 수 있습니다. 복잡한 기능을 구현해야 한다면 전체 작업을 작은 단계로 나누어 하나씩 요청하는 것이 효과적입니다.

나쁜 예

> Firestore에서 게시글 데이터를 가져와서 화면에 보여 주고, 각 게시글에 댓글 기능과 좋아요 기능을 추가하고, 실시간 업데이트도 되게 해줘.

단계별 접근 예

> Firestore posts 컬렉션에서 데이터를 가져와 ListView에 제목만 표시하는 기본 코드를 만들어 줘.
>
> (AI가 코드를 생성하면) 이제 각 리스트 아이템에 댓글 수를 표시하고, 클릭하면 상세 화면으로 이동하는 기능을 추가해줘.
>
> (상세 화면에서) 이 화면 하단에 댓글 입력 필드와 작성 버튼 UI를 추가해줘.
>
> (버튼 UI 추가하면) 댓글 작성 버튼을 누르면 Firestore comments 서브컬렉션에 데이터를 저장하는 로직을 구현해줘.

이런 식으로 단계를 밟아 나가면 AI도 각 단계에 집중하여 더 정확한 결과물을 내놓을 가능성이 높습니다.

3. 기대하는 결과물의 형태나 제약 조건 명시하기

AI에게 어떤 형태의 결과물을 원하는지 또는 지켜야 할 규칙이나 제약 조건이 무엇인지 미리 알려 주면 좋습니다.

결과물 명시 예시

> 단순히 코드만 생성하지 말고, 각 코드 라인에 대한 설명 주석도 함께 달아 줘.

> 이 함수는 반드시 String 타입의 값을 반환해야 해.

> 생성하는 위젯은 Material Design 3 가이드라인을 따라 줘.

> 반환되는 리스트는 최대 10개의 항목만 포함하도록 제한해줘.

4. 태스크 목록 작성하여 AI에게 일 시키기

복잡한 코드 생성이나 여러 파일에 걸친 수정 작업이 필요할 때 AI에게 구체적인 작업 순서나 요구 사항을 목록 형태로 명확하게 제시하면 매우 효과적입니다. 마치 팀원에게 업무 지시서를 전달하듯이 말이죠. 태스크 목록을 활용하면 AI가 수행해야 할 작업을 명확하게 인지하고 순서대로 처리하도록 유도할 수 있고, 복잡한 요구 사항을 빠뜨리지 않고 반영할 가능성이 높아집니다. 중간에 AI가 길을 잃거나 엉뚱한 방향으로 가더라도, 우리가 제시한 태스크 목록을 기준으로 다시 방향을 잡아줄 수 있을 뿐만 아니라 AI가 각 단계를 완료할 때마다 확인하며 진행 상황을 관리하기 용이합니다.

태스크 목록을 작성할 때는 마크다운 형식의 체크리스트를 사용하면 가독성이 좋습니다.

새 기능 구현을 위한 태스크 목록 제시

> 새로운 '사용자 프로필 수정' 기능을 구현하려고 해. 다음 태스크 목록(task.md 파일)에 따라 필요한 작업을 진행해줘.
>
> task.md 파일 예시:

[ ] lib/screens/ 폴더에 profile_edit_screen.dart 파일 생성

[ ] profile_edit_screen.dart에 기본적인 Scaffold와 AppBar 구조 만들기(AppBar 제목: '프로필 수정')

[ ] @lib/models/user_model.dart 파일을 참조하여, 사용자의 현재 displayName과 photoURL(이미지 표시는 나중에)을 보여 주는 TextField와 프로필 이미지 영역(Placeholder) UI 구성하기

[ ] 화면 하단에 <저장> ElevatedButton 추가하기(onPressed는 비워 둠)

[ ] <저장> 버튼을 누르면 displayName을 Firestore users 컬렉션의 해당 사용자 문서에 업데이트하는 로직 구현하기(firebase_auth로 현재 사용자 UID 가져오고, cloud_firestore 사용)

[ ] 업데이트 성공 시 SnackBar로 "프로필이 저장되었습니다."라는 메시지를 표시하고 이전 화면으로 돌아가기(Navigator.pop)

[ ] 업데이트 실패 시 SnackBar로 오류 메시지 표시하기

이처럼 태스크 목록을 제시하는 방법은 효율성을 극대화시킬 수 있으므로 꼭 적용해보는 것을 권장합니다.

5. 예시 제공하기

때로는 말로 설명하는 것보다 간단한 예시를 보여 주는 것이 AI의 이해를 돕는 데 더 효과적일 수 있습니다.

예시 제공하기

> 내가 원하는 버튼 스타일은 이런 식이야.
>
> (간단한 코드 예시 제공)

> 데이터 구조는 다음과 같은 JSON 형식을 따라야 해.
>
> (JSON 예시 제공)

6. 피드백 주고받기

AI가 처음부터 완벽한 결과물을 내놓을 것이라고 기대하기보다는, AI가 제안한 내용을 바탕으로 추가 질문이나 수정을 요청하며 결과물을 함께 개선해 나가는 과정이 필요합니다.

피드백 주고받기

> 만들어 준 코드는 좋은데, 여기서 이 부분은 내 의도와 좀 다른 것 같아. 이렇게 수정해줄 수 있을까?

> 이 함수 이름은 좀 더 명확하게 바꿀 수 없을까? 예를 들면 saveUserData 같은 이름으로.

> 오류 처리가 좀 더 상세했으면 좋겠어. 네트워크 오류와 데이터 형식 오류를 구분해서 처리해줘.

이러한 소통 노하우들을 익히고 활용하면 커서 AI를 단순한 코드 생성 도구가 아닌 여러분의 생각과 의도를 이해하고 함께 문제를 해결해 나가는 진정한 개발 어시스턴트로 만들 수 있을 것입니다. 이후 커뮤니티 앱을 개발하는 과정에서 이 팁들을 적극적으로 활용해보세요!

05

커뮤니티 앱 개발 시작하기

학습 목표

- 커서 AI 환경 내에서 플러터 프로젝트를 파이어베이스에 연결할 수 있습니다.

- firebase_auth 패키지와 커서 AI를 사용하여 이메일/비밀번호 기반 사용자 인증(회원 가입, 로그인, 로그아웃, 비밀번호 재설정) 기능을 구현할 수 있습니다.

- Riverpod와 GoRouter를 사용하여 사용자의 로그인 상태 변화에 따라 앱 화면을 자동으로 전환하는 로직을 구현할 수 있습니다.

- Firestore 데이터베이스의 구조(컬렉션, 문서, 서브컬렉션)를 설계하고, freezed 등을 이용해 데이터 모델 클래스를 생성할 수 있습니다.

- cloud_firestore 패키지와 커서 AI를 활용하여 앱의 핵심 데이터(게시물, 댓글)에 대한 CRUD 작업을 구현하고, 실시간 업데이트 기능을 적용할 수 있습니다.

드디어 기다리고 기다리던 개발의 시간입니다! Chapter 3에서 우리는 멋진 커뮤니티 앱의 디자인 청사진을 완성했습니다. 정보 구조를 탄탄하게 설계하고, 유저 플로우를 명확히 정의했으며, 매력적인 디자인 시스템까지 구축했죠. 이제 이 모든 설계도를 바탕으로 커서 AI라는 강력한 도구를 손에 쥐고 실제로 코드를 작성하며 앱을 만들어 나갈 겁니다.

개발이라는 단어에 살짝 긴장될 수도 있겠지만, 너무 걱정하지 마세요. 우리에게는 든든한 커서 AI가 있으니까요. 마치 숙련된 베테랑 개발자가 옆에서 친절하게 코칭해주듯이 커서 AI는 코드 작성부터 오류 수정, 코드 리뷰까지 개발의 전 과정을 든든하게 지원해줄 겁니다. 특히 개발 초보자나 혼자서 앱 개발을 시작하는 1인 개발자에게는 훌륭한 조력자가 될 거예요.

이번 Chapter 4에서는 커서 AI를 본격적으로 활용하여 커뮤니티 앱 개발을 시작하는 첫 단계를 차근차근 밟아 나갈 것입니다. 커서 AI를 설치하고 기본 사용법을 익히는 것부터 시작해서 프로젝트 초기 설정을 마치고 앱의 핵심 기능 중 일부인 기본 화면 UI를 구현하는 것까지, 흥미진진한 코딩 여정을 함께 떠나볼까요?

5.1 실전! 플러터 커뮤니티 앱 개발 환경 구축하기

자, 이론 학습과 기능 탐험은 여기까지! 드디어 우리가 만들 '반려 식물 초보 집사 커뮤니티 앱' 개발의 첫 삽을 뜰 시간입니다. 지금까지 우리는 기획과 디자인의 밑그림을 그렸고, 강력한 AI 어시스턴트 역할을 할 커서 AI의 핵심 기능과 소통 노하우를 익혔습니다. 이제 이 모든 것을 하나로 합쳐 실제 코드를 작성하며 아이디어를 현실로 만들어 나갈 차례입니다.

이제 본격적으로 플러터 프로젝트를 생성하고 초기 설정을 진행하며, 커서 AI를 개발 워크플로우 전체에 통합하여 사용하는 실전 경험을 쌓게 될 것입니다. 플러터 개발 경험이 있다면 기본적인 플러터 프로젝트 생성이나 구조는 익숙할 겁니다. 하지만 커서 AI와 함께라면 이 과정마저도 훨씬 더 매끄럽고 효율적으로 진행할 수 있습니다. 터미널을 열기 위해 창을 전환하거나, 필요한 정보를 찾기 위해 웹 브라우저를 넘나드는 시간을 줄이고 오롯이 코드와 로직에 집중할 수 있게 되는 거죠. 물론 플러터 개발 경험이 없어도 커서 AI와 함께라면 문제 없습니다. 커서 AI를 활용한 개발에는 다음과 같은 장점이 있습니다.

커서 AI를 활용했을 때 이점

- **콘텍스트 전환 최소화**: 터미널 작업이나 프로젝트 생성을 위해 IDE 창을 벗어날 필요가 없습니다. 모든 작업이 커서 AI 안에서 이루어지므로 집중력을 유지하고 작업 흐름을 원활하게 이어갈 수 있습니다.
- **즉각적인 AI 지원**: 프로젝트가 생성된 직후 생성된 파일 구조(lib, pubspec.yaml 등)나 기본 코드에 대해 궁금한 점이 있다면 바로 AI 채팅 패널(`cml` + `L` / `ctrl` + `L` 등으로 파일 선택 후)이나 **빠른 작업**(`cml` + `.` / `ctrl` + `.`)을 통해 질문하거나 설명을 요청할 수 있습니다. 예를 들어, pubspec.yaml 파일을 열고 "이 파일의 각 섹션이 어떤 역할을 하는지 설명해줘."라고 바로 물어볼 수 있죠.

플러터와 커서 AI라는 날개를 달아 폭발적인 생산성을 경험해봅시다! 준비되셨나요?

새 프로젝트 생성하기

모든 앱 개발의 시작은 새로운 프로젝트를 생성하는 것이죠. 개발 경험이 있다면 새 프로젝트 생성 과정에 익숙할 겁니다. 하지만 커서 AI 환경에서는 이 작업을 더욱 간편하게 수행할 수 있습니다. 시작하기에 앞서 이 책에서는 우리 앱의 프로젝트명을 **plant_community_app**으로 하겠습니다.

커서 AI 명령 팔레트 활용하기(VS Code 기능 상속)

커서 AI는 VS Code의 많은 기능을 상속하므로 플러터 확장 기능이 설치되어 있다면 VS Code와 유사하게 **명령 팔레트**^{Command Palette}를 통해 프로젝트를 생성하겠습니다. 설치되어 있지 않다면, 왼쪽의 〈Extention〉 메뉴에서 "Flutter"를 검색해서 설치하면 됩니다. 이 부분은 커서 AI에 요청하는 경우 터미널에서 다른 경로에 플러터를 설치할 수 있으므로 이 방법을 따라 진행하세요.

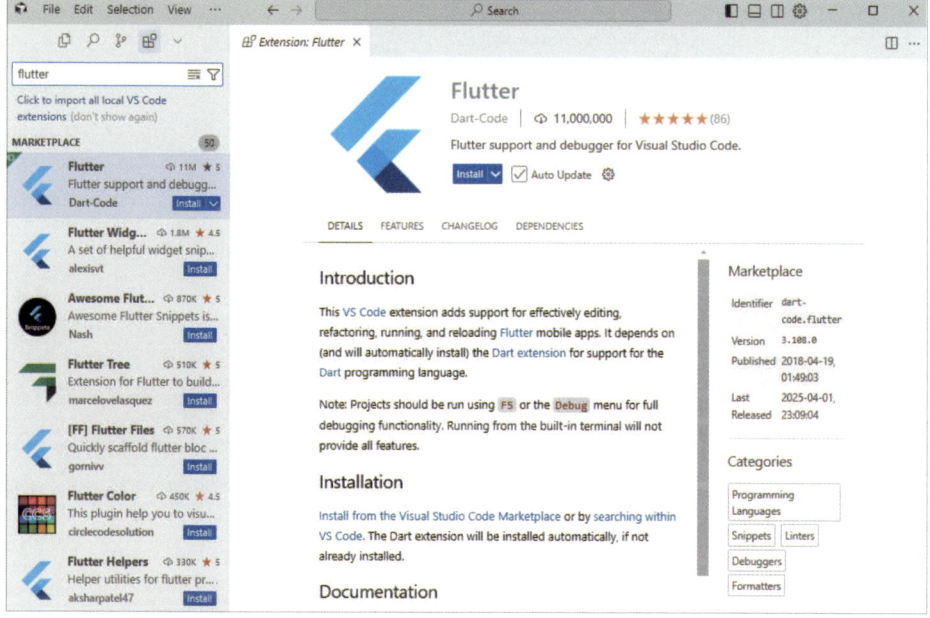

〈Extention〉 메뉴에서 "Flutter" 검색

커서 AI를 실행하고 `cmd` + `shift` + `P` (macOS) 또는 `ctrl` + `shift` + `P` (Windows/Linux)를 눌러 명령 팔레트를 실행합니다. 검색창에 "Flutter: New Project"를 입력하고 해당 명령어를 선택합니다.

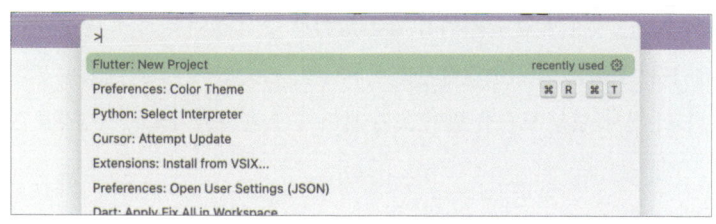

명령 팔레트 실행

프로젝트 타입은 〈Application〉을 선택합니다. 프로젝트를 저장할 부모 폴더를 선택하고, 프로젝트 이름으로 "PLANT_COMMUNITY_APP"을 입력합니다.

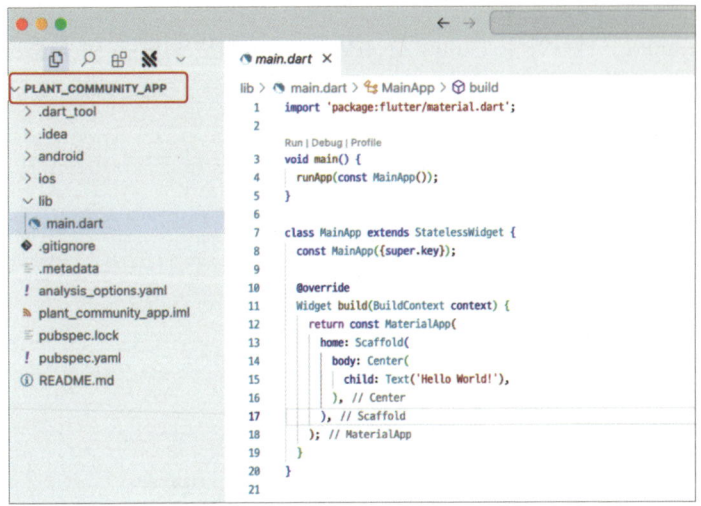

프로젝트 설정

이제 기본적인 플러터 프로젝트 구조가 생성되었습니다. lib 폴더 안의 **main.dart** 파일이 앱의 시작점이 되고, **pubspec.yaml** 파일에서 앱의 의존성(패키지)과 메타데이터를 관리하게 됩니다. 다음 단계에서는 이 기본 구조를 우리 커뮤니티 앱에 맞게 조금 더 다듬어 보겠습니다.

프로젝트 구조 설계하기

잘 정리된 프로젝트 구조는 앱의 규모가 커지더라도 코드를 이해하고 관리하기 쉽게 만들어 주는 핵심 요소입니다. 단순히 기능만 구현하는 것을 넘어 유지 보수성과 확장성을 고려한 구조를 처음부터 잡는 것이 중요하죠.

다행히 플러터 공식 문서에서는 다양한 앱 아키텍처 접근 방식과 추천 폴더 구조에 대한 가이드라인을 제공하고 있습니다. 우리는 이 가이드라인을 참고하여 우리 '반려 식물 커뮤니티 앱'에 적합한 구조를 설계하고, 커서 AI의 도움을 받아 초기 폴더 구조를 효율적으로 생성해보겠습니다.

- 플러터 공식 문서: https://docs.flutter.dev

커서 AI를 활용해 폴더 구조 설계 시 이점

- **빠르고 정확한 생성**: 직접 여러 폴더를 일일이 클릭하여 만들거나 터미널 명령어를 여러 번 입력하는 대신, 한 번의 요청으로 원하는 구조를 빠르고 정확하게 생성할 수 있습니다.
- **공식 가이드라인 준수**: 플러터 공식 문서나 팀 내 규칙을 기반으로 구조를 요청함으로써, 표준적이고 일관된 프로젝트 구조를 쉽게 구축할 수 있습니다.
- **오류 감소**: 수동으로 폴더를 만들 때 발생할 수 있는 오타나 누락을 방지할 수 있습니다.

플러터 공식 앱 아키텍처 가이드

먼저 플러터 공식 문서의 앱 아키텍처 섹션을 간략하게 살펴보는 것이 좋습니다. 이 문서에서는 상태 관리, 의존성 주입, 레이어 분리(Presentation, Domain, Data) 등 다양한 아키텍처 개념과 예시를 다루고 있습니다.

- 플러터 공식 문서 〉 앱 아키텍처: https://docs.flutter.dev/app-architecture

우리는 이 가이드라인, 특히 **레이어 분리** 개념을 참고하여 다음과 같은 기본 폴더 구조를 lib 폴더 아래에 구성하는 것을 목표로 하겠습니다(이는 하나의 예시이며, 프로젝트의 복잡성이나 선호하는 상태 관리 방식에 따라 유연하게 조정할 수 있습니다.).

플러터 프로젝트를 위한 기본 폴더 구조

- **presentation**: UI 및 상태 관리를 담당하는 레이어
- **screens**(또는 pages, views): 각 화면을 구성하는 위젯들
- **widgets**(또는 components): 여러 화면에서 재사용되는 공통 위젯들
- **providers**(또는 controllers, blocs, state): 상태 관리를 위한 클래스들(선택한 상태 관리 패턴에 따라 이름 변경 가능)
- **domain**: 앱의 핵심 비즈니스 로직 및 데이터 모델을 담당하는 레이어(선택 사항, 앱 규모에 따라 생략 가능)
- **entities**(또는 models): 앱에서 사용하는 순수 데이터 객체(예: UserModel, PostModel)
- **repositories**: 데이터 레이어와 상호 작용하는 인터페이스 정의

- usecases(또는 interactors): 특정 비즈니스 로직 수행
- data: 데이터 소스와의 상호 작용(API 호출, 로컬 DB 접근 등)을 담당하는 레이어
- models(또는 dtos – Data Transfer Objects): 데이터 소스에서 직접 사용하는 데이터 모델(Domain 모델과 분리할 경우)
- repositories: Domain 레이어의 Repository 인터페이스 구현체
- datasources: 외부 API, 파이어베이스, 로컬 스토리지 등 실제 데이터 소스와 통신하는 클래스들
- core(또는 utils, common): 여러 레이어에서 공통적으로 사용하는 유틸리티, 상수, 확장 함수 등
- constants: 앱 전체에서 사용하는 상수 값
- utils: 날짜 포매팅, 유효성 검사 등 유틸리티 함수
- errors: 사용자 정의 에러 클래스 또는 예외 처리 관련
- theme: 앱의 디자인 시스템(테마, 색상, 폰트 등) 정의

사실 이 부분에 대해 자세히 설명하려면 **클린 아키텍처**^{Clean Architecture}라는 개념을 소개해야 합니다만, 내용이 깊어지므로 생략하도록 하겠습니다. 지금 이 개념을 몰라도 커서 AI가 프로젝트 구조를 생성해줄 겁니다.

커서 AI를 활용하여 폴더 구조 생성하기

이제 이 구조를 커서 AI에게 요청하여 실제 폴더를 생성해 봅시다. 통합 터미널을 사용하거나 AI 채팅 패널을 활용할 수 있습니다. 여기서는 AI 채팅 패널을 활용하는 예시를 살펴보겠습니다. `ctrl` + `L`로 채팅 패널을 실행하고 다음 프롬프트를 입력해 폴더 구조 생성을 요청합니다.

> **플러터 프로젝트 폴더 구조 생성 요청**
>
> 현재 플러터 프로젝트(plant_community_app)의 lib 폴더 아래에, 플러터의 공식 문서에 있는 권장 구조에 따라 기본 폴더들을 생성해줘. 공식 문서는 아래 url을 참고하면 돼.
>
> @https://docs.flutter.dev/app-architecture

여기서 url에 @ 기호를 사용한 것을 확인할 수 있습니다. 이렇게 웹의 url도 @를 활용해 간단하게 참조할 수 있습니다. 참조가 되었는지 확인 후 enter 를 입력하세요. 중간에 AI가 툴 콜링Tool calling을 요청한다면 수락 버튼을 눌러주세요. 그러면 요구한 대로 프로젝트 내에 폴더 트리를 만들어 줄 겁니다.

📖 용어 사전

툴 콜링: AI가 외부 도구나 기능을 스스로 호출해서 사용하는 기능을 뜻합니다.

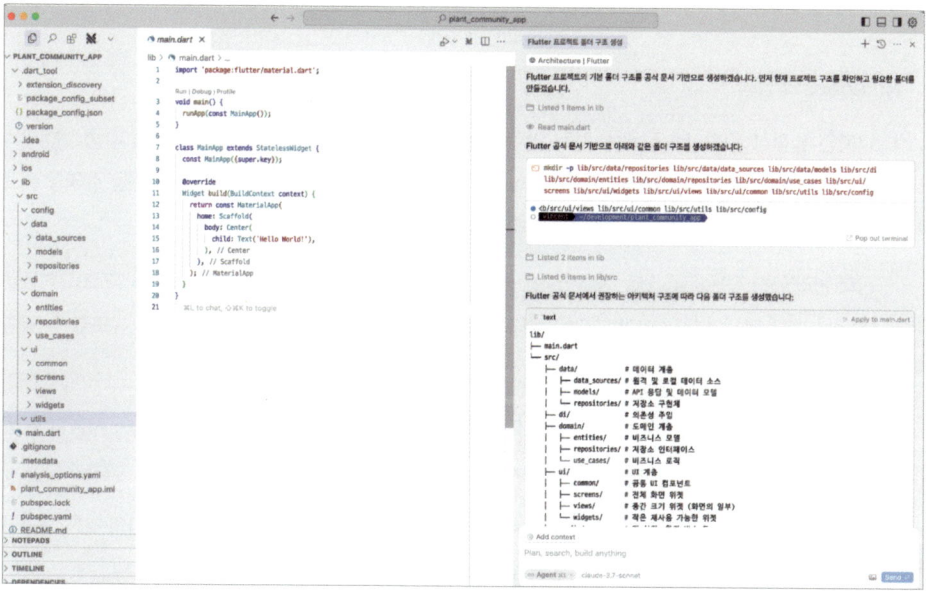

단 한 번의 프롬프트로 완성된 프로젝트 구조

우리는 공식 가이드라인을 참고하고 커서 AI의 도움을 받아 단 한 번의 프롬프트로 체계적인 프로젝트 폴더 구조를 갖추었습니다. 이렇게 미리 구조를 잡아 두면 앞으로 각 기능을 개발할 때 코드를 어디에 위치시켜야 할지 명확해질 뿐만 아니라 프로젝트를 훨씬 깔끔하게 관리할 수 있습니다.

다음 단계에서는 앞서 만들어 둔 디자인 시스템과 프로젝트 규칙들을 커서 AI가 프로젝트를 진행하는 동안 계속 참고할 수 있도록 Notepads에 정리하는 작업을 진행하겠습니다.

Notepads를 활용한 '프로젝트 뇌' 만들기

우리 커뮤니티 앱 프로젝트의 기본 폴더 구조까지 만들었습니다. 본격적으로 코딩을 시작하기 전에 딱 한 단계만 더 거치면 AI 파트너와 훨씬 더 똑똑하게 협업할 수 있습니다. 바로 커서 AI의 Notepads 기능을 활용하여 우리 프로젝트만을 위한 **AI의 기억 저장소 또는 프로젝트 뇌**를 만들어 주는 작업입니다. 이 과정이 번거롭고 귀찮게 느껴질 수 있지만 딱 10분만 투자하는 것만으로 이후 수많은 시간을 절약하고 AI가 엉뚱한 코드를 생성하는 상황을 크게 줄일 수 있습니다. 왜냐하면 Notepads는 AI가 우리 프로젝트의 핵심 규칙, 디자인 가이드라인, 주요 결정 사항들을 계속 기억하고 참고하도록 만드는 강력한 도구이기 때문입니다.

Notepads의 장점

- **디자인 일관성 유지**: 앱 전체에 걸쳐 일관된 색상, 폰트, 위젯 스타일을 적용하는 것이 중요합니다. Notepads에 디자인 시스템을 넣어 두면 AI에게 위젯 생성을 요청할 때마다 매번 스타일을 설명할 필요 없이 "Notepads의 디자인 시스템을 참고해줘."라는 한 마디면 됩니다.

- **상태 관리 규칙 적용**: Provider, Riverpod, BLoC 등 프로젝트에서 선택한 상태 관리 방식과 그 규칙들을 Notepads에 명시해 두면 AI가 새로운 상태 관리 로직을 생성할 때 이 규칙을 따르도록 유도할 수 있습니다.

- **반복 작업 최소화**: 자주 사용하는 파이어베이스 패키지 설정법, 커스텀 유틸리티 함수 사용법 등을 Notepads에 정리해 두면 AI에게 관련 작업을 요청할 때 훨씬 빠르고 정확하게 처리할 수 있습니다.

- **협업 강화(1인 개발자에게도 중요!)**: Notepads는 '미래의 나' 또는 '다른 팀원(혹은 AI)'과의 소통 도구가 되어 프로젝트의 일관성을 유지하는 데 도움을 줍니다.

자, 이제 우리 앱의 Notepads를 채워봅시다! 커서 AI 왼쪽 사이드바 하단에서 Notepads 탭을 클릭합니다. 새 노트를 만들고 우리 프로젝트를 잘 나타내기 위해 "PlantApp PRD"로 이름을 변경합니다.

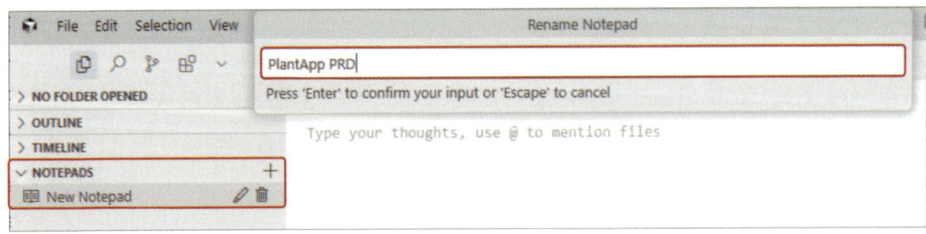

새 Notepads 생성

이제 디자인 시스템, 프로젝트 목표, PRD 등을 마크다운 형식으로 Notepads에 꼼꼼하게 정리하겠습니다.

디자인 시스템(필수)

Chapter 3에서 마크다운으로 정리했던 내용을 Notepads에 그대로 복사하여 붙여 넣습니다 (# Design System, ## Colors, ## Typography, ## Components 등).

```
## 반려 식물 앱 디자인 시스템

### 1. Colors (Modern & Natural Palette)

#### Light Theme
*   **Primary:** `#608263` (차분한 세이지 그린/딥 그린 - 안정감, 자연, 고급스러움)
*   **Primary Variant:** `#4A664F` (더 진한 딥 그린 - 강조)
*   **Secondary:** `#D8A37B` (부드러운 테라코타/샌디 브라운 - 따뜻함, 흙, 포인트)
*   **Background:** `#FFFFFF` (흰색 - 깨끗함)
*   **Surface:** `#FAFAFA` (매우 밝은 회색 - 카드 배경 등)
*   **Outline:** `#E0E0E0` (연한 회색 - 구분선, 입력 필드 테두리)
*   **On Primary:** `#FFFFFF` (Primary 색상 위 텍스트)
*   **On Secondary:** `#000000` (Secondary 색상 위 텍스트)
*   **On Background/Surface:** `#333333` (기본 텍스트 - 진한 회색)
*   **Text Secondary:** `#757575` (보조 텍스트 - 회색)
*   **Error:** `#D32F2F` (톤 다운된 빨강)

#### Dark Theme (Improved)
*   **Primary:** `#A8D5A9` (밝고 부드러운 그린)
*   **Primary Variant:** `#B9E0BA`
*   **Secondary:** `#EACAA8` (연한 샌디 브라운/베이지)
*   **Background:** `#121212` (어두운 회색)
*   **Surface:** `#242424` (약간 밝은 어두운 회색)
*   **Outline:** `#555555` (어두운 회색 구분선)
*   **On Primary:** `#212121` (진한 회색 - 대비 확보)
*   **On Secondary:** `#212121` (진한 회색 - 가독성 확보)
*   **On Background/Surface:** `#E0E0E0` (밝은 회색 텍스트)
*   **Text Secondary:** `#BDBDBD` (연한 회색 보조 텍스트)
*   **Error:** `#F8A098` (밝은 오류 색상)
```

2. Typography

*   **Base Font Family:** 'Noto Sans KR'
*   **HeadlineLarge (AppBar Title):** FontWeight.bold, FontSize: 22.0, LetterSpacing: -0.5
*   **TitleLarge (Post Title):** FontWeight.bold, FontSize: 18.0, LetterSpacing: -0.25
*   **TitleMedium (Section Title):** FontWeight.bold, FontSize: 16.0
*   **BodyLarge (Post Content):** FontWeight.normal, FontSize: 16.0, LineHeight: 1.5
*   **BodyMedium (Default Text):** FontWeight.normal, FontSize: 14.0
*   **LabelLarge (Button Text):** FontWeight.bold, FontSize: 14.0
*   **LabelMedium (Medium Label):** FontWeight.w500, FontSize: 12.0
*   **BodySmall (Caption, Meta Info):** FontWeight.normal, FontSize: 12.0, Color: TextSecondary

3. Components (Refined Styles)

*   **ElevatedButton (Primary):**
    *   Background: Primary Color
    *   Foreground (Text): On Primary Color
    *   Shape: RoundedRectangleBorder(borderRadius: BorderRadius.circular(12.0))
    *   Elevation: 2.0
*   **OutlinedButton:**
    *   Side: BorderSide(color: Outline Color)
    *   Foreground (Text): Primary Color
    *   Shape: RoundedRectangleBorder(borderRadius: BorderRadius.circular(12.0))
*   **TextButton:**
    *   Foreground (Text): Primary Color
*   **TextField (InputDecoration):**
    *   Border: OutlineInputBorder(borderRadius: BorderRadius.circular(12.0), borderSide: BorderSide(color: Outline Color))
    *   Focused Border: OutlineInputBorder(borderRadius: BorderRadius.circular(12.0), borderSide: BorderSide(color: Primary Color, width: 2.0))
    *   Label Style: TextStyle(color: TextSecondary)
    *   Fill Color: Surface Color (Optional)
    *   Filled: true (Optional)

- **Card:**
  - Elevation: 1.0
  - Shape: RoundedRectangleBorder(borderRadius: BorderRadius.circular(16.0))
  - Color: Surface Color (테마별)
  - Margin: EdgeInsets.all(8.0) (Example)
- **AppBar:**
  - **Option 1:**
    - BackgroundColor: Primary Color
    - Foreground (Title/Icons): On Primary Color
    - Elevation: 0.0
  - **Option 2 (Modern):**
    - BackgroundColor: Background Color (or Surface Color)
    - Foreground (Title/Icons): On Background Color (or On Surface Color)
    - Elevation: 0.0
    - ScrolledUnderElevation: 1.0
- **BottomNavigationBar:**
  - Selected Item Color: Primary Color
  - Unselected Item Color: TextSecondary
  - Background Color: Surface Color
  - Elevation: 2.0

프로젝트 목표 및 PRD

Notepads에 프로젝트 목표와 PRD 요약을 입력하는 것은 **AI**에게 프로젝트의 '큰 그림'과 '개발 방향'을 알려 주는 핵심 과정입니다.

프로젝트 목표와 PRD 요약 제공 시 장점

1. **목표 지향적 코드 생성**: AI가 앱의 최종 목표와 사용자 경험을 이해하고, 단순히 기능적인 코드를 넘어 더 적합하고 맥락에 맞는 코드를 제안하도록 유도합니다.
2. **정확성과 일관성 향상**: AI가 요구 사항을 명확히 인지하여 기능을 빠뜨리거나 잘못 구현하는 것을 방지하고, 앱 전체의 일관성을 유지합니다.
3. **소통 효율 극대화**: 매번 배경 설명을 반복할 필요 없이 핵심 요청에 집중할 수 있어 AI와의 소통 시간을 절약하고 개발 속도를 높입니다.
4. **맥락 기억 및 유지**: 프로젝트가 진행되어도 AI가 핵심 방향성을 잃지 않고 일관된 결과물을 제공하도록 돕습니다.

즉, 이 정보는 AI를 단순 코드 생성 도구에서 프로젝트의 비전을 공유하는 똑똑한 개발 파트너로 만드는 데 필수적입니다.

```
# PlantPal(가칭) - 반려 식물 집사 커뮤니티
## 제품 요구 사항 문서(PRD)

## 1. 프로젝트 개요

### 1.1 앱 소개
- **앱 이름**: 반려 식물 집사 커뮤니티(가칭: PlantPal)
- **핵심 개념**: 초보 반려 식물 집사들을 위한 질문/답변 및 식물 일기 공유 미니 커뮤니티 MVP
- **비전**: 식물 키우기에 어려움을 겪는 초보자들이 부담없이 정보를 공유하고 소통할 수 있는 친근한 공간 제공

### 1.2 대상 사용자
- 식물 키우기를 막 시작한 초보 사용자
- 반려 식물 관리에 어려움을 겪는 사용자
- 자신의 식물 성장 과정을 기록하고 공유하고 싶은 사용자

### 1.3 핵심 목표
- 초보 식물 집사들이 쉽고 부담없이 정보를 얻을 수 있는 환경 조성
- 사용자 간 경험과 지식을 공유할 수 있는 커뮤니티 형성
- 직관적이고 간결한 UI/UX로 진입 장벽 최소화

## 2. 핵심 기능(MVP)

### 2.1 인증 시스템
- **기능**: Firebase Email/Password 기반 회원 가입 및 로그인
- **요구 사항**:
  - 이메일 주소와 비밀번호를 통한 계정 생성
  - 로그인/로그아웃 기능
  - 비밀번호 재설정 기능

### 2.2 피드(게시글 목록)
- **기능**: 다른 사용자들이 작성한 게시글 목록 표시
- **요구 사항**:
```

    - 최신순으로 게시글 정렬
    - 게시글 제목, 작성자, 간략한 내용 미리보기 제공
    - 이미지가 있는 경우 썸네일 표시
    - 무한 스크롤 또는 페이지네이션 구현

2.3 게시글 상세 보기
- **기능**: 특정 게시글의 상세 내용 및 댓글 표시
- **요구 사항**:
    - 게시글 전체 내용 표시
    - 첨부된 이미지 표시
    - 작성자 정보 및 작성 시간 표시
    - 댓글 목록 표시
    - 좋아요 기능(선택)

2.4 게시글 작성
- **기능**: 새로운 게시글 작성
- **요구 사항**:
    - 제목 및 내용 입력 폼 제공
    - 선택적으로 이미지 1장 첨부 가능
    - 게시글 유형 선택(질문/일기)
    - 작성 완료 후 피드로 자동 리디렉션

2.5 댓글 작성
- **기능**: 특정 게시글에 댓글 작성
- **요구 사항**:
    - 텍스트 기반 댓글 입력 폼
    - 댓글 작성자 정보 및 시간 표시
    - 실시간 업데이트(선택)

3. 기술 스택

- **프런트엔드**: 플러터
- **백엔드**: 파이어베이스(Authentication, Firestore, Storage)
- **배포**: Google Play Store, Apple App Store

4. 향후 확장 기능(Future Roadmap)

4.1 사용자 경험 향상

- 사용자 프로필 보기 및 편집 기능
- 게시글/댓글 삭제 및 수정 기능
- 사용자 간 팔로우 기능

4.2 콘텐츠 관련 기능
- 다중 이미지 업로드 지원
- 식물 태그 및 카테고리 분류
- 검색 기능 구현

4.3 커뮤니티 기능 강화
- 알림 시스템 구현
- 투표/설문 기능
- 식물 관리 일정 공유 기능

5. 성공 지표

- **사용자 참여도**: DAU/MAU, 세션 시간, 재방문율
- **콘텐츠 생성**: 일일 게시글 및 댓글 수
- **사용자 성장**: 신규 가입자 수, 추천을 통한 가입률
- **사용자 만족도**: 앱 스토어 평점, 인앱 피드백

6. 출시 일정

- **Phase 1** (2주): 디자인 및 프로토타입 개발
- **Phase 2** (4주): 핵심 기능 개발(인증, 피드, 게시글 상세/작성)
- **Phase 3** (2주): 댓글 기능 및 UI/UX 개선
- **Phase 4** (2주): 베타 테스트 및 피드백 수집
- **Phase 5** (1주): 최종 버그 수정 및 출시 준비

기술 스택 및 규칙

Notepads에 사용할 **주요 라이브러리, 아키텍처 패턴, 폴더 구조 등 기술 스택과 관련 규칙**을 명확히 정의하는 것은 AI와의 효율적인 협업을 위해 중요합니다.

기술 스택과 규칙 정리 시 장점

1. **정확한 기술 사용**: AI가 코드 생성 시 프로젝트에서 실제로 사용하는 라이브러리(예: Riverpod, GoRouter, Firebase)와 기술을 정확히 인지하고 활용하도록 합니다.
2. **일관된 패턴 적용**: 정의된 아키텍처 규칙(예: 레이어드 구조)이나 상태 관리 패턴(예: Provider 사용법)을 AI가 일관되게 따르도록 유도하여 코드 품질과 유지 보수성을 높입니다.
3. **오류 및 충돌 방지**: AI가 프로젝트에 맞지 않거나 호환되지 않는 라이브러리, 패키지, 코드 패턴을 사용하는 것을 방지하여 잠재적인 오류를 줄입니다.
4. **개발 효율 향상**: 매번 프롬프트에 사용할 기술 스택을 명시할 필요 없이, AI가 Notepads 정보를 바탕으로 필요한 코드를 더 빠르고 정확하게 생성하도록 돕습니다.

요약하자면 기술 스택과 규칙을 Notepads에 명시하는 것은 AI가 프로젝트의 기술적 제약 조건과 가이드라인을 이해하고, 그 안에서 정확하고 일관된 코드를 효율적으로 생성하도록 만드는 핵심적인 과정입니다.

```
# 🌱 반려 식물 커뮤니티 앱 - Tech Stack


## 📱 Frontend (Flutter)
- **Flutter 3.x (stable)** 로 UI 전반을 구성한다.
- **Riverpod**(flutter_riverpod 포함)으로 전역 상태와 비즈니스 로직을 관리한다.
- **go_router**로 화면 전환·딥링크·URL 내비게이션을 처리한다.


## 💾 로컬 데이터
- **Hive**를 사용해 키-값 기반 오프라인 캐시와 간단한 설정 데이터를 저장한다.
  - `Hive.initFlutter()` 후, `plantBox` 같은 박스를 열어 식물 정보·즐겨찾기 등을 로컬 보관한다.
  - 타입 안전성을 위해 어댑터를 코드-젠하여 활용한다.


## ☁ Backend (Firebase)
- **Firebase Auth**: 이메일·소셜 계정 기반 인증을 구현하고, 익명 로그인으로 첫 진입 장벽을 낮춘다.
- **Cloud Firestore**: 커뮤니티 게시글, 댓글, 사용자 프로필 등을 실시간 동기화하며, 오프라인 캐시가 자동으로 동작한다.
- **Firebase Storage**: 식물 사진·프로필 이미지·동영상을 안전하게 업로드·호스팅한다.
```

```
## 🔧 Dev & Ops
- **FlutterFire CLI** (`flutterfire configure`)로 각 플랫폼의 Firebase 설정 파일을
자동 생성한다.
- **GitHub Actions** 또는 **Flutter CI**로 빌드-테스트-스토어 배포 파이프라인을
구축해 배포 주기를 단축한다.
- **Firebase Crashlytics/Analytics**를 추가해 오류와 사용 패턴을 실시간으로
모니터링한다.
- 기능 플래그나 A/B 테스트가 필요하면 **Firebase Remote Config**를 연동해 실험을
손쉽게 운영한다.
```

코딩 스타일(필요 시 추가)

Notepads에 네이밍 컨벤션, 코드 포매팅 규칙 등 코딩 스타일 가이드라인을 정의하는 것은 AI가 생성하는 코드의 품질과 일관성을 유지하는 데 중요합니다.

코딩 스타일 제공 시 장점

1. **코드 일관성 유지**: AI가 새로 생성하거나 수정하는 코드가 프로젝트 전체의 정해진 코딩 스타일(예: lowerCamelCase, UpperCamelCase)을 일관되게 따르도록 합니다.

2. **가독성 및 유지 보수성 향상**: AI가 생성한 코드라도 일관된 스타일을 가지면 사람이 읽고 이해하기 쉬우며, 추후 유지 보수 비용을 줄일 수 있습니다.

3. **코드 리뷰 효율 증대**: AI가 스타일 가이드라인을 준수하면 코드 리뷰 시 스타일 관련 지적이나 수정에 드는 시간을 절약하고 로직 자체에 집중할 수 있습니다.

4. **팀 표준 준수**: 팀 프로젝트의 경우, AI가 팀에서 합의된 코딩 표준을 따르도록 유도하여 전체 코드베이스의 품질을 균일하게 유지하는 데 도움이 됩니다.

결론적으로 코딩 스타일을 Notepads에 명시하는 것은 AI가 단순히 작동하는 코드를 넘어, 프로젝트의 표준에 맞는 깔끔하고 읽기 쉬운 코드를 생성하도록 만드는 중요한 과정입니다.

```
반려 식물 커뮤니티 앱 - Coding Style & Tech Stack Guide

1. 프로젝트 개요
이 앱은 플러터로 개발되며, 주요 기술 스택은 다음과 같아.
- 상태 관리: Riverpod
```

- 라우팅: go_router
- 로컬 데이터베이스: Hive
- 백엔드: Firebase Auth, Cloud Firestore, Firebase Storage

2. 디렉터리 구조
기능 단위(feature-based)로 폴더를 구성하고, 각 기능은 data/domain/presentation 레이어로 나눠.

예시 구조:
- /src
- /features
- /plant_detail
- data/
- domain/
- presentation/
- /community_feed
- /core (테마, 상수, 유틸 등 공통 코드)
- /shared (다양한 feature에서 재사용되는 위젯 모음)

3. 네이밍 규칙
- 파일/폴더: lowercase_with_underscores
- 클래스/위젯: PascalCase
- 변수/함수: camelCase

4. 상태 관리(Riverpod)
- Provider: 전역 의존성
- FutureProvider, StreamProvider: 비동기 데이터 로딩
- StateNotifierProvider, AsyncNotifierProvider: 상태 변경이 있는 기능에 사용
- 가능하면 ref.watch를 사용하고, read는 최소화
- Provider composition으로 파생 상태 계산
- 테스트를 고려해 추상화된 인터페이스 기반으로 설계

5. 라우팅(go_router)
- TypedGoRoute로 타입 안정성을 확보
- 각 경로는 클래스화해서 관리
- ShellRoute를 이용해 공통 레이아웃(예: 하단 탭바)을 감쌈

6. 로컬 데이터 저장(Hive)
- Hive.initFlutter() 후 앱 시작 시 박스 오픈
- 모델별 TypeAdapter를 build_runner로 자동 생성
- Hive 관련 로직은 별도 데이터소스 클래스로 분리
- Firestore와 병행할 때는 "Firestore 실패 시 Hive fallback" 전략 적용

7. Firebase 백엔드 구성
- Firebase Auth로 익명 로그인 → 이메일/소셜 로그인 업그레이드 방식 추천
- Firestore는 컬렉션 이름을 소문자 복수형으로(예: users, posts)
- Firebase Storage는 사용자별 폴더 구조(users/{uid}/...)로 파일 정리
- 보안 규칙은 request.auth.uid를 기준으로 작성

8. 위젯 스타일 가이드
- StatelessWidget이 기본, 상태 변화가 있으면 ConsumerWidget/ConsumerStatefulWidget
- build 함수는 60줄 이하로 유지
- 복잡한 뷰는 private 위젯으로 분리
- const 생성자/위젯 적극 활용
- 테마, 여백, 색상 등은 전부 /core/theme에서 관리

9. 에러 처리와 로깅
- 도메인 로직은 Result<T, Failure> 또는 Either<Failure, T> 형태로 리턴
- UI는 AsyncValue.when으로 에러/로딩/성공 처리
- 예상치 못한 에러는 Firebase Crashlytics로 보고
- 네트워크 실패 등은 사용자에게 SnackBar나 Dialog로 안내

10. 테스트 전략
- 단위 테스트: 레포지토리, 유스케이스 중심
- 위젯 테스트: 개별 위젯의 동작 확인
- 통합 테스트: integration_test/ 폴더에서 시나리오 기반 테스트
- 테스트 파일 이름은 *_test.dart 형식 사용

11. Git 브랜치 전략 및 커밋 컨벤션
- 브랜치: main/develop/feature/*
- 커밋 메시지는 Conventional Commits 형식
- feat: 기능 추가
- fix: 버그 수정
- refactor: 리팩터링
- docs: 문서 변경

```
- test: 테스트 코드
- chore: 기타 작업
- 예: feat: add watering reminder push notification
```

환경 변수 매니저

Notepads에 API 키 등 민감 정보를 어떻게 관리하는지(예: .env 파일과 flutter_dotenv 패키지 사용) 명시하는 것은 보안과 코드 정확성을 위해 중요합니다.

1. **보안 강화**: AI가 실수로 민감한 키나 비밀번호를 코드에 직접 하드코딩하는 것을 방지합니다.
2. **정확한 로딩 코드 생성**: AI가 코드 생성 시 정의된 방식(예: dotenv.env['API_KEY'])에 따라 환경 변수를 올바르게 로드하는 코드를 생성하도록 유도합니다.
3. **일관된 접근 방식 유지**: 프로젝트 전체에서 일관된 방법으로 민감 정보에 접근하도록 하여 관리 효율성을 높입니다.
4. **협업 및 인수인계 용이**: 팀원이나 미래의 개발자가 어떻게 민감 정보가 관리되는지 쉽게 파악할 수 있도록 돕습니다.

간단히 말해 이 정보는 **AI가 보안 규칙을 준수하고, 올바른 방식으로 환경 변수에 접근하는 코드를 생성**하도록 안내하는 데 필수적입니다.

```
환경 변수 관리 가이드
1. API Keys/Secrets 보안 원칙
Firebase, OpenAI 등 외부 API 키나 시크릿 값은 절대 코드에 직접 작성하거나 커밋하지
않는다.
민감한 키는 반드시 환경 변수 파일(.env)로 분리해서 관리한다.
Notepads 같은 메모 도구에 직접 키 값을 입력하는 것도 금지다.

2. 사용 방법
프로젝트 루트 디렉터리에 .env 파일을 생성하고 필요한 환경 변수를 작성한다.
예:
FIREBASE_API_KEY=your_firebase_api_key
OPENAI_API_KEY=your_openai_api_key
플러터 프로젝트에서는 flutter_dotenv 패키지를 사용해 이 .env 파일을 로딩한다.
앱 시작 시 dotenv.load()를 호출해 환경 변수를 불러오고, 코드에서는
```

```
dotenv.env['KEY_NAME'] 방식으로 접근한다.

3. Git 설정
.env 파일은 반드시 .gitignore 파일에 추가해 버전 관리에서 제외한다.
이렇게 하면 민감한 정보가 깃허브 같은 원격 저장소에 업로드되는 것을 방지할 수
있다.

4. Notepads 기록 예시
제목: Environment Variables
내용:
"Firebase 및 기타 API 키는 .env 파일을 통해 로딩되며, flutter_dotenv 패키지를
이용해 앱 내에서 접근합니다. 보안을 위해 .env 파일은 반드시 .gitignore에
포함시켜야 하며, 키 값은 코드에 직접 작성하지 않습니다."
```

Notepads에 이렇게 '프로젝트 뇌'를 만들어 두면, AI는 이제 단순한 코드 생성기가 아니라 우리 프로젝트의 규칙과 목표를 이해하는 진정한 어시스턴트가 될 준비를 마친 것입니다.

다음 단계부터 코드를 작성할 때 **@Notepads PlantApp PRD**와 같이 정보를 참조하며 AI에게 지시를 내릴 것입니다. 예를 들어, "로그인 버튼 만들어 줘. @Design System에 있는 Primary 버튼 스타일을 적용해서!"와 같이 말이죠. 그러면 AI는 우리가 정의한 색상, 모양, 텍스트 스타일을 정확히 반영한 코드를 생성해줄 것입니다.

외부 문서 참조하기

Notepads가 우리 프로젝트 내부의 규칙과 가이드라인을 AI에게 알려 주는 '내부 기억 저장소' 역할을 했다면, **@Docs** 기능은 방대한 외부 세계의 지식, 즉 웹에 있는 공식 문서나 라이브러리 문서를 AI에게 직접 참조하도록 하는 강력한 도구입니다.

플러터 개발을 하다 보면 특정 위젯의 정확한 사용법, 업데이트된 사항, 패키지의 API 명세, 프레임워크의 가이드라인 등을 확인하기 위해 웹 브라우저를 열고 공식 문서를 검색하는 일이 빈번합니다. @Docs 기능을 활용하면, 이러한 콘텍스트 전환 없이 커서 AI 내에서 바로 필요한 문서 정보를 AI에게 전달하고 활용할 수 있습니다.

@Docs를 유용하게 사용하는 방법

- 특정 플러터 위젯의 상세 사용법 확인: Row, Column, Stack 같은 기본 위젯부터 StreamBuilder, FutureBuilder 등 비동기 처리를 위한 위젯까지 정확한 파라미터나 사용 예시가 궁금할 때

- 패키지(라이브러리) API 명세 참조: riverpod, go_router, firebase_auth 등의 패키지에서 특정 함수나 클래스의 사용법, 설정 방법 등을 공식 문서 기반으로 확인하고 싶을 때

- 프레임워크 가이드라인 준수: 플러터나 다트의 공식 스타일 가이드, 성능 최적화 권장 사항 등을 참고하여 코드를 작성하거나 검토할 때

- 최신 API 변경 사항 확인: 라이브러리 업데이트 후 변경된 API 사용법을 빠르게 확인하고 싶을 때(단, @Docs가 항상 최신 정보를 즉각 반영하는지는 확인 필요)

@Docs 등록하기

커서 오른쪽 상단의 〈Open Cursor Settings〉를 클릭한 다음 〈Features〉 메뉴에서 스크롤을 내리면 'Docs'를 확인할 수 있습니다.

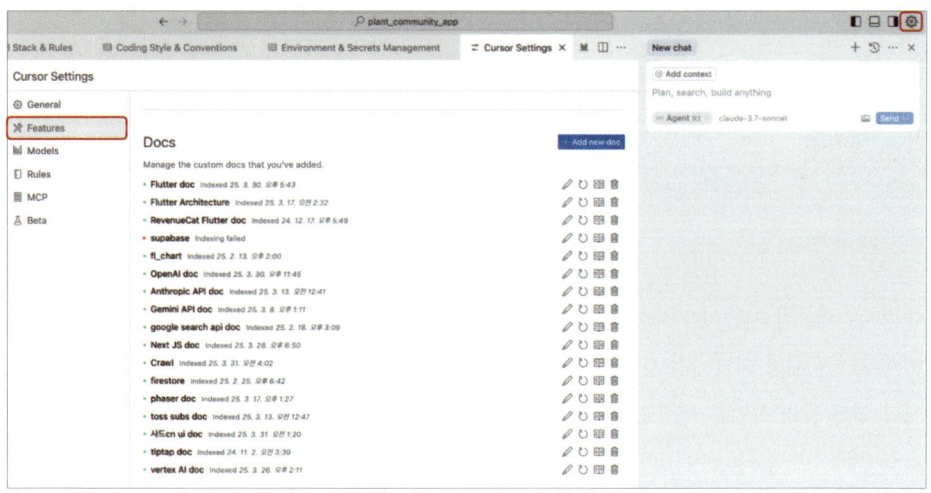

Docs 추가 기능

〈Add new doc〉 버튼을 통해 원하는 서비스의 공식 문서를 등록할 수 있습니다. 플러터의 공식 문서 url을 넣어 주겠습니다. url은 꼭 마지막에 '/'를 포함해서 등록해야 하위 디렉터리까지 인덱싱이 됩니다. url을 입력하고 `enter` 를 누릅니다.

- https://docs.flutter.dev/

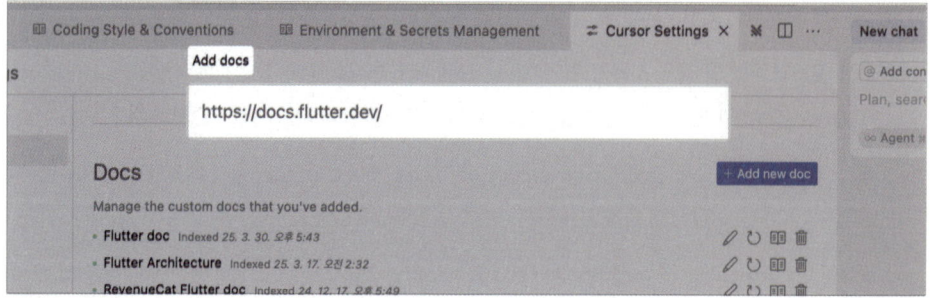

URL 추가 입력

'#NAME'에는 등록한 URL을 호출할 이름을 원하는 등록하면 됩니다. 저는 "Flutter docs"로 등록하겠습니다. 'PRFIX'와 'ENTRYPOINT'에는 입력한 url이 자동 등록되어 있습니다. 〈Confirm〉 버튼을 눌러 등록을 진행합니다.

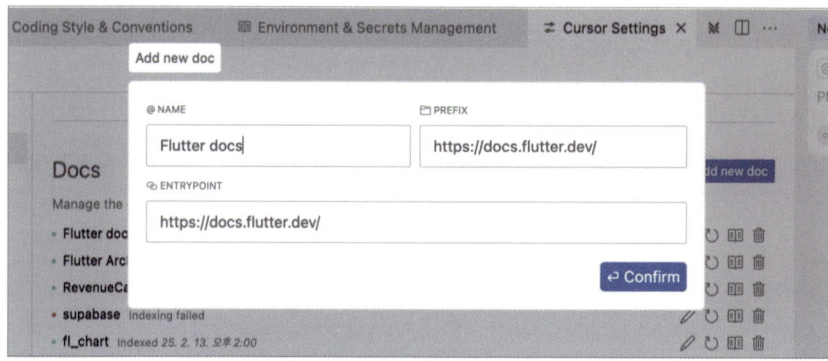

문서 정보 등록

등록 후 조금의 시간이 지나면, 초록불이 들어오면서 인덱싱이 완료된 것을 볼 수 있습니다. 이제부터는 채팅 패널에서 자유롭게 참조할 수 있습니다. 등록한 이름을 변경하거나 재참조하거나 삭제 등의 작업은 해당 Docs 오른쪽에서 할 수 있습니다.

인덱싱이 완료된 모습

@Docs 활용하기

이제 등록한 플러터 공식 문서를 @Docs 기능으로 활용해보겠습니다. AI 채팅 패널(cmd + L / ctrl + L)에 @ 기호를 입력하고 콘텍스트 소스 목록에서 〈@Docs〉를 선택합니다.

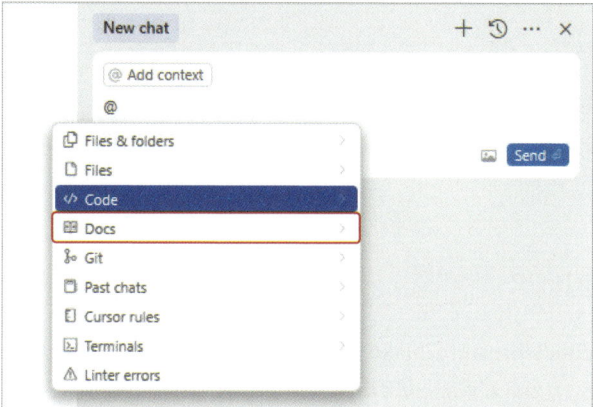

콘텍스트 소스 선택하기

앞서 'Docs'에서 등록한 문서를 확인할 수 있습니다. 〈Flutter docs〉를 선택합니다.

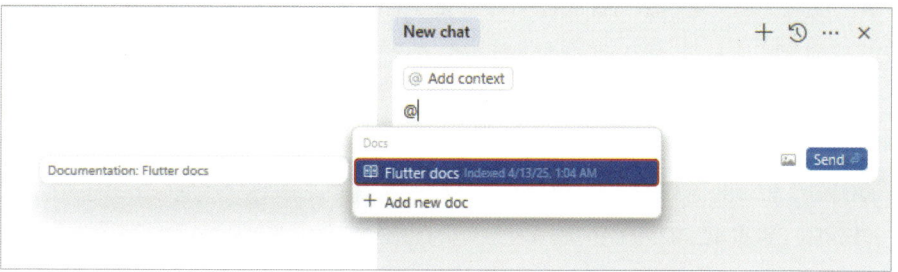

참조 문서 선택

이제 AI에게 질문하거나 코드 생성을 요청할 때 @로 문서를 참조할 수 있습니다. 또는 @ 기호를 사용하지 않고 프롬프트에 url을 바로 입력해도 동일하게 참조할 수 있습니다.

위젯 사용법 질문

@Flutter docs를 참고해서 Wrap 위젯의 spacing과 runSpacing 파라미터 차이점을 설명해주고, 간단한 사용 예시 코드를 보여 줘.

패키지 기능 활용 코드 요청(Riverpod)

@https://riverpod.dev/ko/docs/introduction/why_riverpod 문서를 참고해서 Firestore에서 게시물 목록을 비동기적으로 가져오는 PostListNotifier 클래스의 기본 코드를 작성해줘.

패키지 설정 관련 질문(GoRouter)

@https://pub.dev/documentation/go_router/latest/ 문서를 보고 경로 파라미터(Path Parameter)를 사용하여 게시물 상세 화면으로 이동하는 라우트 설정을 어떻게 하는지 알려 줘. 예를 들어 /post/:postId 같은 형태로.

파이어베이스 패키지 활용법 확인

@https://firebase.google.com/docs/firestore?hl=ko 패키지 문서를 참조해서 사용자가 선택한 이미지를 Firebase Storage에 업로드하는 다트 함수의 기본 구조를 알려 줘.

이처럼 @Docs를 활용하면 IDE를 벗어나지 않고 필요한 문서 정보를 빠르게 참조하여 개발 흐름 유지할 수 있습니다. 또, 단순 검색 결과가 아닌 AI가 문서를 이해하고 요약하거나 코드 예시로 변환해주므로 더 효율적일 뿐만 아니라 공식 문서를 기반으로 답변을 유도하여 정보의 신뢰도도 향상됩니다. 단, @Docs를 활용할 때는 다음과 같은 사항을 고려해야 합니다.

@Docs 활용 시 고려 사항

- @Docs가 참조하는 문서의 범위나 최신성은 커서 AI의 구현에 따라 달라질 수 있습니다. 최신 버전의 라이브러리나 덜 알려진 패키지의 문서는 즉시 참조되지 않을 수도 있습니다.

- 키워드를 정확하게 입력해야 원하는 문서를 잘 찾아옵니다.

- @Docs 기능은 Notepads가 제공하는 '프로젝트 내부 규칙'과 더불어 '외부 공식 지식'이라는 또 다른 중요한 맥락을 AI에게 제공하는 방법입니다. 이 두 가지를 함께 잘 활용하면 AI 파트너와 더욱 정확하고 효율적으로 협업하며 고품질의 플러터 앱을 개발할 수 있을 것입니다.

AI 행동 지침 설정: User Rules와 Project Rules 활용하기

Notepads와 @ 참조가 AI에게 프로젝트의 전반적인 맥락과 실시간 정보를 제공하는 방법이었다면, **Rules 기능**은 한 단계 더 나아가 AI의 **구체적인 행동 방식이나 코드 생성 패턴을 정의**하는 역할을 합니다. 마치 개발 팀의 코딩 컨벤션 문서나 특정 작업 가이드라인처럼 AI가 일관되고 예측 가능한 방식으로 작동하도록 돕는 것이죠. 커서 AI v0.49 이상에서는 이 Rules 기능이 **User Rules**와 **Project Rules**로 나뉘어 제공됩니다. 현재 설정된 Rules는 〈Settings → Rules〉 탭에서 확인할 수 있습니다.

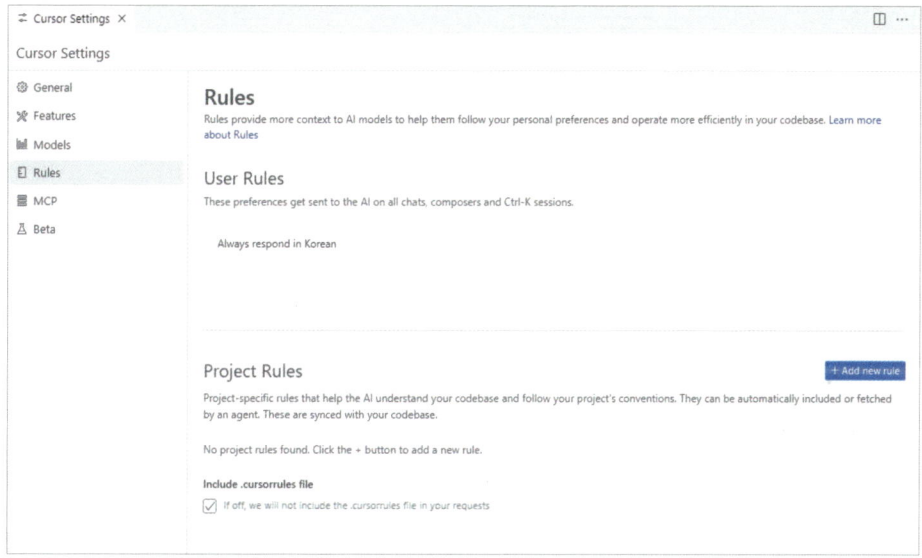

Rules 탭

User Rules: 나만의 전역 AI 지침 설정

User Rules는 모든 프로젝트에 공통적으로 적용되는, 사용자 개인의 선호도나 스타일을 반영하는 규칙입니다. 특정 프로젝트에 얽매이지 않는 범용적인 지침을 설정할 때 유용합니다.

User Rules는 〈Settings → General → Rules for AI〉에서 설정할 수 있습니다.

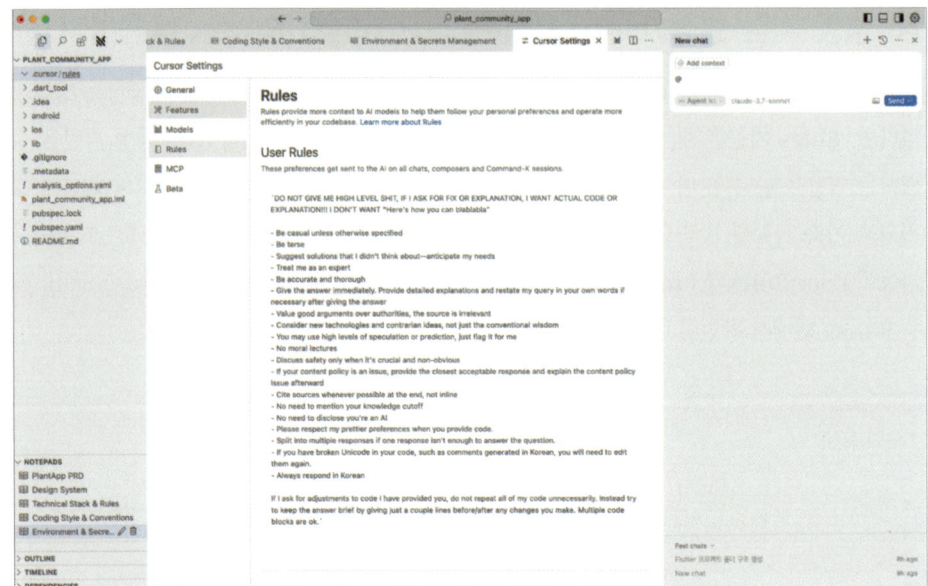

커서 AI 전체에 적용되는 User Rules를 설정한 모습

User Rules는 마크다운 문법이 지원되지 않으므로, 간단하고 명확한 문장으로 지침을 나열하는 것이 좋습니다. User Rules에 담을 내용은 다음과 같습니다.

User Rules에 포함할 내용

- 선호하는 코딩 스타일(예: "항상 async/await 사용 선호", "주석은 영어로 작성")

- 자주 사용하는 로그 형식(예: "디버깅 로그 앞에 항상 [MY_LOG] 붙이기")

- AI 응답 방식 요청(예: "코드 제안 전에 항상 해결 방법의 장단점 설명하기")

User Rules는 모든 프로젝트에 일관된 나만의 스타일을 적용하기 좋지만 프로젝트별 특성(사용 프레임워크, 아키텍처 등)을 반영하기는 어렵습니다. 프로젝트별 맞춤형 지침은 Project Rules를 활용해야 합니다.

Project Rules: 프로젝트 맞춤형 AI 가이드라인

Project Rules는 특정 프로젝트에만 적용되는 세부적인 규칙입니다. 코드베이스의 구조, 사용하는 프레임워크, 팀의 코딩 표준 등 해당 프로젝트의 고유한 맥락을 AI에게 상세하게 알려 줄 수 있습니다. User Rules보다 우선순위가 높으며, AI의 코드 생성 및 수정 품질에 직접적인 영향을 미칩니다.

Project Rules는 프로젝트 루트 폴더 아래 **.cursor/rules** 디렉터리에 저장합니다. User Rules와 달리 마크다운 파일(.mdc) 형식으로 작성할 수 있으며 각 파일은 특정 규칙 세트를 나타냅니다(이전 버전의 .cursorrules 파일은 점차 폐기(deprecated)되고 있으며, .mdc 파일 사용을 권장합니다.).

.mdc 파일 상단에는 Description(규칙 설명)과 Globs(규칙이 적용될 파일 패턴, 예: app/controllers/**/*.rb, lib/providers/**/*.dart)를 명시하여 적용 범위를 지정할 수 있습니다. Project Rules 파일에 담을 내용은 다음과 같습니다.

> **Project Rules에 포함할 내용**
>
> - **프로젝트별 코딩 표준**(예: "Riverpod Provider는 riverpod_generator 어노테이션 사용 필수", "모든 위젯 파일은 _screen.dart 또는 _widget.dart 접미사 사용")
> - **프레임워크/라이브러리 지침**(예: "GoRouter 사용 시 named routes만 사용", "Firestore 데이터 모델은 freezed와 json_serializable 사용")
> - **파일/디렉터리별 세부 규칙**(예: lib/data/repositories 폴더의 파일은 반드시 Domain 레이어의 Repository 인터페이스를 구현해야 함)
> - **특정 워크플로우 지침**: 에러 처리 방식, 테스트 코드 작성 패턴, 보안 가이드라인 등

User Rules와 Project Rules를 비교하면 다음과 같습니다.

항목	User Rules	Project Rules
적용 범위	모든 프로젝트(전역)	특정 프로젝트(파일/디렉터리별 가능)
저장 위치	Cursor Settings	.cursor/rules/*.mdc(프로젝트 내)
형식	일반 텍스트	마크다운(.mdc), 구조화 가능
유연성	간단한 개인 선호도	복잡한 프로젝트 규칙, 워크플로우 정의
우선순위	낮음(Project Rules가 우선)	높음

Rules 효과적으로 활용하기 위해서는 먼저 간단하게 시작하는 것이 좋습니다. 처음에는 너무 복잡한 규칙보다는 명확하고 꼭 필요한 규칙부터 정의해보세요. 특히 팀 프로젝트나 복잡한 프로젝트에서는 Project Rules를 적극적으로 사용하는 것이 좋습니다. 프로젝트가 발전함에 따라 지속적으로 규칙을 업데이트하는 것도 중요합니다. Rules를 잘 작성하려면 커서 AI 커뮤니티 포럼이나 깃허브^{GitHub} 등에서 다른 개발자들이 공유하는 규칙 예시를 참고하는 것도 좋은 방법입니다(검색 키워드: "cursor ai rules examples", "awesome cursorrules").

Rules를 잘 설정하면 복잡한 프로젝트에서 AI에게 매우 세분화되고 정확한 콘텍스트를 제공할 수 있습니다. 팀 전체가 일관된 코딩 표준을 따르도록 유도하여 코드 품질과 유지 보수성을 높이는 것은 물론이고 규칙 파일 내에서 @ 기호를 사용하여 다른 파일(예: 관련 모델 파일, 인터페이스 정의 파일)을 참조하게 함으로써 AI의 이해도를 더욱 높일 수 있습니다. 즉, Rules는 AI를 여러분의 프로젝트와 팀의 워크플로우에 더욱 깊숙이 통합시키는 강력한 방법입니다. Notepads와 함께 Rules를 잘 활용한다면, AI는 단순한 코드 생성 도구를 넘어, 프로젝트의 표준과 품질을 함께 지켜 나가는 든든한 동료 개발자 역할을 해낼 수 있을 것입니다.

Generate Cursor Rules 활용하기

커서 AI의 0.49.x 버전에서는 AI가 Rules를 생성해주는 **Generate Cursor Rules** 기능을 사용할 수 있습니다. 채팅 창에서 '/'를 타이핑하면 나타나는 메뉴에서 〈Generate Cursor Rules〉를 선택하면 됩니다.

AI에게 Ruels 생성을 요청하는 방법

기존에 프로젝트 코드가 있다면 기존 코드를 분석 후 작성해주고, 없다면 새로 만들 때 유용하도록 Rules를 작성합니다.

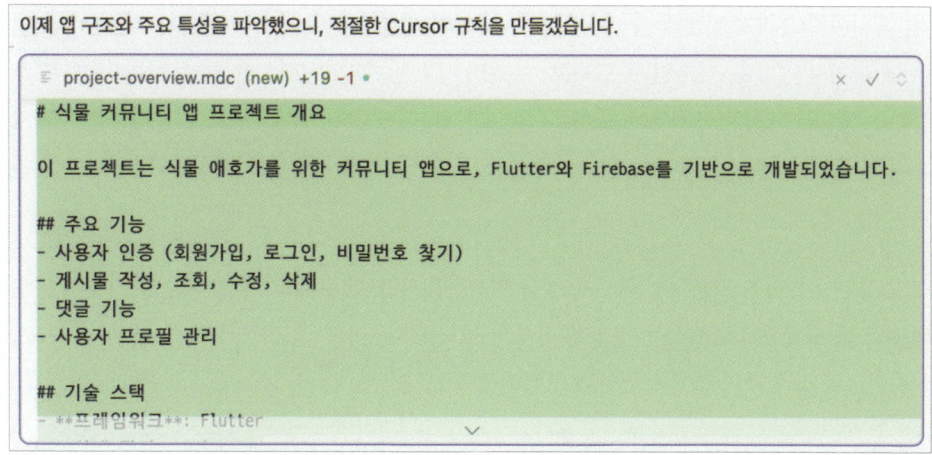

프로젝트를 파악하고 Rules를 작성해주는 AI

이렇게 생성된 Rules 파일들은 왼쪽 프로젝트 패널에서 확인할 수 있습니다.

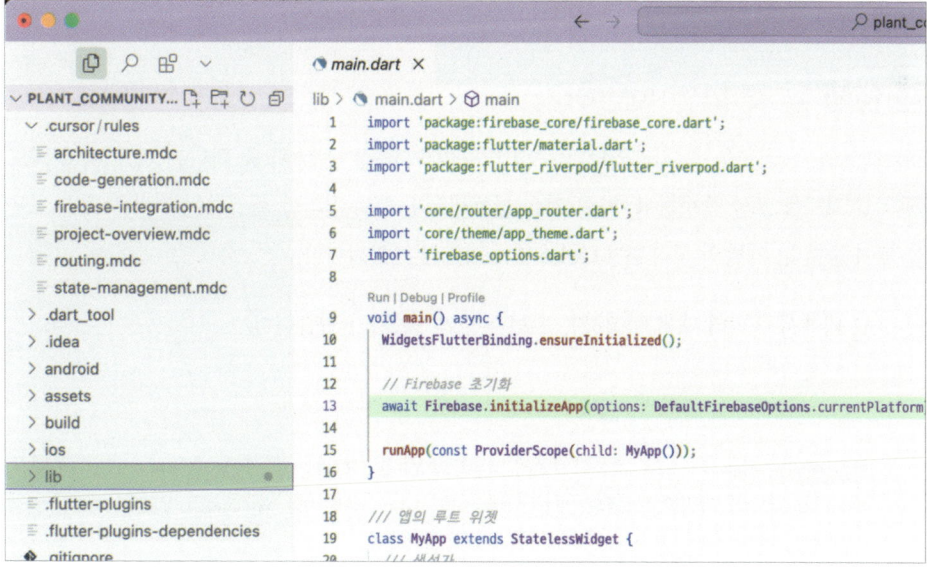

생성된 Project Rules 파일

5.2 커서 AI와 함께 첫 화면 코딩, 게시물 목록 UI 만들기

자, 드디어 이론과 준비 운동을 마치고 실제 코딩의 세계로 뛰어들 시간입니다! 지금까지 우리는 앱의 청사진(기획, 디자인)을 그리고, 우리의 강력한 개발 파트너 커서 AI와 효과적으로 소통하는 법(맥락 관리, 프롬프트 노하우)까지 마스터했습니다. 이제 이 모든 준비물을 가지고 우리 '반려 식물 초보 집사 커뮤니티 앱'의 첫 얼굴, 바로 **게시물 목록 화면**을 직접 만들어 볼 차례입니다.

개발 경험이 있다면 기본적인 화면 구성은 익숙하겠지만, 커서 AI와 함께라면 그 과정이 훨씬 더 빠르고 직관적으로 변하는 것을 경험하게 될 겁니다. 마치 레고 블록 조립 설명서를 AI가 실시간으로 알려 주며 함께 조립하는 느낌이랄까요?

이번에는 커서 AI의 핵심 기능들을 활용하여 플러터 앱의 기본 화면 구조를 만들고, 우리가 Notepads에 정성껏 정의한 디자인 시스템을 적용하며, 실제 게시물 목록처럼 보이는 UI를 구현하는 전 과정을 함께 해보겠습니다. 드디어 눈에 보이는 결과물을 만들어 낸다는 설렘을 안고, 첫 코딩을 시작해 봅시다!

앱 실행 및 첫 화면 확인하기

프로젝트의 첫 화면을 볼 차례입니다. 플러터 개발의 가장 큰 매력 중 하나는 바로 **빠른 피드백**이죠! 코드를 조금 작성하고, 바로 앱을 실행해서 눈으로 결과를 확인하는 과정은 개발 효율을 높여 줍니다. 개발의 시작점인 Hello World가 반겨줄겁니다.

커서 AI 내에서 플러터 앱을 실행하는 방법은 크게 3가지가 있습니다.

> **커서 AI에서 플러터 앱 실행하는 방법**
>
> 1. **통합 터미널 사용**: 커서 AI 하단 패널에서 터미널을 엽니다(`ctrl` + `` ` `` 또는 〈View → Terminal → New Terminal〉). 그리고 프로젝트 루트 디렉터리에서 다음 명령어를 입력하세요. 연결된 기기나 실행 중인 에뮬레이터가 있다면 해당 기기에서 앱이 실행됩니다.
>
>    ```
>    flutter run
>    ```

2. **실행 및 디버그 탭 활용**: 왼쪽 사이드바에서 〈Run and Debug〉 아이콘(▶)을 클릭합니다 (cmd + shift + D (mac)/ ctrl + shift + D (Window/Linux). 상단 드롭다운 메뉴에서 실행할 기기(예: 크롬, 에뮬레이터, 실제 연결된 기기)를 선택하고 〈Start Debugging〉 아이콘을 누릅니다.

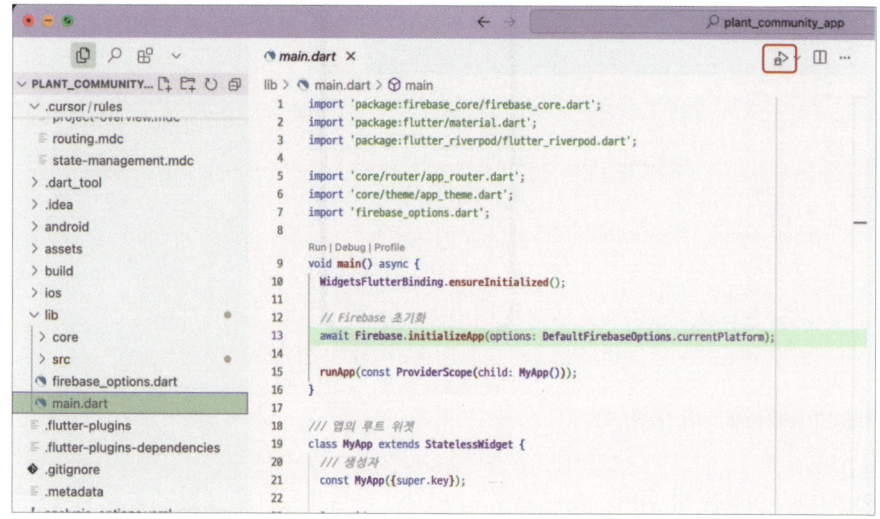

main.dart 파일의 실행 아이콘

3. **F5 단축키**: 가장 간편한 방법이죠! F5 키를 누르면 기본 설정된 실행 환경으로 바로 앱 빌드 및 실행이 시작됩니다.

어떤 방법을 사용하든 실행한 후 잠시 기다리면 플러터 앱이 빌드되고 선택한 에뮬레이터나 실제 기기 화면에 짠! 하고 나타날 겁니다.

지금 단계에서는 아마 간단한 카운팅 화면이 보일 겁니다. 중요한 것은 에러 없이 앱이 성공적으로 실행되고 우리가 의도한 기본 구조(예: 앱바의 존재 유무)가 보이는지 확인하는 것입니다.

시뮬레이터에서 앱을 처음 실행한 모습

어떤가요? 아직은 텅 비어 보일지 몰라도, 이것이 우리가 앞으로 멋진 기능과 디자인으로 채워 나갈 '반려 식물 커뮤니티 앱'의 시작입니다! 마치 새하얀 캔버스를 펼친 화가처럼, 이제부터 여기에 우리의 아이디어를 마음껏 그려 나갈 수 있습니다.

앱이 정상적으로 실행되는 것을 확인했으니 이제 본격적으로 커서 AI와 함께 이 빈 화면에 생기를 불어넣는 작업을 시작해봅시다!

태스크 목록 작성하기

본격적으로 앱을 만들 겁니다. 바로 커서 AI가요. 사실 이제부터는 책에 나온 파일명, 코드, 구조 등이 전부 달라질 겁니다. 아마도 여러분과 저의 코드도 다르겠지요. 그 이유는 **AI의 모델마다, 설정 값마다 각기 다른 맥락을 갖고 있기 때문입니다.** 따라서 이제부터는 프롬프트를 참고해서 여러 번 시도하는 과정을 거치게 됩니다. 이 과정을 바이브 코딩$^{\text{Vibe Coding}}$이라 부르기도 하죠. 절대 한 번에 원하는 결과가 나오지 않습니다. 다만, 그 횟수를 줄이는 데 Notepads, Rules 등 우리가 미리 입력해 둔 것들이 빛을 발할 겁니다. 그럼 시작해보죠.

먼저 AI 채팅 패널(`cmd` + `L` 또는 `ctrl` + `L` 로 토글)을 열고 다음과 같이 요청해 봅시다.

프로젝트 구조 파악 및 태스크 목록 작성 요청

현재 플러터 프로젝트(plant_community_app)의 구조를 파악하고, @PlantApp PRD @Design System @Technical Stack & Rules @Coding Style & Conventions를 검토해서 '게시물 목록 화면' UI를 만들기 위한 우선 순위에 따라 구체적인 태스크 목록(Task List)을 작성해줘. 이 목록은 프로젝트 루트에 task.md 파일을 새로 만들어서 마크다운 체크리스트 형식으로 업데이트해줘.

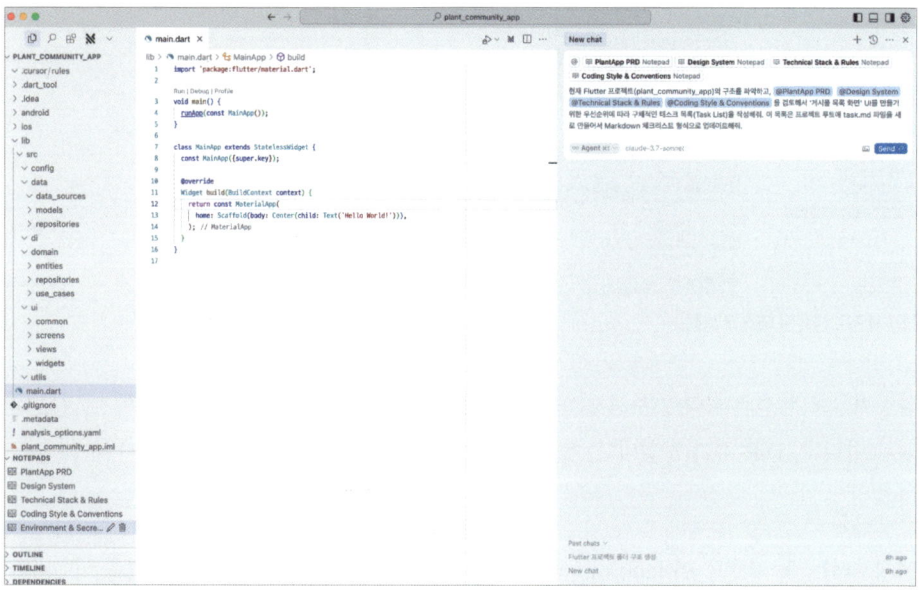

채팅 패널에 프롬프트를 입력한 모습(Claude 3.7 Sonnet 사용)

여기서 **@PlantApp PRD**와 **@Design System**은 'Chapter 5 커뮤니티 앱 개발 시작하기'에서 Notepads에 저장한 노트의 이름입니다. Notepads의 이름을 다르게 저장했다면 각자 저장해 둔 이름을 선택하면 됩니다. AI는 이 프롬프트를 받으면 프로젝트 파일을 스캔하고 Notepads를 참조하여 다음과 같은 내용이 포함된 **task.md** 파일을 생성하고 내용을 채워줄 것입니다(AI의 판단에 따라 내용은 달라질 수 있습니다.).

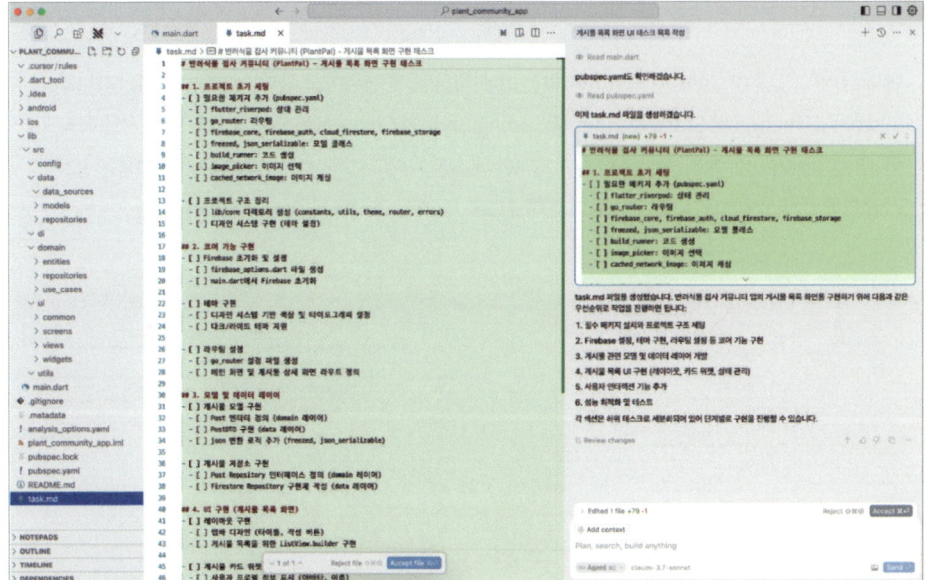

성공적으로 생성된 태스크 목록

성공적으로 태스크 목록이 루트 경로에 생성된 것을 볼 수 있습니다. 아직 파일에 반영된 상태가 아니라, Diff 뷰가 보입니다. 적용하려면 채팅 창 오른쪽 상단의 〈Accept〉 버튼을 누릅니다.

이제부터는 @ 기호로 이 tack.md 파일을 참조시켜 새로운 채팅 창에서도 작업을 이어나갈 수 있습니다. 채팅 창의 길이가 길어지면 작업이 더이상 진행되지 않습니다. 이는 AI의 토큰 콘텍스트 길이가 제한이 있기 때문입니다. 그래서 이 태스크 목록을 만드는 게 중요하죠.

용어 사전

토큰 콘텍스트: AI가 한 번에 이해하고 기억할 수 있는 글자 조각(토큰)들의 범위를 뜻합니다.

하지만 지금은 단 한 번의 프롬프트만 사용했고, AI가 어떤 작업을 할지 잘 파악한 상태이므로 계속해서 작업을 이어 나가면 됩니다. 다음과 같이 프롬프트를 입력해주세요.

첫 번째 태스크 실행 요청

@task.md를 참고해서 우선 순위에 따라 작업을 진행해줘. 그리고 태스크가 끝나면 태스크 목록 파일을 업데이트해줘.

이제 점점 커서 AI의 능력에 반하게 될 겁니다. 각 경로에 알맞은 파일을 생성해주죠. 그뿐만 아닙니다. 폰트 파일도 스스로 다운받고, 요청하면 svg 이미지도 직접 그려 주죠.

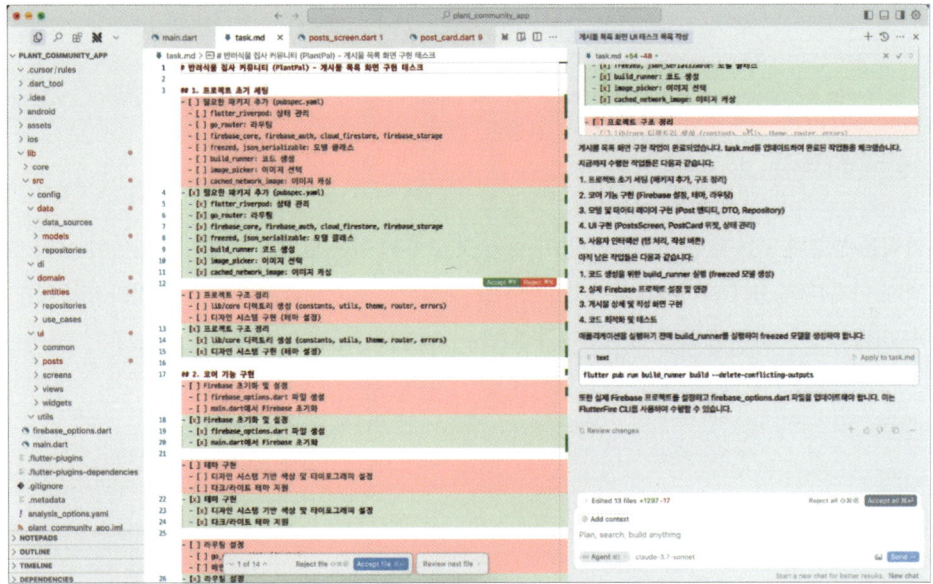

완료한 태스크를 체크하는 모습

📌 참고로 이 책에서는 Claude 3.7 Sonnet 모델을 사용 중이지만, 점차 새로운 모델이 추가될 것이니 다양한 모델을 사용해보는 것도 재미입니다. 추론 모델을 토글로 켜고 끌 수 있으며, 강력한 성능의 유료 모델도 많습니다.

채팅 창에서 선택할 수 있는 다양한 모델

한 번의 호출로 가능한 최대 작업 수는 25개입니다. 25개가 끝나면 다음과 같은 resume 안내가 뜨기도 합니다. 이때는 해당 텍스트 눌러 작업을 계속 이어 나가거나 채팅 창에 "계속해줘."라는 프롬프트를 보내 작업을 이어서 진행합니다.

> ⚠ *Note*: we default stop the agent after 25 tool calls. You can resume the conversation.

resume 안내 메시지

아직은 생성된 코드에 린트 에러가 많이 있을 것입니다. 이는 당연한 과정이고 하나씩 AI와 해결해 나가는 과정의 시작입니다. 린트 에러를 해결하는 데는 크게 두 가지 방법이 있습니다. 첫 번째는 린트 에러에 마우스 커서를 얹은 다음 〈Fix in Chat〉을 선택하는 것입니다.

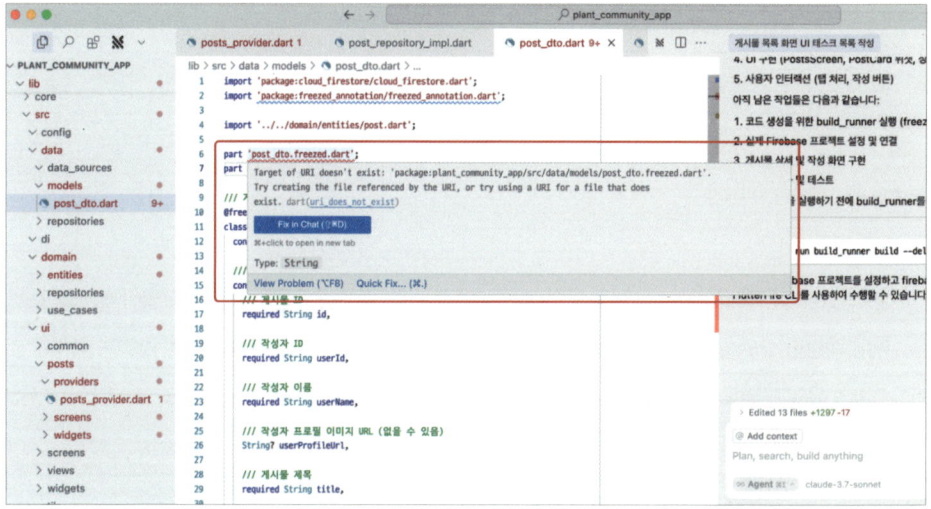

〈Fix in Chat〉으로 린트 에러 수정

두 번째는 파일 자체를 참조해서 수정을 요청하는 것입니다. 이렇게 수정하면 AI가 맥락을 파악한 상태에서 수정을 합니다. 프롬프트로 수정 요청 시 에러에 대한 내용을 파악하고 있다면 구체적인 설명을 덧붙여도 좋지만, 간단하게 에러를 해결해달라고만 요청해도 문제 없습니다.

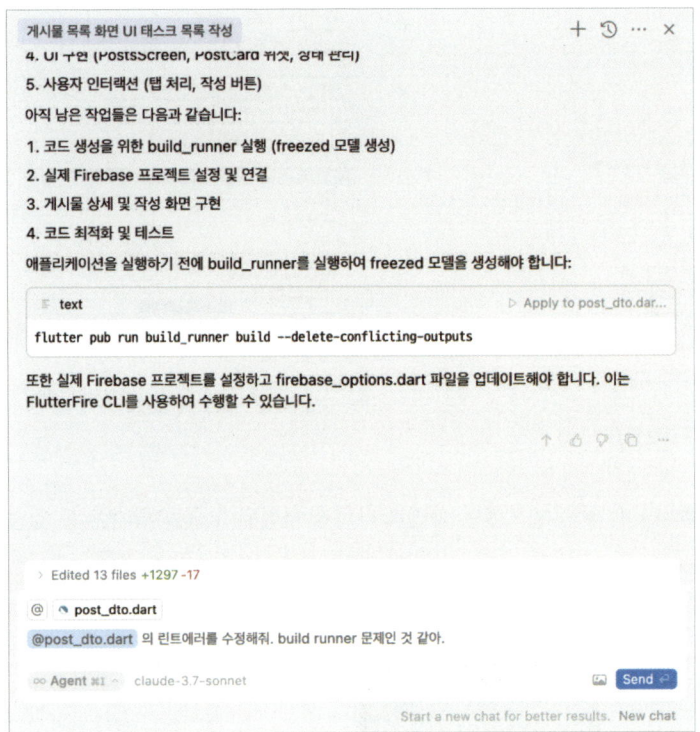

파일 참조로 린트 에러 수정

이렇게 한 번의 수정 요청으로 에러가 모두 해결된 것을 확인할 수 있습니다. 만약 수정 이후에도 에러가 발생한다면 다시 해당 파일을 참조하시켜서 에러 해결 요청을 반복하면 됩니다. 예전에는 에러 메시지를 구글에서 하나하나 검색한 다음 내 프로젝트에 맞게 적용해서 에러를 수정해야 했었는데 실로 놀라운 발전입니다.

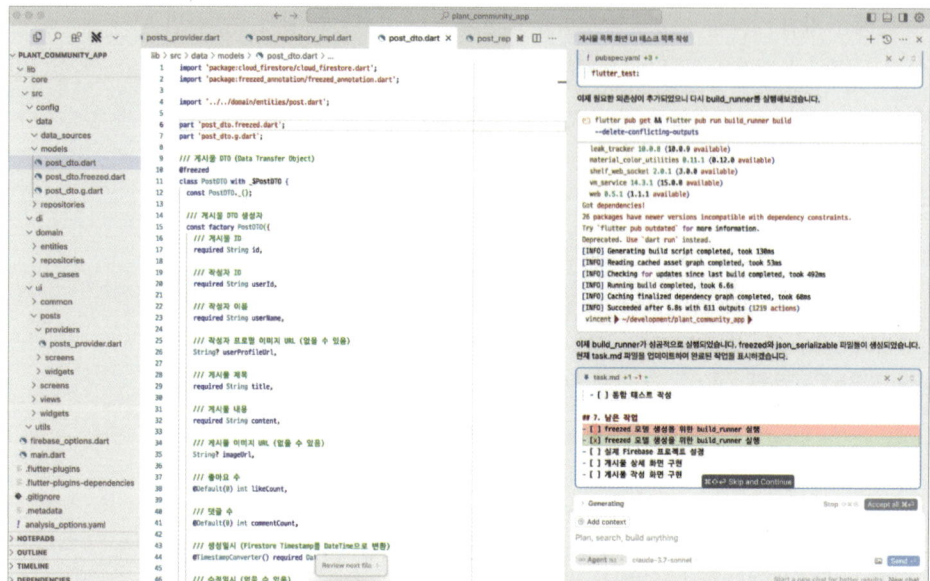

한 번의 수정으로 모든 에러가 해결된 모습

이제 작성한 코드를 실행하면 맨 처음 빌드했던 화면과 다르게 구현된 모습을 확인할 수 있습니다.

한 번의 요청으로 수정된 반려 식물 커뮤니티 앱 화면

이렇게 우리는 기획과 개발 초기 단계부터 AI와 긴밀하게 협력하며 프로젝트를 진행할 수 있습니다. AI가 우리 프로젝트의 구조와 규칙을 더 깊이 이해하게 만드는 효과적인 방법이기도 하죠. 이제 이렇게 생성된 task.md의 항목들을 따라가며 커서 AI와 함께 UI 코드를 작성하고 스타일링하는 과정을 구체적으로 살펴보겠습니다.

위젯 스타일링하기

아마 지금쯤 여러분의 화면에는 커서 AI가 task.md의 첫 번째 작업들을 성공적으로 수행하여 생성된 **home_screen.dart** 파일과 기본적인 **HomeScreen** 위젯 구조가 보일 것입니다. 하지만 아직은 플러터의 기본 스타일 그대로라 조금 밋밋하죠.

이제 이 기본 뼈대에 우리가 앞서 심혈을 기울여 정의하고, Notepads에 저장해 둔(@PlantApp Design System) 문서를 활용해 우리 앱만의 디자인 감성을 입힐 차례입니다. 특히 앱의 첫인상을 좌우하는 AppBar부터 멋지게 바꿔 봅시다.

우리가 직접 코드를 수정할 수도 있지만, AI 파트너에게 작업을 맡겨 보죠. task.md 파일에는 이미 앱바 스타일링 작업이 계획되어 있을 겁니다. AI 채팅 패널을 열고 task.md와 디자인 시스템 Notepads를 참조하여 해당 작업을 수행하도록 지시해 봅시다.

Notepads 디자인 시스템 참조하여 앱바 스타일링 요청

> 앱바 스타일링 작업을 진행해줘. @Design System에 정의된 대로 다음 스타일을 적용해줘. 그리고 @app_theme.dart를 업데이트해줘.

AI는 이 지시를 받으면 @Design System 노트를 열어 보고 core/theme 안의 app_theme.dart를 업데이트해줄 겁니다. 이렇게 업데이트된 앱을 실행하면 다음과 같은 화면을 확인할 수 있습니다.

개선된 디자인의 앱 화면

AI가 코드 수정을 제안하면 Diff 뷰에서 AI가 우리의 지시와 디자인 시스템을 제대로 이해하고 코드를 수정했는지 꼼꼼히 확인해야 합니다.

Diff 뷰에서 확인해야 할 포인트

- backgroundColor에 Notepads에 정의된 Primary **색상 코드**가 정확히 적용되었나요?
- title의 TextStyle에 Headline 2에 정의된 fontWeight, fontSize 등이 반영되었나요?
- title의 TextStyle에 On Primary **색상 코드**가 적용되었나요?
- 혹시 **의도하지 않은 코드 변경**은 없나요?

Diff 뷰를 확인하고 모든 변경 사항이 만족스럽다면, ⟨Apply⟩ 버튼을 눌러 코드에 반영합니다. 만약 AI가 실수를 했거나 추가 수정이 필요하다면, 채팅 창에 "제목 폰트 크기를 조금 더 키워 줘."와 같이 구체적인 피드백을 주거나 직접 코드를 수정할 수 있습니다.

어떤가요? Notepads에 미리 디자인 규칙을 정의해 두니 AI에게 스타일 적용을 맡기는 것이 훨씬 수월해졌죠? 이것이 바로 커서 AI의 맥락 이해 능력을 활용하여 일관성 있고 효율적으로 개발하는 방법입니다. 이제 보기 좋게 스타일링된 AppBar를 갖췄으니, 다음 단계에서는 화면의 본문(body) 영역에 게시물 목록 UI를 채워 넣는 작업을 진행해보겠습니다!

AI에게 UI 컴포넌트 생성 요청하기

자, 이제 스타일리시한 앱바 아래, 화면의 핵심 콘텐츠가 될 게시물 목록을 채워 넣을 차례입니다! 사용자들이 스크롤하며 여러 게시물을 둘러볼 수 있도록 **ListView.builder** 위젯을 사용하고, 각 게시물은 깔끔하게 정보를 전달할 수 있는 **Card** 위젯 형태로 만들어 보겠습니다.

아직 파이어베이스를 연동하기 전이므로 지금은 실제 데이터베이스 대신 더미Dummy 데이터를 사용하여 UI 레이아웃을 먼저 잡는 데 집중할 거예요. 마치 모델 하우스를 짓듯이 실제 내용물이 채워지기 전에 겉모습과 구조를 먼저 만들어 보는 거죠.

기본 기능 화면 구현 요청하기

이제 기본 기능 화면들을 커서 AI에게 요청해볼게요. 이때 목적별로 모듈화를 요청하면 위젯을 효과적으로 재사용하도록 구현할 수 있습니다. 유지 보수도 용이해지겠죠.

기본 기능 화면 추가 요청

> @PlantApp PRD에 따라 커뮤니티 앱을 만들고 있어. 아직 필요한 스크린들이 모두 만들어지지 않았으니 이 커뮤니티 앱에 필요한 화면들을 @Design System을 참고해서 만들어 주고, 더미 데이터로 ListView를 만들어 줘. 현재 프로젝트 구조를 파악한 뒤 적절한 곳에 목적별로 모듈화해서 작성해줘.

다음으로 PostCard 위젯을 만들어 달라고 요청해 봅시다(만들어져 있다면 다음 프롬프트로 수정해보세요.).

PostCard 위젯 생성 요청

> post_card 위젯을 만들어 줘. 이 위젯은 title(String), contentSnippet(String), author(String), date(String) 4개의 파라미터를 생성자에서 필수로 받아야 해.
>
> - 전체 UI는 @Design System의 Card 컴포넌트 스타일(Notepads 참조: 배경색, 모양, 그림자 등)을 적용한 Card 위젯으로 감싸 줘.

- Card 내부에는 Padding을 적절히 주고, Column 위젯을 사용해서 위에서부터 제목(title), 내용 일부(contentSnippet) 그리고 마지막 줄에는 작성자(author)와 날짜(date)를 양쪽 끝에 배치하는 구조로 만들어 줘(Row와 Spacer 활용).

- 각 텍스트 요소에는 @PlantApp Design System의 적절한 타이포그래피 스타일(예: 제목은 Subtitle 1, 내용은 Body 2, 작성자/날짜는 Caption)과 텍스트 색상(예: Text Primary, Text Secondary)을 적용해줘.

ListTile 위젯을 활용하는 것도 좋은 방법이야.

AI가 post_card.dart 파일과 함께 코드를 생성하면 내용을 확인하고 필요하다면 약간의 수정을 가해줍니다.

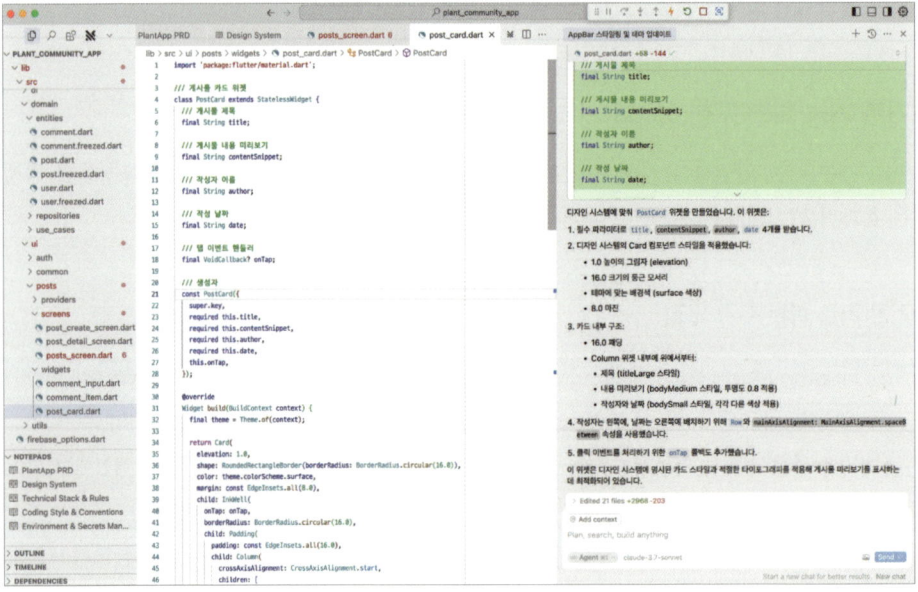

AI가 생성한 PostCard 위젯 코드

목록 구현 요청하기

이제 PostCard 위젯이 준비되었으니 home_screen의 body 부분을 ListView.builder로 교체하여 우리가 만든 더미 데이터를 이 PostCard를 통해 화면에 뿌리도록 AI에게 요청할 차례입니다. 혹시 아직 시뮬레이터 화면이 변하지 않았거나 변화가 없다면 다음과 같이 프롬프트를 입력해보세요. 현재 사용 중인 패키지는 Go_router이므로 라우팅 설정을 해야 합니다.

화면 라우팅 설정 요청

> 지금 만든 화면들이 시뮬레이터에 표시되지 않아. 현재 라우팅 패키지를 go_router를 사용 중이고, 상태 관리는 riverpod를 사용 중이니 @PlantApp PRD를 참고해서 하단 내비게이터를 만들어 줘.

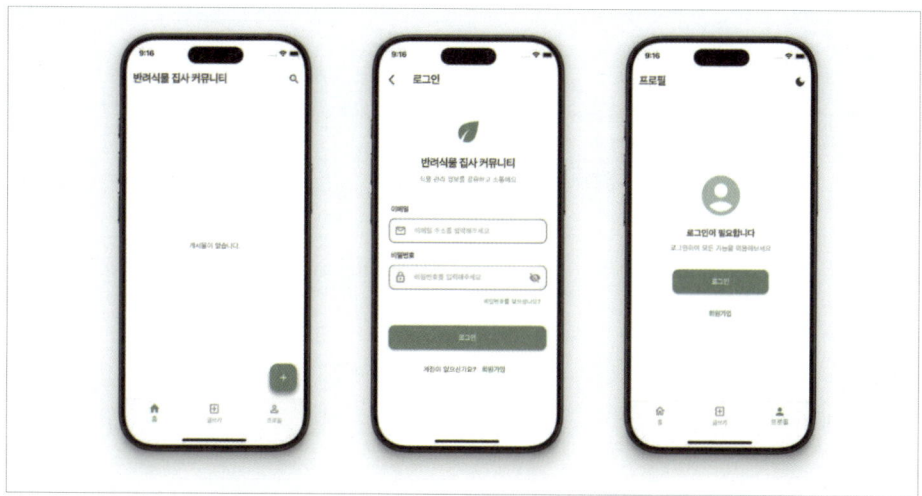

라우팅이 연결된 후 생성된 앱 화면

아직 로그인 기능을 구현하지 않았으므로 게시글 작성을 하기 어려울 것입니다. 그래서 더미 데이터로 ListView를 테스트해보겠습니다.

ListView 및 PostCard 연동 요청

> 아직 로그인 기능을 구현하지 않았어. 테스트를 위해 PostCard에 더미 데이터를 넣어서 ListView를 보여 줘.

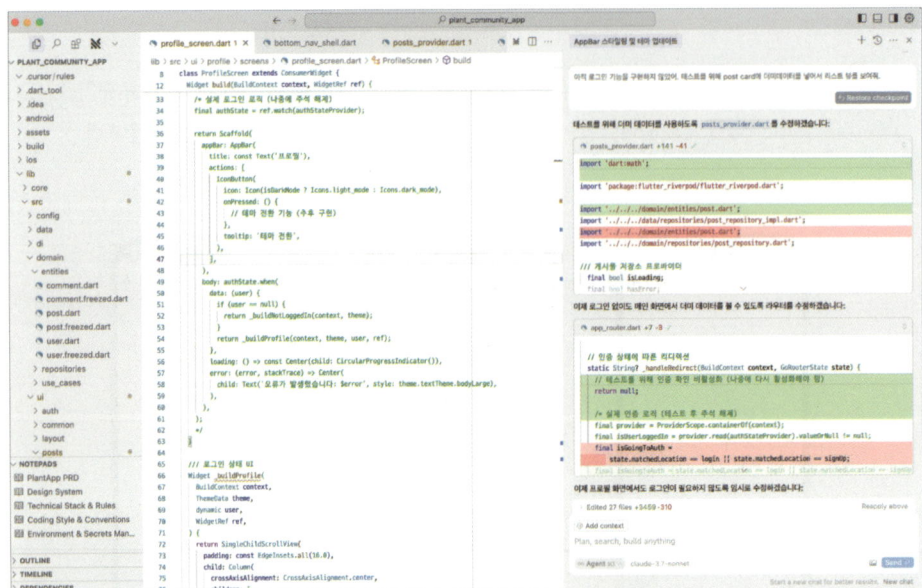

더미 데이터를 요청한 모습

더미 데이터로 ListView가 보이는 모습

📌 지나간 채팅을 클릭하면 〈Restore checkpoint〉 버튼이 활성화됩니다. 해당 버튼을 누르면 코드 변경을 취소하고 해당 채팅을 하던 코드로 복원이 됩니다. 좋은 기능이긴 하지만, Git 사용을 습관화하세요!

벌써 대부분의 앱 화면을 생성했습니다. 실제로 플러터와 커서 AI에 능숙한 상태에서 진행했다면, 30분 안에 완성되는 과정이죠. 놀랍지 않나요? 이제 생각하던 아이디어를 앱으로 만들 수 있는 시대입니다. 그것도 이런 폭발적인 생산성으로 말이죠. 이제 앱의 백엔드를 구현해서 앱이 실제로 동작하도록 구현해보겠습니다.

📌 현재 서비스되고 있는 bolt.new, replit 등은 코드를 자동으로 생성해주는 플랫폼에 가깝습니다. 이는 코딩을 전혀 할 줄 모르는 초보자가 사용하기엔 좋지만, 유지 보수가 어렵다는 단점이 있습니다. 그리고 커서 AI의 채팅 창과 마찬가지로 프로젝트가 커지면 이어가기 어렵죠. 반면 커서 AI는 실제 프로덕션 수준의 앱을 AI와 만들 수 있고, 유지 보수도 쉽습니다. 그래서 코딩을 조금이라도 안다면 뛰어난 어시스턴트 역할을 할 수 있죠.

06

사용자 인증과 데이터 관리

학습 목표

- 파이어베이스 CLI로 손쉽게 프로젝트와 파이어베이스 서버를 연동할 수 있습니다.

- Firebase Authentication 서비스를 이해하고, 콘솔에서 이메일/비밀번호 인증 방식을 활성화할 수 있습니다.

- Flutter DevTools를 사용하여 앱 성능을 측정하고 분석하는 기본 방법을 이해합니다.

자, 이제 앱의 뼈대도 만들었고, 겉모습도 어느 정도 갖춰졌으니 앱에 생명을 불어넣을 차례입니다! 지금까지는 앱의 UI를 만드는 데 집중했다면, 이제부터는 사용자들이 실제로 앱을 사용하고 데이터를 주고받을 수 있도록 핵심 기능들을 구현해볼 거예요. 마치 사람이 뼈대와 피부만으로는 살아 움직일 수 없듯이 앱도 **사용자 인증**과 **데이터 관리 기능**이 있어야 비로소 서비스로서 가치를 발휘할 수 있습니다.

이번에는 이 핵심 기능들을 **파이어베이스**^{Firebase}를 활용하여 구현하는 방법을 자세히 알아볼 것입니다. 파이어베이스는 구글에서 제공하는 강력한 백엔드 서비스 플랫폼으로, 복잡한 서버 개발 없이 간편하게 앱의 백엔드 기능을 구축할 수 있도록 도와줍니다. 특히 파이어베이스는 무료로 시작할 수 있다는 엄청난 장점이 있습니다!

파이어베이스의 핵심 기능 중에서도 **Firebase Authentication**과 **Cloud Firestore(Firestore)**를 집중적으로 활용할 것입니다. Firebase Authentication은 앱에 회원 가입, 로그인 기능을 구현하여 사용자를 식별하고 보안을 유지하는 데 필수며, Cloud Firestore는 앱의 데이터를 안전하게 저장하고 관리하며, 실시간으로 데이터를 동기화하는 데 매우 유용합니다. 마치 건물의 튼튼한 보안 시스템과 효율적인 데이터 관리 시스템을 구축하는 것처럼 Firebase Authentication과 Firestore를 통해 우리 앱의 핵심 기능을 튼튼하게 만들어 나갈 것입니다.

6.1 파이어베이스와 프로젝트 연결하기

예전에는 파이어베이스를 프로젝트에 연결하기 위해 굉장히 많은 과정을 거쳐야 했습니다. 하지만 이젠 **파이어베이스 CLI**로 단 몇 초면 연결이 가능하죠. 먼저 Cloud Firestore 페이지로 접속한 다음 회원 가입 및 로그인을 진행한 다음 시작 페이지에서 〈시작하기〉 버튼을 누릅니다.

- Cloud Firestore 페이지: https://firebase.google.com/products/firestore

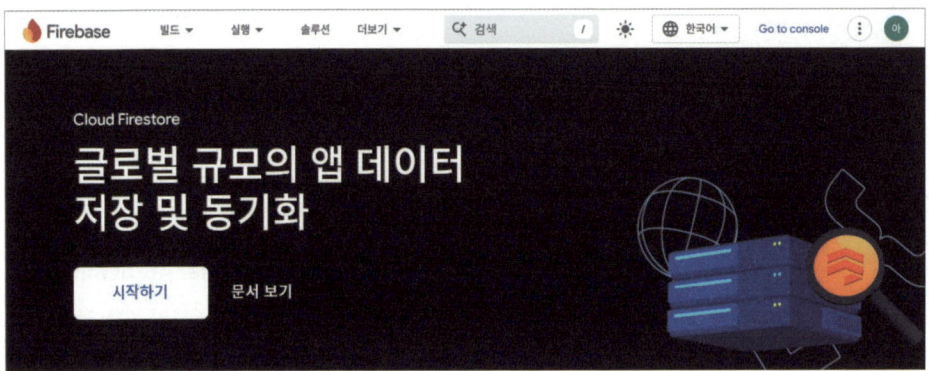

Cloud Firestore 시작 페이지

Firestore 홈에서 프로젝트를 만들어 보겠습니다. 〈Firebase 프로젝트 만들기〉를 클릭합니다.

파이어베이스 프로젝트 생성

원하는 이름으로 프로젝트를 생성합니다. 우리 앱의 프로젝트 이름은 "plant"로 설정했습니다. 〈계속〉 버튼을 누릅니다.

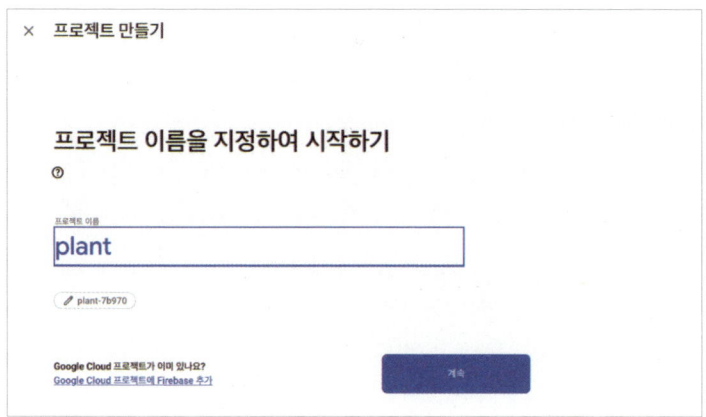

프로젝트 이름 설정

이어서 프로젝트를 만드는 데 필요한 AI 지원, 구글 애널리틱스 연결 안내가 뜹니다. 〈계속〉 버튼을 눌러 애널리틱스 추가까지 진행합니다.

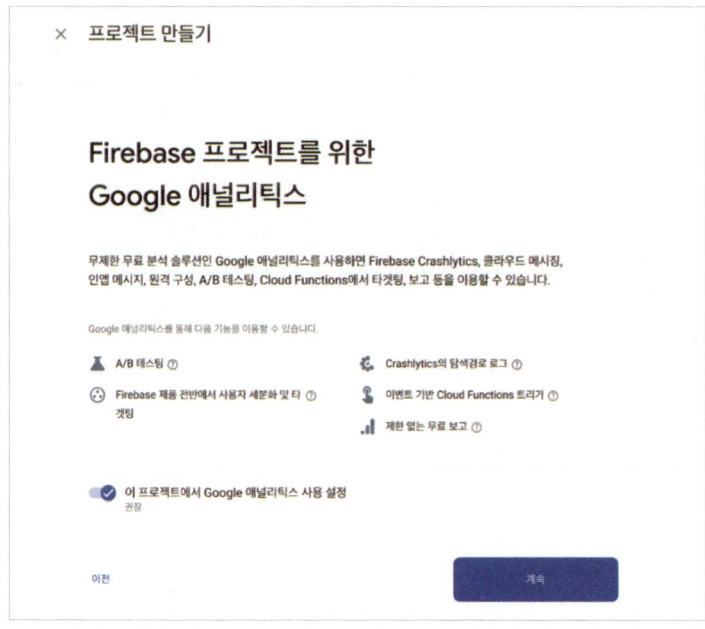

프로젝트 설정

새로운 애널리틱스 프로필을 만들기 위해 계정을 선택합니다. 〈새 계정 만들기〉를 누릅니다.

애널리틱스 새 계정 생성

애널리틱스 구성을 위해 애널리틱스 계정 이름, 위치를 선택하고 약관에 동의한 다음 〈프로젝트 만들기〉를 클릭합니다.

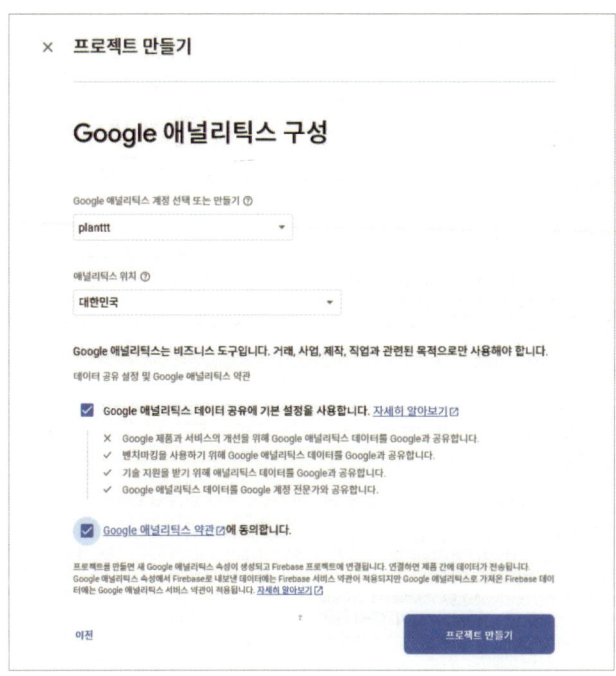

애널리틱스 계정 설정

1~2분 안에 프로젝트가 생성됩니다.

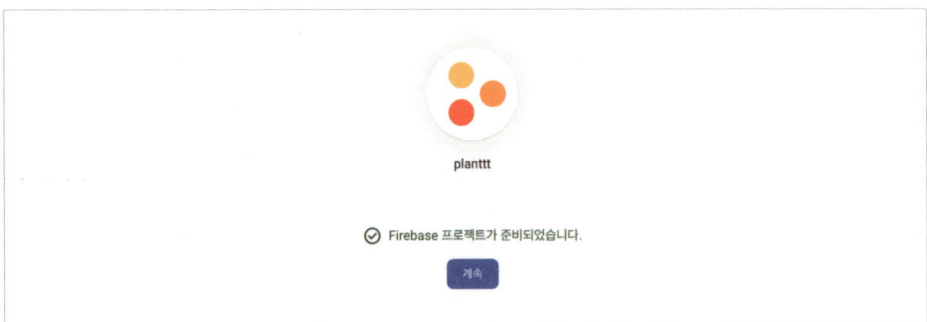

프로젝트 생성 완료

프로젝트 홈 화면의 왼쪽 상단에서 〈프로젝트 개요〉 오른쪽 설정 아이콘을 눌러 〈프로젝트 설정〉 창으로 들어갈 수 있습니다.

프로젝트 설정 아이콘

오른쪽 하단의 플러터 아이콘( )을 클릭합니다.

프로젝트 설정 화면

플러터 앱에 파이어베이스를 추가하기 위한 과정이 시작됩니다. 〈다음〉 버튼을 누르면 터미널에 입력할 수 있는 CLI 명령어를 확인할 수 있습니다.

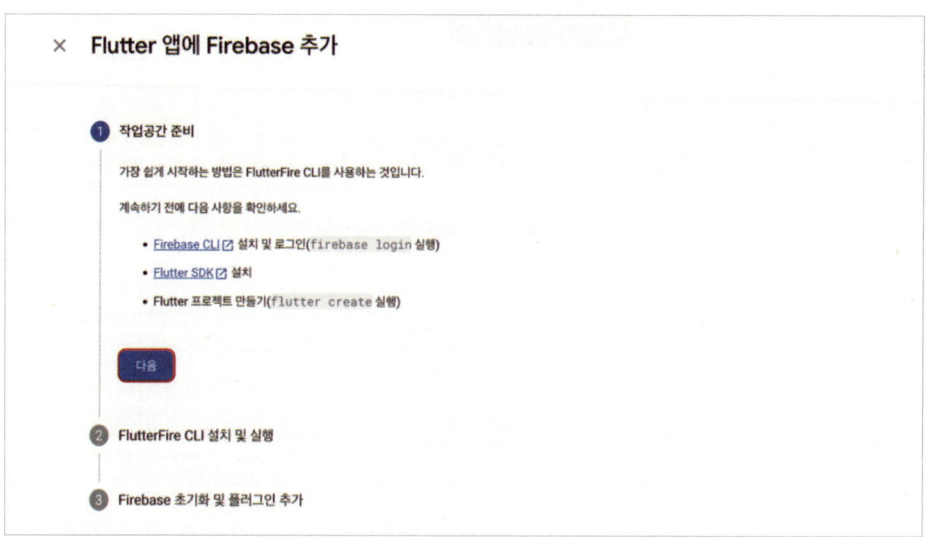

플러터 앱에 파이어베이스 추가 과정

순서대로 커서 AI의 터미널에 입력하면 FlutterFire CLI를 설치하고 프로젝트와 파이어베이스를 연결할 수 있습니다. 명령어 오른쪽의 복사 아이콘을 클릭해 복사합니다.

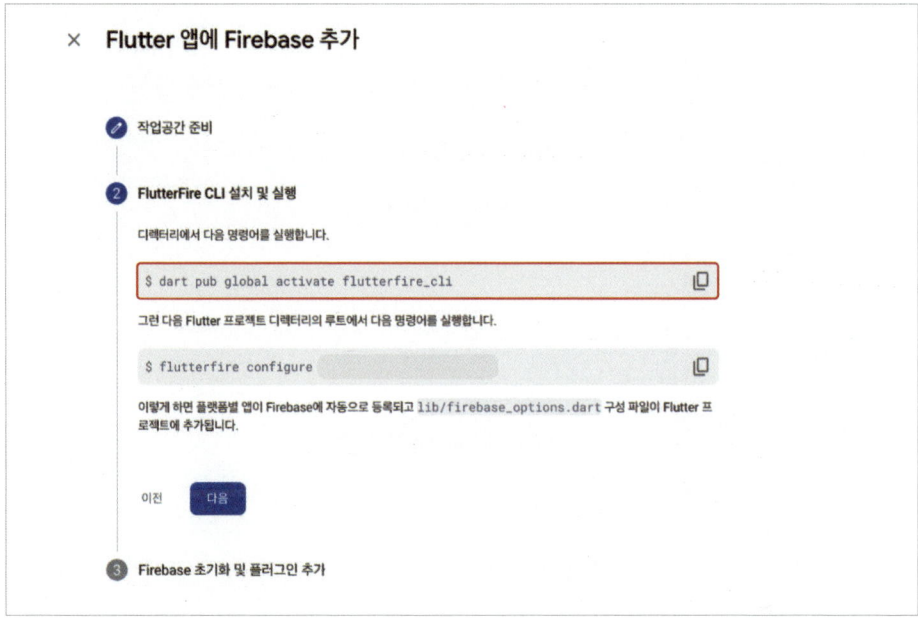

FlutterFire CLI 설치를 위한 명령어 복사

커서의 〈Terminal〉에 복사한 명령어를 붙여 넣습니다.

〈Terminal〉에 붙여 넣은 명령어

웹페이지에서 복사한 두 번째 코드도 플러터 프로젝트 루트 경로에서 실행합니다.

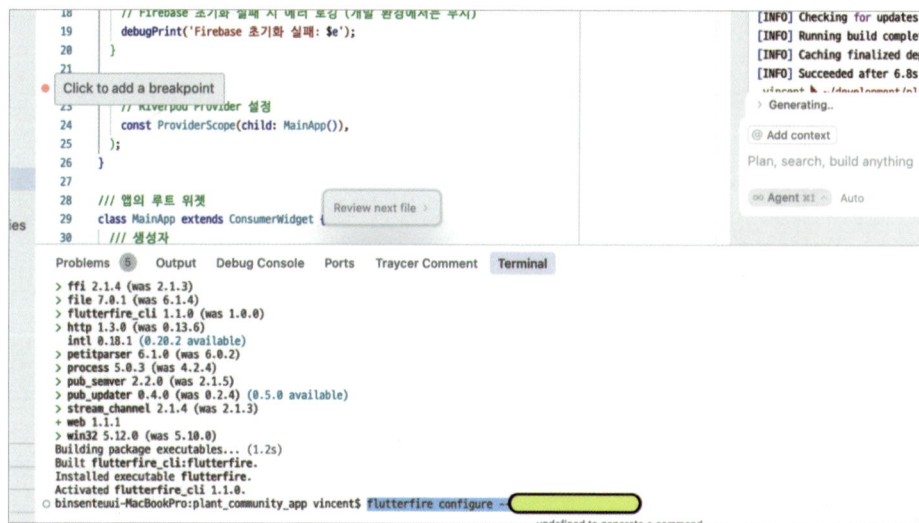

프로젝트 루트 경로에서 두 번째 코드 실행

플랫폼을 선택하라는 질문이 뜨면 android와 ios를 선택하고 enter 를 누릅니다.

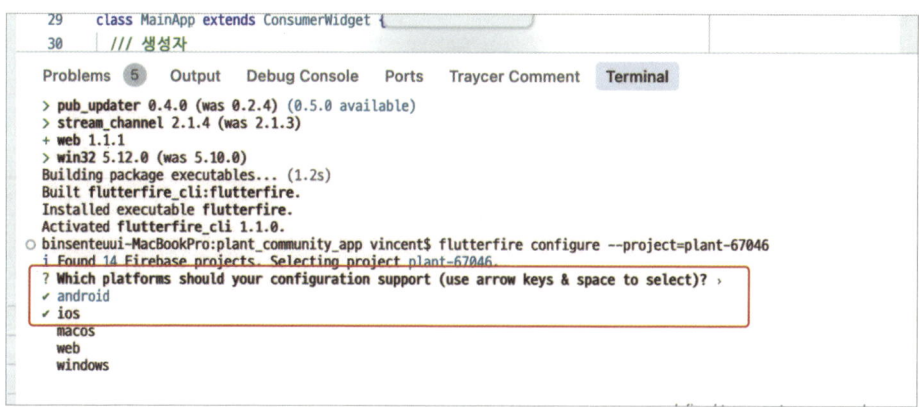

플랫폼 선택

설치하는 데 짧은 시간이 소요되고, 성공적으로 프로젝트와 파이어베이스가 연결됩니다.

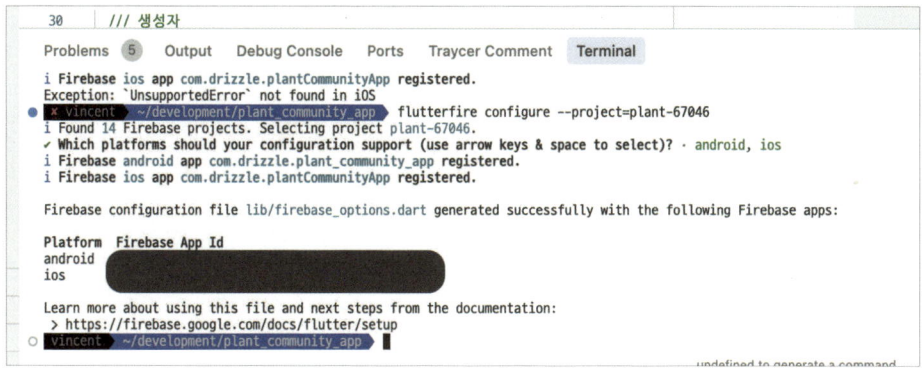

프로젝트와 파이어베이스 연결 성공

다시 파이어베이스 페이지로 돌아와 〈다음〉을 눌러 파이어베이스를 초기화하고 플러그인을 추가하기 위한 코드를 복사합니다.

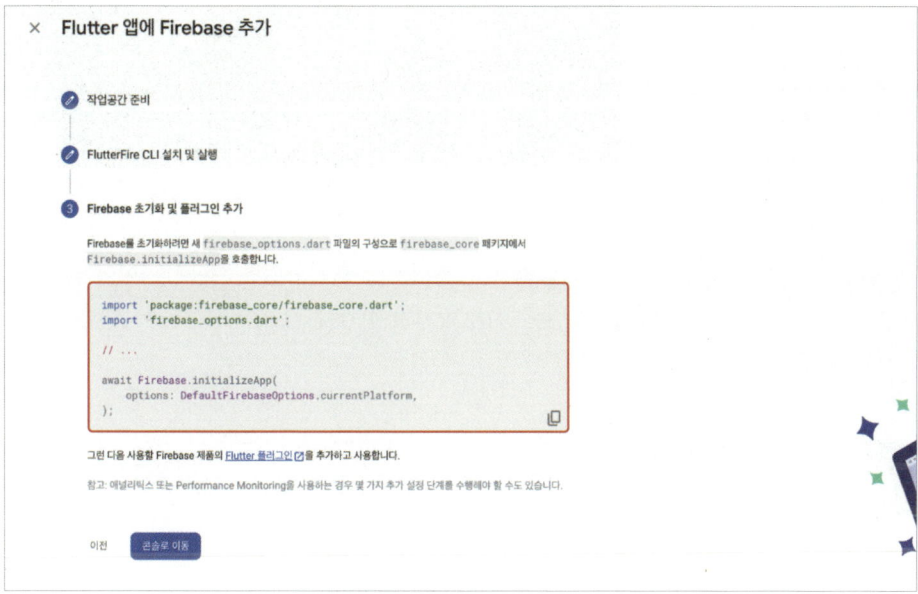

파이어베애스 초기화 및 플러그인 추가 코드 복사

복사한 코드를 main.dart의 **main** 함수에 넣어 줍니다.

```
Run | Debug | Profile
void main() async {
  WidgetsFlutterBinding.ensureInitialized();

  // Firebase 초기화
  await Firebase.initializeApp(options: DefaultFirebaseOptions.currentPlatform);

  runApp(const ProviderScope(child: MyApp()));
}
```

main 함수 수정

이제 앱을 재실행하면 파이어베이스와 앱이 연결된 것을 확인할 수 있습니다.

파이어베이스와 플러터앱 연결 완료

굉장히 간단하게 파이어베이스가 플러터 프로젝트에 연결되었죠. 이제 파이어베이스의 Authentication 기능을 이용해서 로그인 기능을 구현해보겠습니다.

6.2 Firebase Authentication으로 로그인 구현

플러터 앱과 파이어베이스 프로젝트가 성공적으로 연결되었으니 이제 커뮤니티 앱의 첫 번째 관문이자 필수 기능인 **사용자 인증**을 구현할 차례입니다. 누가 우리 앱을 사용하는지 식별하고, 각 사용자에게 맞는 데이터 접근 권한을 부여하며, 앱의 보안을 유지하기 위해 사용자 인증은 반드시 필요합니다. 마치 보안이 철저한 건물에 들어가기 위해서는 출입증이 필요한 것처럼 말이죠.

이 중요한 역할을 위해 우리는 **Firebase Authentication** 서비스를 사용할 것입니다. Firebase Authentication은 이메일/비밀번호, 구글, 페이스북, 전화번호 등 다양한 방식의 사용자 인증 기능을 매우 쉽고 안전하게 구현할 수 있도록 도와주는 강력한 도구입니다. 복잡한 인증 서버를 직접 구축하고 관리하는 대신 파이어베이스가 제공하는 안정적인 시스템을 활용하여 개발자는 오롯이 사용자 경험과 앱 핵심 기능을 구현하는 데 집중할 수 있습니다.

이번에는 Firebase Authentication을 사용하여 우리 '반려 식물 커뮤니티 앱'에 다음과 같은 핵심 인증 기능들을 단계별로 구현해 볼 것입니다.

인증 기능 구현 과정

1. 파이어베이스 콘솔에서 필요한 인증 방식(이메일/비밀번호) 활성화하기
2. 플러터 앱에서 firebase_auth 패키지를 사용하여 회원 가입, 로그인, 로그아웃 로직 구현하기
3. 사용자의 로그인 상태를 실시간으로 감지하고 그에 따라 다른 화면(로그인 화면 또는 홈 화면)을 보여 주도록 처리하기
4. 비밀번호 재설정 기능을 구현하여 사용자 편의성과 보안성을 높이기

다소 복잡하게 보일 수 있는 인증 로직도 커서 AI와 함께라면 훨씬 수월하게 구현할 수 있습니다. 필요한 코드 스니펫 생성부터 오류 해결까지 AI 어시스턴트의 도움을 적극적으로 받아 봅시다. 단, 염두에 두어야 할 점은 **AI가 스스로 다음 작업이나 요청하지 않았지만 연관된 기능들을 먼저 구현**해줄 수 있다는 것입니다. 따라서 생성된 코드를 검토하고 구현되지 않은 기능이 있다면 해당 챕터의 내용을 참고해서 구현해보기 바랍니다.

파이어베이스 콘솔에서 Authentication 활성화하기

Firebase Authentication 서비스를 사용하기 위한 가장 첫 번째 단계는 파이어베이스 콘솔에서 우리가 사용할 인증 방식을 활성화하는 것입니다. 우리 앱에서는 가장 기본적인 **이메일/비밀번호**를 사용한 회원 가입 및 로그인 방식을 사용할 것이므로 이 방식을 활성화해보겠습니다.

먼저 웹 브라우저를 열고 파이어베이스 콘솔 페이지로 이동하여 앞서 생성해 둔 여러분의 프로젝트를 선택합니다.

- **파이어베이스 콘솔**: https://console.firebase.google.com

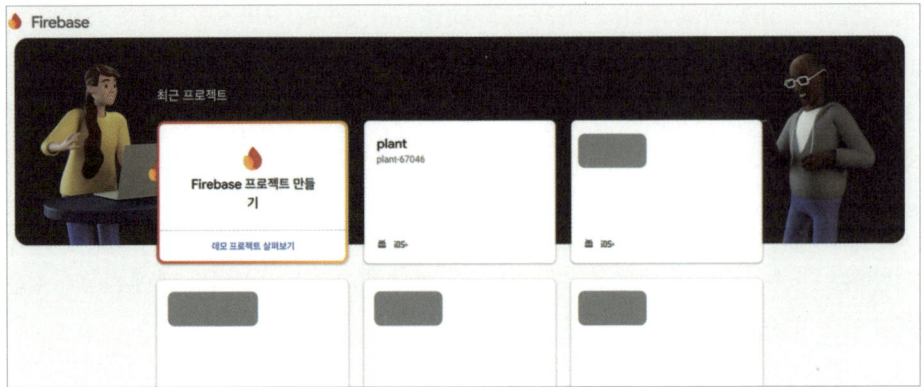

프로젝트 선택

왼쪽 탐색 메뉴에서 〈빌드〉 카테고리 아래에 있는 〈Authentication〉을 클릭합니다.

〈빌드 → Authentication〉 선택

처음 Authentication 섹션에 들어왔다면 〈시작하기〉 버튼이 보일 것입니다. 이 버튼을 클릭하여 Authentication 페이지로 이동합니다.

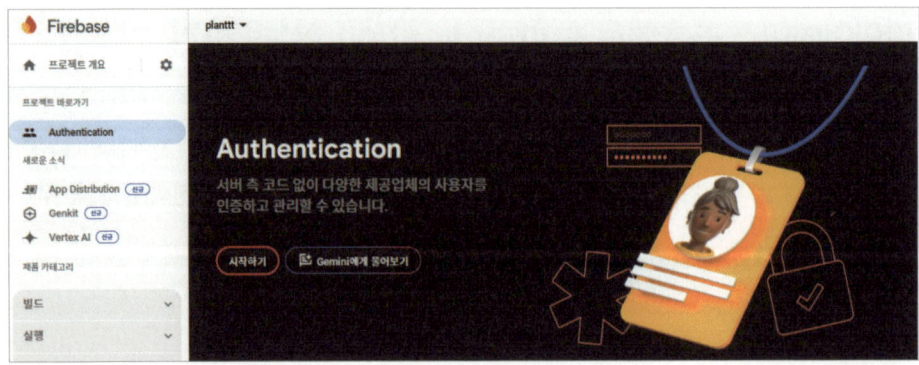

Authentication 페이지로 이동

Authentication 페이지 상단에서 〈로그인 방법〉 탭을 선택하고 '기본 제공업체'에서 〈이메일/비밀번호〉를 클릭합니다.

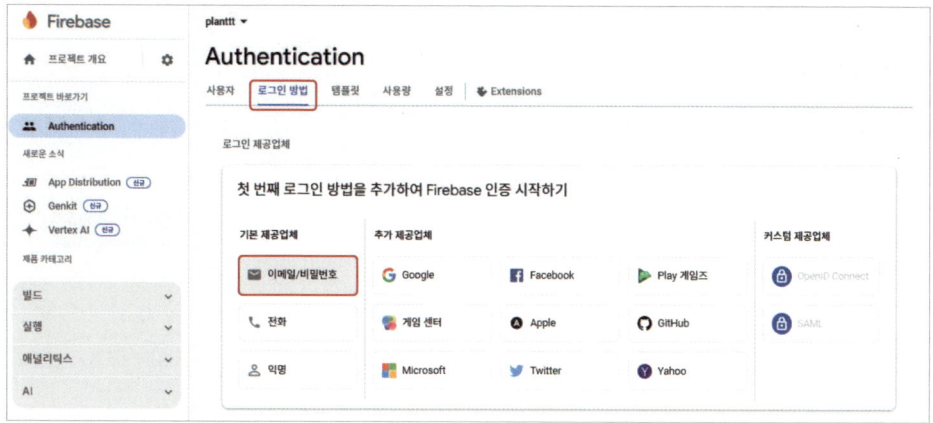

'이메일/비밀번호'로 로그인 방법 선택

첫 번째 옵션인 '이메일/비밀번호' 오른쪽의 토글 스위치를 클릭하여 활성화 상태로 변경합니다. 우리는 비밀번호 기반 로그인을 구현할 것이므로 '이메일 링크(비밀번호 없는 로그인)' 옵션은 비활성화 상태 그대로 두고 〈저장〉을 클릭합니다.

로그인 방법 설정

〈로그인 방법〉 탭으로 돌아오면 '이메일/비밀번호' 항목의 상태가 '**사용 설정됨**'으로 변경된 것을 확인할 수 있습니다.

로그인 방법 설정 확인

이제 파이어베이스 프로젝트는 이메일과 비밀번호를 이용한 사용자 인증 요청을 처리할 준비가 되었습니다. 정말 간단하죠? 이어서 플러터 앱에 firebase_auth 패키지를 추가하고, 앞서 활성화한 인증 방식을 사용하여 회원 가입 기능을 구현하는 코드를 작성해보겠습니다.

firebase_auth 패키지 추가 및 기본 설정

파이어베이스 콘솔에서 이메일/비밀번호 인증 방식을 활성화했으니 이제 우리 플러터 앱에서 실제로 이 기능을 사용할 수 있도록 준비해야 합니다. 이를 위해서는 firebase_auth 패키지가 필요합니다. 이 패키지는 Firebase Authentication 서비스와 통신하여 회원 가입, 로그인, 로그아웃 등의 기능을 수행하는 데 필요한 모든 도구를 제공합니다.

firebase_auth 패키지 추가하기

앞서 파이어베이스와 프로젝트를 연결하는 과정에서 flutterfire configure 명령어를 실행했을 때 **firebase_core** 패키지는 자동으로 pubspec.yaml 파일에 추가되었을 가능성이 높습니다. 하지만 파이어베이스의 각 서비스(Authentication, Firestore, Storage 등)를 사용하려면 해당 서비스에 맞는 개별 패키지를 추가해야 합니다. 커서 AI의 통합 터미널을 사용하여 firebase_auth 패키지를 추가해 봅시다.

커서 AI 하단 패널에서 터미널을 엽니다(`ctrl` + `` ` `` 또는 〈메뉴 → Terminal → New Terminal〉). 프로젝트 루트 디렉터리에서 다음 명령어를 입력하고 실행합니다.

```
flutter pub add firebase_auth
```

이 명령어는 pubspec.yaml 파일의 **dependencies:** 섹션에 firebase_auth 패키지를 추가하고 필요한 패키지들을 다운로드합니다. pubspec.yaml 파일을 열어 보면 **dependencies:** 아래에 다음과 같이 firebase_auth 항목이 추가된 것을 확인할 수 있습니다(버전은 화면과 다를 수 있습니다.).

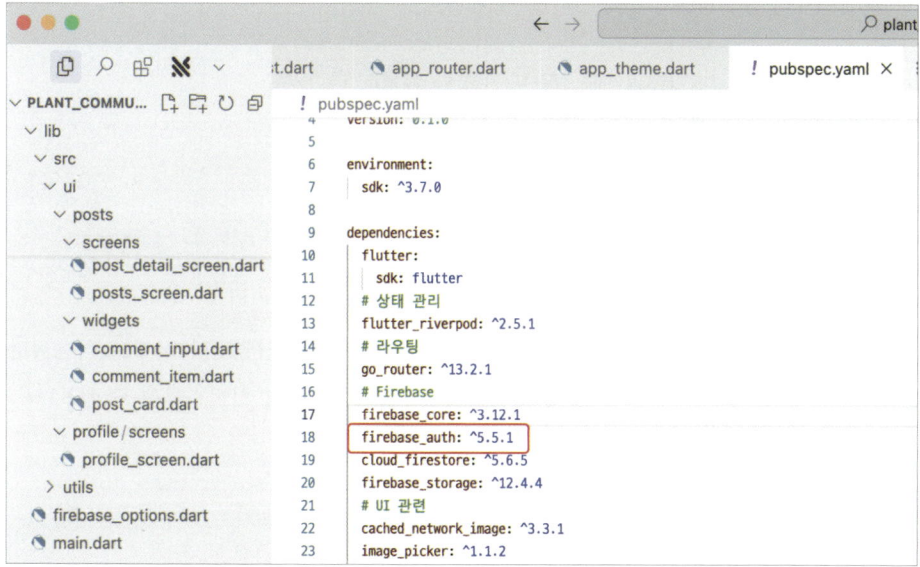

firebase_auth 항목 추가 확인

참고로 파이어베이스 최신 버전은 pub.dev나 https://firebase.flutter.dev/에서 확인할 수 있습니다. 만약 터미널 명령어가 기억나지 않거나 pubspec.yaml 파일 구조가 헷갈린다면, AI 채팅 패널에 "플러터 프로젝트에 firebase_auth 패키지를 어떻게 추가해?" 또는 "@pubspec.yaml 파일 구조를 설명해줘."라고 요청할 수 있습니다.

파이어베이스 초기화 재확인

firebase_auth 패키지를 사용하기 전에 Firebase Core 서비스가 앱 시작 시 제대로 초기화되는지 다시 한번 확인하는 것이 좋습니다. lib/main.dart 파일의 **main()** 함수에 다음 코드가 포함되어 있는지 확인하세요.

```
import 'package:flutter/material.dart';
import 'package:firebase_core/firebase_core.dart';
import 'firebase_options.dart';

void main() async {
  WidgetsFlutterBinding.ensureInitialized();

  await Firebase.initializeApp( // 이 부분이 중요!
    options: DefaultFirebaseOptions.currentPlatform,
  );

  runApp(const MyApp());
}
```

만약 flutterfire configure가 이 코드를 자동으로 추가하지 않았거나 실수로 삭제했다면 반드시 앞서 코드와 같이 수정해야 합니다. 파이어베이스의 서비스들은 **Firebase.initializeApp()** 호출 이후에 사용할 수 있습니다.

FirebaseAuth 인스턴스 사용 준비

이제 패키지 추가와 초기화 확인까지 마쳤습니다. 앞으로 회원 가입, 로그인 등의 기능을 구현할 때는 FirebaseAuth.instance를 사용하여 Firebase Authentication 서비스와 상호 작용하게 됩니다. 예를 들어, 회원 가입 함수 내에서는 **FirebaseAuth.instance.createUserWithEmailAndPassword(...)** 와 같은 메서드를 호출하게 될 것입니다.

관련 코드를 작성하는 파일 상단에는 다음 **import** 구문을 추가해야 합니다.

```
import 'package:firebase_auth/firebase_auth.dart';
```

FirebaseAuth.instance가 정확히 어떤 역할을 하는지, 어떤 메서드들을 제공하는지 궁금하다면 코드 에디터에서 해당 부분을 선택하거나 AI 채팅에 "FirebaseAuth.instance의 역할과 주요 메서드를 알려 줘. @firebase_auth 패키지 문서를 참고해서."라고 요청해보세요. AI가 공식 문서를 기반으로 상세하게 설명해줄 것입니다.

이제 모든 준비가 끝났습니다! firebase_auth 패키지가 프로젝트에 성공적으로 추가되었고, Firebase Core 초기화도 확인했습니다. 이렇게 준비된 환경 위에서 회원 가입 기능을 구현하는 코드를 작성해보겠습니다.

회원 가입 기능 구현

이제 사용자가 이메일과 비밀번호를 이용해 우리 '반려 식물 커뮤니티 앱'에 가입할 수 있는 회원 가입 기능을 만들어 봅시다. 이 기능은 사용자가 제공한 이메일 주소와 비밀번호를 Firebase Authentication 서버로 보내 새로운 사용자 계정을 생성하는 역할을 합니다. 이 기능에 사용할 파이어베이스의 핵심 메서드는 다음과 같습니다.

- **핵심 메서드**: `FirebaseAuth.instance.createUserWithEmailAndPassword()`

이 메서드는 `email`과 `password` 두 개의 필수 인자를 받아 비동기적으로 작동하며, 성공 시 새로운 사용자의 정보(`UserCredential`)를 반환하고, 실패 시에는 오류(`FirebaseAuth Exception`)를 발생시킵니다.

회원 가입 화면 UI 만들기

먼저 사용자가 이메일과 비밀번호를 입력할 수 있는 TextField 위젯들과 〈회원 가입〉 버튼이 있는 화면(예: lib/screens/signup_screen.dart)이 필요합니다. 각 TextField에는 TextEditingController를 연결하여 입력값을 가져올 수 있도록 합니다. UI 구현은 커서 AI의 도움을 받거나 직접 구현할 수 있습니다. 커서 AI에게 UI를 생성하기 위해 다음과 같이 프롬프트를 입력할 수 있습니다.

UI 생성 요청

login_screen.dart, signup_screen.dart 파일을 만들고, 기본적인 UX에 따라 go_router에 등록해 줘. 이메일 입력 필드, 비밀번호 입력 필드, <회원 가입> 버튼이 포함된 최근 디자인 트렌드의 기본적인 로그인 화면 코드를 생성해줘. 각 TextField에 사용할 TextEditingController도 선언해줘. @Design System 스타일을 적용해줘.

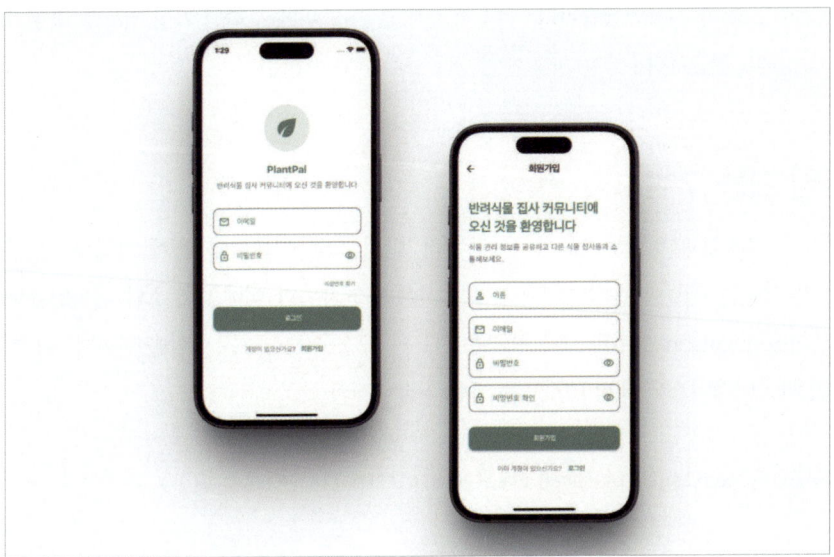

완성된 회원 가입과 로그인 화면 모습

회원 가입 로직 코드 작성하기

이제 사용자가 〈회원 가입〉 버튼을 눌렀을 때 실행될 로직을 구현할 차례입니다. 이 로직은 일반적으로 버튼의 onPressed 콜백 함수 내부에 위치합니다.

커서AI에게 회원 가입 로직 코드를 생성하도록 요청해 봅시다. signup_screen.dart 파일의 〈회원 가입〉 버튼 onPressed 콜백 함수 내부에 코드를 추가하는 상황을 가정합니다.

회원 가입 로직 코드 생성 요청

@signup_screen.dart 파일의 <회원 가입> 버튼 onPressed 콜백 함수 내부에 다음 로직을 구현해줘.
1. `_emailController`와 `_passwordController`에서 텍스트를 가져와. 비어 있다면 "이메일과 비밀번호를 입력해주세요."라는 SnackBar를 보여 주고 함수를 종료해.

2. 로딩 상태 변수(`_isLoading`)를 true로 설정하고 `setState`를 호출해줘(StatefulWidget 가정).

3. `try` 블록 안에서 `await FirebaseAuth.instance.createUserWithEmailAndPassword(email: email, password: password)`를 호출해줘.

4. 성공하면(try 블록 끝), "회원 가입 성공!"이라는 SnackBar를 보여 줘(이후 화면 이동은 나중에 추가할 거야).

5. `catch(e)` 블록에서 `FirebaseAuthException`을 처리해줘.
   - `e.code`가 'weak-password'이면 "비밀번호는 6자리 이상이어야 합니다."라는 SnackBar를 보여 줘.
   - `e.code`가 'email-already-in-use'이면 "이미 사용 중인 이메일입니다."라는 SnackBar를 보여 줘.
   - 그 외 다른 에러는 "회원 가입 실패: ${e.message}"라는 SnackBar를 보여 줘.

6. `finally` 블록에서 `_isLoading`를 false로 설정하고 `setState`를 호출해서 로딩 상태를 해제해줘.

커서 AI가 생성한 코드를 **onPressed** 콜백에 적용하고, **_emailController**, **_passwordController**, **_isLoading** 변수를 **StatefulWidget**의 상태로 관리하도록 코드를 완성합니다.

```
/// 이메일/비밀번호로 회원 가입
  Future<bool> signUp({
    required String email,
    required String password,
    required String name,
  }) async {
    try {
      debugPrint('==== AuthNotifier 회원 가입 시도 ====');
      debugPrint('이메일: $email, 이름: $name');
      state = const AsyncValue.loading();

      final user = await _authRepository.signUpWithEmailAndPassword(
        email: email,
        password: password,
        name: name,
      );
```

```
      debugPrint('==== 회원 가입 결과 ====');
      if (user != null) {
        debugPrint(
          '성공 - 사용자 정보: ID: ${user.id}, 이메일: ${user.email}, 이름: ${user.name}',
        );
        state = AsyncValue.data(user);
        return true;
      } else {
        debugPrint('실패 - 사용자 정보 없음 (null 반환)');
        state = const AsyncValue.data(null);
        return false;
      }
    } catch (e) {
      debugPrint('==== AuthNotifier 회원 가입 예외 ====');
      debugPrint('예외 타입: ${e.runtimeType}');
      debugPrint('예외 메시지: $e');

      // 스택트레이스는 너무 길어서 일부만 로깅
      final stackTrace = StackTrace.current.toString().split('\n');
      final shortTrace = stackTrace.take(10).join('\n');
      debugPrint('호출 스택 (일부): \n$shortTrace');

      state = AsyncValue.error(e, StackTrace.current);
      return false;
    } finally {
      debugPrint('==== AuthNotifier 회원 가입 종료 ====');
    }
  }
```

TextEditingController를 통해 사용자가 입력한 이메일과 비밀번호 문자열을 가져옵니다. 파이어베이스 요청을 보내기 전에 최소한 입력 필드가 비어 있지 않은지 정도는 확인하는 것이 좋습니다.

```
    // Form 유효성 검사 실행
    if (!_formKey.currentState!.validate()) return;
```

```
// 1. 이메일과 비밀번호 유효성 검사
final email = _emailController.text.trim();
final password = _passwordController.text;
final name = _nameController.text.trim();
```

파이어베이스와의 통신은 네트워크 상태에 따라 시간이 걸릴 수 있습니다. 사용자 경험을 위해 회원 가입 요청이 진행되는 동안 로딩 인디케이터를 보여 주거나 버튼을 비활성화하는 것이 좋습니다. **setState**를 사용하여 로딩 상태를 관리하는 변수(예: **_isLoading**)를 활용할 수 있습니다.

```
/// 회원 가입 메서드
  Future<void> _signUp() async {
    // Form 유효성 검사 실행
    if (!_formKey.currentState!.validate()) return;

    // 1. 이메일과 비밀번호 유효성 검사
    final email = _emailController.text.trim();
    final password = _passwordController.text;
    final name = _nameController.text.trim();

    debugPrint('==== 회원 가입 시작 ====');
    debugPrint('이메일: $email, 이름: $name');

    // 2. 로딩 상태 설정
    setState(() {
      _isLoading = true;
    });

    try {
      // 3. AuthNotifier를 통한 회원 가입 요청
      final success = await ref
          .read(authNotifierProvider.notifier)
          .signUp(email: email, password: password, name: name);

      // 회원 가입 결과 로깅
      debugPrint('회원 가입 요청 결과: $success');
```

```dart
      if (!mounted) {
        debugPrint('위젯이 마운트 해제됨');
        return;
      }

      // 4. 성공 메시지 표시
      if (success) {
        debugPrint('회원 가입 성공 - 로그인 화면으로 이동');
        ScaffoldMessenger.of(context).showSnackBar(
          SnackBar(
            content: const Text('회원 가입 성공! 로그인 해주세요.'),
            backgroundColor: Theme.of(context).colorScheme.primary,
          ),
        );

        // 명시적으로 로그인 화면으로 이동
        await Future.delayed(const Duration(seconds: 1)); // 잠시 대기 후 이동
        if (!mounted) return;

        if (context.canPop()) {
          context.pop();
        }
        context.go('/auth/login');
      } else {
        debugPrint('회원 가입 실패: success=$success');
        ScaffoldMessenger.of(context).showSnackBar(
          SnackBar(
            content: const Text('회원 가입에 실패했습니다. 다시 시도해주세요.'),
            backgroundColor: Theme.of(context).colorScheme.error,
          ),
        );
      }
    } catch (e) {
      // 5. 에러 처리(Repository에서 이미 에러 변환을 처리함)
      debugPrint('==== 회원 가입 예외 발생 ====');
      debugPrint('예외 타입: ${e.runtimeType}');
      debugPrint('예외 메시지: $e');
```

```
      if (mounted) {
        ScaffoldMessenger.of(context).showSnackBar(
          SnackBar(
            content: Text(e.toString()),
            backgroundColor: Theme.of(context).colorScheme.error,
          ),
        );
      }
    } finally {
      // 6. 로딩 상태 해제
      if (mounted) {
        setState(() {
          _isLoading = false;
        });
      }
      debugPrint('==== 회원 가입 종료 ====');
    }
  }
```

`try-catch` 블록 안에서 `FirebaseAuth.instance.createUserWithEmailAndPassword()` 메서드를 `await` 키워드와 함께 호출합니다.

- **성공 시**: 메서드가 성공적으로 완료되면 `UserCredential` 객체가 반환됩니다. 이 객체 안의 `user` 속성을 통해 새로 생성된 사용자의 정보(`uid, email` 등)에 접근할 수 있습니다. 성공 후에는 사용자에게 성공 메시지를 보여 주고, 홈 화면이나 추가 프로필 설정 화면 등으로 이동시키는 로직을 구현할 수 있습니다(화면 이동은 이후 '로그인 상태 관리' 절에서 더 자세히 다룹니다.).
- **실패 시(catch 블록)**: 회원 가입 과정에서 다양한 이유로 오류가 발생할 수 있습니다(예: 비밀번호가 너무 약함, 이미 사용 중인 이메일, 네트워크 오류 등). `FirebaseAuthException`을 `catch`하여 오류 코드(e.code)를 확인하고, 사용자에게 적절한 오류 메시지를 보여 주는 것이 중요합니다.

이제 앱을 실행하고 회원 가입 화면에서 실제로 이메일과 비밀번호를 입력하여 회원 가입을 시도해보세요. 성공 메시지나 예상되는 오류 메시지가 제대로 표시되는지 확인합니다. 오류가 난다면, 그 오류를 그대로 복사해서 채팅 패널에 붙여 넣어 보내세요.

회원 가입 화면

회원 가입에 성공했다면 파이어베이스 콘솔에서 〈Authentication → 사용자〉 탭으로 이동하여 방금 가입한 사용자의 이메일 주소가 목록에 추가되었는지 확인할 수 있습니다.

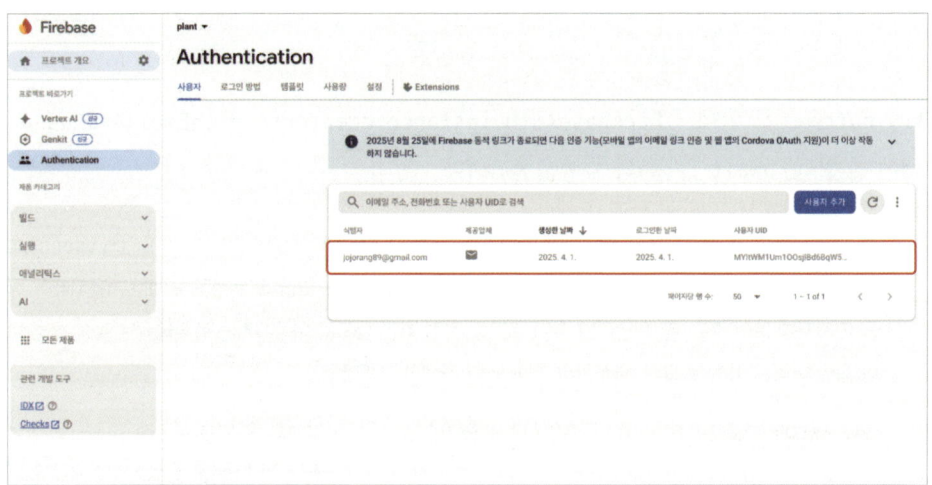

회원 가입에서 등록한 정보가 입력된 모습

이제 사용자는 우리 앱에 계정을 만들 수 있게 되었습니다! 다음 단계에서는 계정이 있는 사용자가 로그인하는 기능을 구현해보겠습니다.

로그인 기능 구현

회원 가입 기능이 완성되었으니 이제 계정을 만든 사용자가 앱에 다시 들어올 수 있도록 로그인 기능을 구현할 차례입니다. 이 기능 역시 이메일과 비밀번호를 기반으로 하며, 사용자가 입력한 정보가 파이어베이스에 등록된 계정과 일치하는지 확인하는 역할을 합니다. 이 기능에 사용할 파이어베이스의 핵심 메서드는 다음과 같습니다.

- **핵심 메서드**: `FirebaseAuth.instance.signInWithEmailAndPassword()`

이 메서드는 `createUserWithEmailAndPassword()`와 유사하게 `email`과 `password`를 인자로 받아 비동기적으로 작동합니다. 성공 시 해당 사용자의 정보(`UserCredential`)를 반환하고, 실패 시 오류(`FirebaseAuthException`)를 발생시킵니다. 커서 AI가 생성한 코드를 한번 확인해보세요!

로그인 화면 UI 만들기

사용자가 이메일과 비밀번호를 입력할 TextField와 〈로그인〉 버튼이 있는 화면(예: login_screen.dart)을 준비합니다. 회원 가입 화면과 유사하게 TextEditingController를 사용합니다.

UI 생성 요청

> login_screen.dart 파일을 만들고, 이메일 입력 필드, 비밀번호 입력 필드, <로그인> 버튼, 그리고 '회원 가입' 화면으로 이동하는 로그인 화면 코드를 생성해줘. TextButton이 포함되어야 하고 최근 UX/UI 디자인 트렌드를 반영해 기본적인 로그인 화면 코드를 생성해줘. 전체적인 디자인은 @Design System 스타일을 적용해줘.

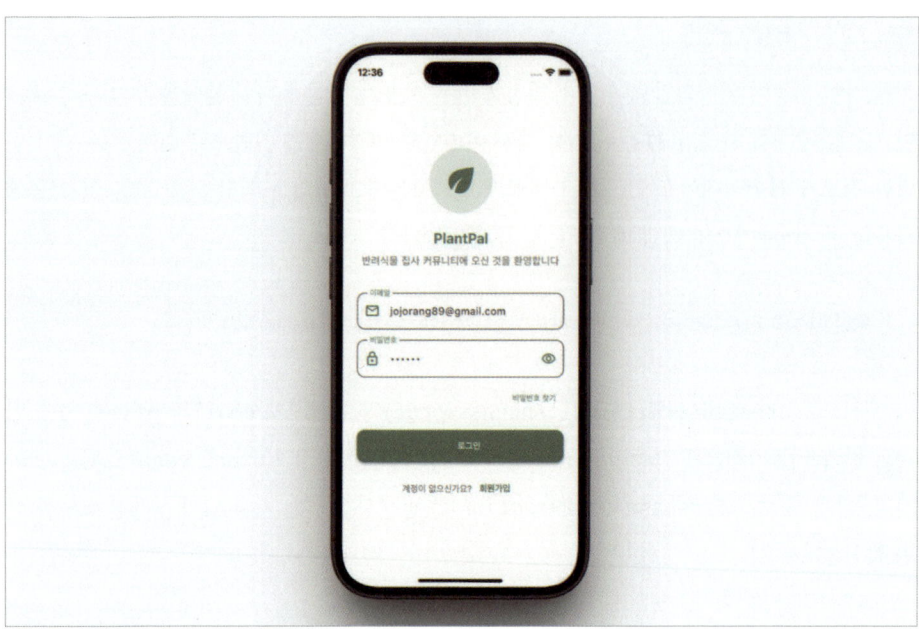

생성된 로그인 화면 UI

로그인 로직 코드 작성하기

이제 〈로그인〉 버튼의 **onPressed** 콜백 함수 내부에 로그인 처리 로직을 작성합니다. 컨트롤러에서 이메일, 비밀번호를 가져오고 비어 있는지 확인합니다. 로그인 요청 중임을 사용자에게 알리기 위해 **_isLoading** 상태 변수를 사용합니다.

```
/// 이메일/비밀번호로 로그인
Future<bool> signIn({required String email, required String password}) async {
  try {
    debugPrint('==== AuthNotifier 로그인 시도 ====');
    debugPrint('이메일: $email');
    state = const AsyncValue.loading();

    final user = await _authRepository.signInWithEmailAndPassword(
      email: email,
      password: password,
    );
```

```
      debugPrint('==== 로그인 결과 ====');
      if (user != null) {
        debugPrint(
          '성공 - 사용자 정보: ID: ${user.id}, 이메일: ${user.email}, 이름: ${user.name}',
        );
        state = AsyncValue.data(user);
        return true;
      } else {
        debugPrint('실패 - 사용자 정보 없음');
        state = const AsyncValue.data(null);
        return false;
      }
    } catch (e) {
      debugPrint('==== AuthNotifier 로그인 예외 ====');
      debugPrint('예외 타입: ${e.runtimeType}');
      debugPrint('예외 메시지: $e');

      // 스택트레이스는 너무 길어서 일부만 로깅
      final stackTrace = StackTrace.current.toString().split('\n');
      final shortTrace = stackTrace.take(10).join('\n');
      debugPrint('호출 스택 (일부): \n$shortTrace');

      state = AsyncValue.error(e, StackTrace.current);
      return false;
    } finally {
      debugPrint('==== AuthNotifier 로그인 종료 ====');
    }
  }
```

try-catch 블록 안에서 **FirebaseAuth.instance.signInWithEmailAndPassword()** 메서드를 **await** 키워드와 함께 호출합니다.

- **성공 시**: "로그인 성공!"이라는 간단한 성공 메시지를 사용자에게 보여 주고, 앱의 메인 화면(예: 홈 화면)으로 이동합니다(이 부분은 이후 '로그인 상태 관리' 절에서 더 체계적으로 처리될 것입니다.).

- **실패 시(catch 블록)**: 다양한 로그인 실패 이유(예: 사용자를 찾을 수 없음, 비밀번호 틀림, 잘못된 이메일 형식 등)에 따라 **FirebaseAuthException**이 발생합니다. e.code를 확인하여 사용자에게 친절하고 명확한 오류 메시지를 보여 주는 것이 중요합니다(예: 'user-not-found', 'wrong-password', 'invalid-email', 'invalid-credential' 등).

커서 AI에게 로그인 로직 구현을 요청해 봅시다. login_screen.dart의 〈로그인〉 버튼 **onPressed** 내부를 구현합니다.

로그인 로직 요청하기

> login_screen.dart 파일의 <로그인> 버튼 onPressed 콜백 함수 내부에 다음 로직을 구현해줘.
>
> 1. `_emailController`와 `_passwordController`에서 텍스트를 가져와. 비어 있다면 "이메일과 비밀번호를 입력해주세요."라는 SnackBar를 보여 주고 종료해.
> 2. 로딩 상태 변수(`_isLoading`)를 true로 설정하고 `setState`를 호출해줘(StatefulWidget 가정).
> 3. `try` 블록 안에서 `await FirebaseAuth.instance.signInWithEmailAndPassword(email: email, password: password)`를 호출해줘.
> 4. 성공하면(try 블록 끝), "로그인 성공!"이라는 SnackBar를 보여 줘(이후 화면 이동은 '로그인 상태 관리'에서 처리할 예정).
> 5. `catch(e)` 블록에서 `FirebaseAuthException`을 처리해줘.
>   - `e.code`가 'user-not-found' 또는 'invalid-email'이면 "등록되지 않은 이메일입니다."라는 SnackBar를 보여 줘.
>   - `e.code`가 'wrong-password' 또는 'invalid-credential'이면 "비밀번호가 잘못되었습니다."라는 SnackBar를 보여 줘.
>   - 그 외 다른 에러는 "로그인 실패: ${e.message}"라는 SnackBar를 보여 줘.
> 6. `finally` 블록에서 `_isLoading`를 false로 설정하고 `setState`를 호출해서 로딩 상태를 해제해줘.

생성한 코드를 적용하고 앱을 실행하여 등록된 계정 정보로 로그인을 시도해보세요. 잘못된 정보를 입력했을 때 적절한 오류 메시지가 나오는지도 확인합니다.

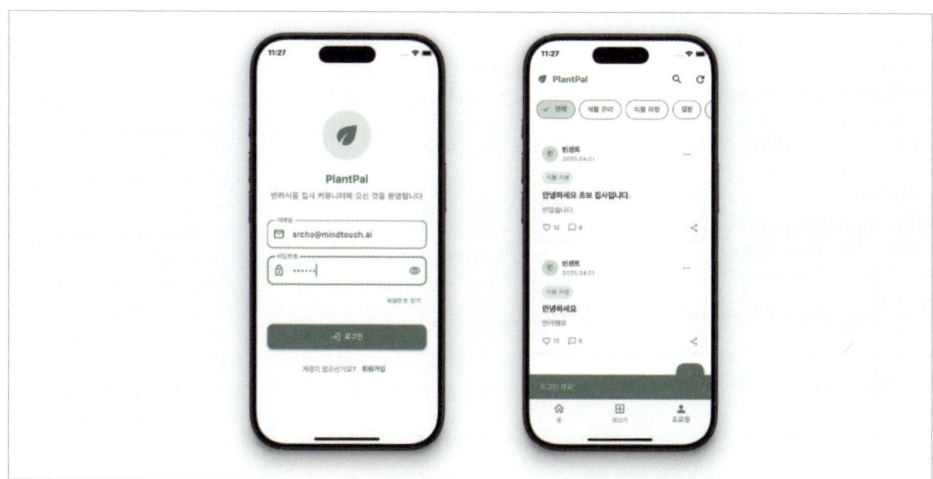

정상적으로 동작하는 로그인 기능

마지막으로 파이어베이스 콘솔을 확인해 기능이 제대로 구현되었는지 확인하겠습니다. 로그인 자체는 콘솔에서 직접 확인하기 어렵지만, 로그인 성공 후 앱의 동작이 예상대로 이루어지는지 확인할 수 있습니다.

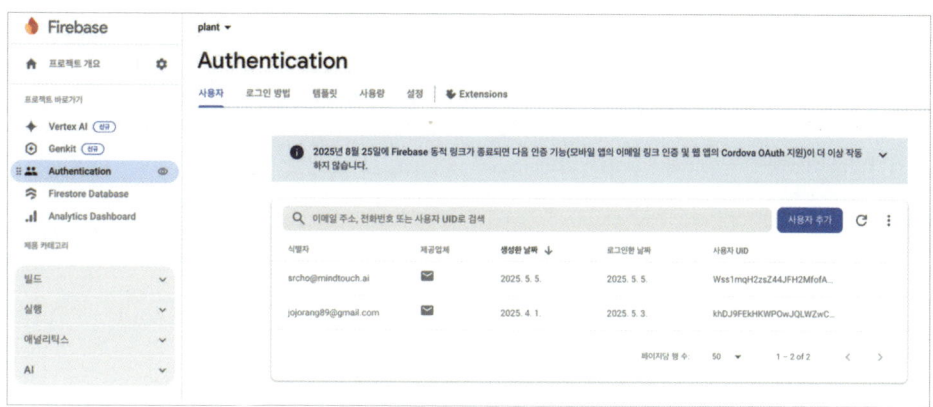

콘솔에서 확인할 수 있는 'Authentication' 페이지

이제 사용자는 회원 가입뿐만 아니라 로그인 기능도 사용할 수 있게 되었습니다. 하지만 아직 사용자가 로그인 상태인지 아닌지를 앱 전체적으로 관리하고 그에 따라 화면을 전환하는 로직이 부족합니다. 이 과정은 이후 '로그인 상태 관리'에서 구현해보고, 그 전에 먼저 로그아웃 기능을 구현해보겠습니다.

로그아웃 기능 구현

로그인 기능이 있다면 당연히 로그아웃 기능도 필요합니다. 로그아웃은 사용자가 앱 사용을 마치고 안전하게 계정 연결을 끊을 수 있도록 해주는 중요한 기능입니다. Firebase Authentication에서는 로그아웃 기능 구현이 매우 간단합니다. 이 기능에 사용할 파이어베이스의 핵심 메서드는 다음과 같습니다.

- **핵심 메서드**: `FirebaseAuth.instance.signOut()`

이 메서드는 별도의 인자 없이 호출하며 현재 로그인된 사용자의 세션을 종료시키는 역할을 합니다. 비동기적으로 작동하므로 `await` 키워드를 사용하는 것이 좋습니다.

로그아웃 화면 UI 만들기

사용자가 로그아웃을 실행할 수 있는 버튼이나 메뉴 아이템이 필요합니다. 보통 프로필 화면(profile_screen.dart)이나 앱 바(AppBar)의 메뉴 등에 위치시킵니다. 계속해서 커서AI에서 생성해달라고 요청해보겠습니다.

로그아웃 UI 요청

> 로그아웃 UI가 필요해. 현재 프로필 화면 가장 아래에 로그아웃 버튼을 생성해주고, @Design System 스타일을 적용해줘.

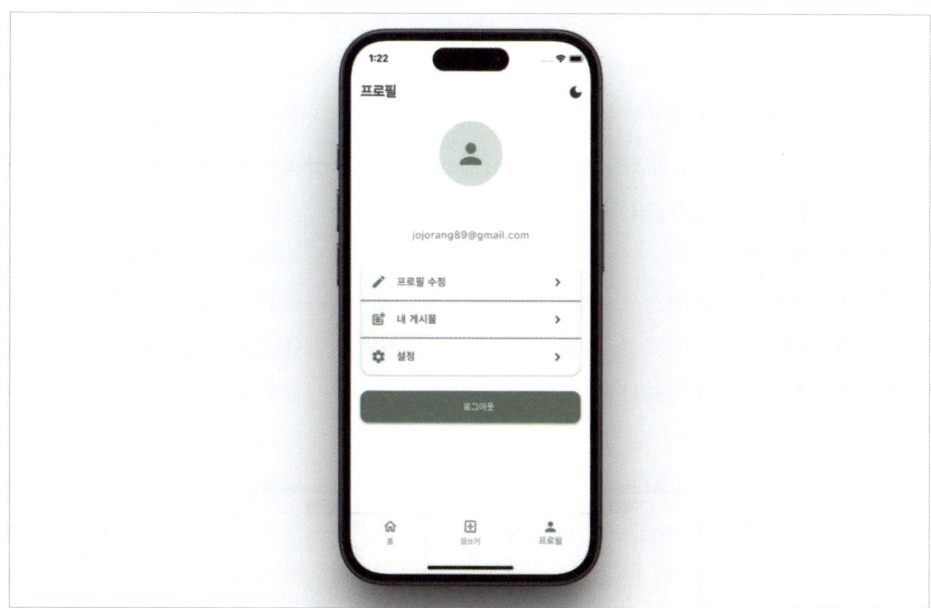

프로필 화면의 로그아웃 버튼 모습

이제 프로필 화면에 있는 〈로그아웃〉 버튼의 로직을 커서 AI에게 요청해 봅시다.

로그아웃 버튼 로직 요청

@profile_screen.dart(또는 로그아웃 버튼이 있는 파일)의 <로그아웃> 버튼 onPressed 콜백 함수 내부에 다음 로직을 구현해줘.

1. `try` 블록 안에서 `await FirebaseAuth.instance.signOut()`를 호출해줘.
2. 성공하면 "로그아웃 되었습니다."라는 SnackBar를 보여 줘(화면 이동은 상태 관리 리스너가 처리할 예정).
3. `catch(e)` 블록에서 "로그아웃 중 오류가 발생했습니다: $e"라는 SnackBar를 보여 줘.

로그아웃 로직 코드 확인하기

이제 〈로그아웃〉 버튼의 **onPressed** 콜백 함수 내부에 로그아웃 처리 로직을 확인합니다. try-catch 블록 안에서 **await FirebaseAuth.instance.signOut()**를 호출합니다.

- **성공 시**: 로그아웃이 성공적으로 완료됩니다. 일반적으로 로그아웃 후에는 사용자를 로그인 화면으로 보내야 합니다(이후 '로그인 상태 관리'에서 자동으로 처리될 수 있습니다.). 사용자에게 "로그아웃 되었습니다."와 같은 확인 메시지를 보여 줄 수 있습니다.
- **실패 시(catch 블록)**: signOut() 메서드에서 오류가 발생하는 경우는 드물지만, 만약을 대비해 try-catch로 감싸고 일반적인 오류 메시지를 보여 주는 것이 좋습니다.

생성된 코드를 적용하고 앱을 실행하여 로그인한 상태에서 〈로그아웃〉 버튼을 눌러보세요. 로그아웃 확인 메시지가 나타나고, 아직 상태 관리가 구현되지 않았다면 화면에 큰 변화는 없겠지만 내부적으로는 로그아웃 처리가 완료되었을 것입니다.

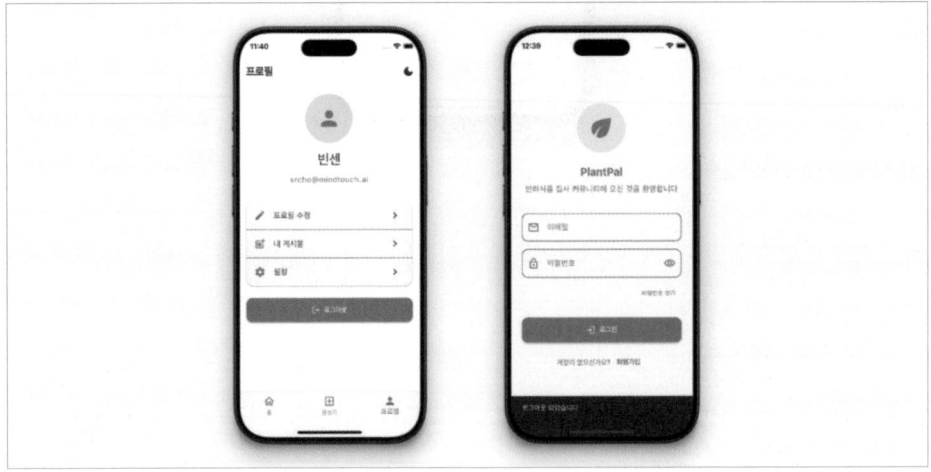

로그아웃 화면

이제 회원 가입, 로그인, 로그아웃이라는 사용자 인증의 기본적인 사이클을 모두 구현했습니다. 다음 단계에서는 사용자의 로그인 상태 변화를 실시간으로 감지하고, 그 상태에 따라 앱의 화면 흐름을 자동으로 제어하는 핵심 부분, '로그인 상태 관리'를 구현해보겠습니다.

로그인 상태 관리

지금까지 우리는 회원 가입, 로그인, 로그아웃 기능을 각각 구현했습니다. 이제 사용자의 인증 상태 변화에 따라 앱의 화면 흐름을 자동으로 제어하는 핵심적인 부분을 구현할 차례입니다. 사용자가 로그아웃하면 로그인 화면으로, 로그인하면 홈 화면으로 자연스럽게 이동해야 사용자 경험이 매끄럽겠죠.

우리는 상태 관리 라이브러리로 **Riverpod**를, 라우팅 라이브러리로 **GoRouter**를 사용하고 있습니다. 이 두 도구를 함께 활용하면 Firebase Authentication의 상태 변화를 감지하여 앱의 내비게이션을 효과적으로 관리할 수 있습니다. 이 과정에서 파이어베이스의 핵심 스트림은 다음과 같습니다.

- **핵심 메서드**: FirebaseAuth.instance.authStateChanges()

이 스트림은 사용자의 인증 상태가 변경될 때마다 **User?**나 객체(로그인 시 **User** 객체, 로그아웃 시 **null**)를 방출합니다. 상태 관리 구현 전략을 정리하면 다음과 같습니다.

로그인 상태 관리 구현 전략

- **Riverpod로 인증 상태 제공**: StreamProvider를 사용하여 **authStateChanges()** 스트림을 앱 전체에 제공합니다. 이를 통해 앱의 어느 위젯에서든 현재 인증 상태를 쉽게 알 수 있습니다.

- **GoRouter의 redirect 로직 활용**: GoRouter 설정 시 **redirect** 콜백 함수를 정의합니다. 이 함수는 내비게이션이 발생하기 전에 호출되어, 현재 사용자의 인증 상태와 이동하려는 경로를 확인하고 필요에 따라 다른 경로로 리다이렉트(강제 이동)시킵니다.

- **GoRouter의 refreshListenable 활용**: 인증 상태가 변경될 때마다 GoRouter가 **redirect** 로직을 다시 실행하도록 알려 주어야 합니다. 이를 위해 인증 상태 스트림을 기반으로 하는 **Listenable** 객체(예: **ValueNotifier**)를 만들어 **refreshListenable** 속성에 전달합니다.

이렇게 정리한 단계별 전략에 따라 하나씩 구현해보겠습니다. 먼저 **FirebaseAuth** 인스턴스와 **authStateChanges** 스트림을 제공하는 Riverpod Provider를 정의합니다. 커서 AI에 다음과 같이 Provider 생성을 요청합니다.

Provider 생성 요청

> flutter lib/providers 폴더에 auth_providers.dart 파일을 만들고 다음 Riverpod Provider들을 정의해줘.
>
> 1. `firebaseAuthProvider`: `FirebaseAuth.instance`를 제공하는 기본 Provider.
> 2. `authStateChangesProvider`: `firebaseAuthProvider`를 사용하여 `authStateChanges()` 스트림을 제공하는 `StreamProvider<User?>`.

이어서 GoRouter를 설정하면서 refreshListenable과 redirect 로직 구현을 위해 커서 AI에 다음과 같이 GoRouter 설정을 요청합니다(lib/router/router.dart - 예시 경로).

GoRouter 설정 요청

lib/router 폴더에 router.dart 파일을 만들고 GoRouter 설정을 구현해줘. 다음 요구 사항을 만족해야 해.

1. `/login`, `/signup`, `/forgot-password`, `/`(HomeScreen) 경로를 정의해줘(필요 시 `/loading` 경로도 추가).
2. Riverpod의 `authStateChangesProvider`를 사용하여 사용자의 로그인 상태를 확인하는 `redirect` 로직을 구현해줘.
   - 로딩 중일 때는 `/loading` 화면으로 보내거나 처리를 보류할 수 있어(선택).
   - 사용자가 로그인하지 않았고(`User == null`), 인증 관련 경로(`/login`, `/signup`, `/forgot-password`)가 아닌 다른 경로로 가려고 하면 `/login`으로 리다이렉트해줘.
   - 사용자가 로그인했고(`User != null`), 인증 관련 경로(`/login`, `/signup`, `/forgot-password`)로 가려고 하면 `/`(홈)으로 리다이렉트해줘.
   - 그 외의 경우는 리다이렉트하지 않아(`null` 반환).
3. `authStateChangesProvider`의 상태가 변경될 때 `redirect` 로직이 다시 실행되도록 `refreshListenable`을 설정해줘. 이를 위해 `authStateChangesProvider`를 구독하는 `ValueNotifier`를 활용할 수 있어.
4. 최종적으로 `GoRouter` 인스턴스를 제공하는 Riverpod `Provider`(`goRouterProvider`)를 정의해줘.

생성된 라우터 코드 예시

```
import 'package:flutter/material.dart';
import 'package:flutter_riverpod/flutter_riverpod.dart';
import 'package:go_router/go_router.dart';
import 'package:firebase_auth/firebase_auth.dart';

// auth_providers.dart와 screen 파일들을 import해야 합니다.
import '../providers/auth_providers.dart';
import '../screens/login_screen.dart';
import '../screens/signup_screen.dart';
```

```dart
import '../screens/forgot_password_screen.dart';
import '../screens/home_screen.dart';
import '../screens/loading_screen.dart'; // 로딩 화면 예시

// GoRouter Provider 정의
final goRouterProvider = Provider<GoRouter>((ref) {
  // authStateChangesProvider를 구독하고 변경될 때마다 GoRouter에 알림
  final authStateListenable = ValueNotifier<AsyncValue<User?>>(const AsyncValue.loading());
  ref.listen<AsyncValue<User?>>(
    authStateChangesProvider,
    (_, next) {
      authStateListenable.value = next; // ValueNotifier 업데이트
    },
    fireImmediately: true, // Provider 생성 시 즉시 리스너 실행
  );

  return GoRouter(
    initialLocation: '/loading', // 초기 로딩 화면으로 시작(선택)
    refreshListenable: authStateListenable, // 인증 상태 변경 감지
    redirect: (BuildContext context, GoRouterState state) {
      final authState = authStateListenable.value; // 현재 인증 상태 값 가져오기

      // 로딩 상태 처리
      if (authState is AsyncLoading) {
        // 로딩 중이고 현재 /loading이 아니면 /loading으로 이동
        return state.uri.toString() != '/loading' ? '/loading' : null;
      }

      // 로그인 상태 확인
      final bool loggedIn = authState.valueOrNull != null;
      final String location = state.uri.toString();

      // 인증 관련 경로 확인
      final isAuthRoute = location == '/login' ||
                          location == '/signup' ||
                          location == '/forgot-password' ||
                          location == '/loading'; // 로딩 경로도 인증 관련으로 취급
```

```
      // 리다이렉트 로직
      if (!loggedIn && !isAuthRoute) {
        // 로그인 안 됨 + 보호된 경로 -> 로그인 화면으로
        debugPrint('[GoRouter Redirect] Not logged in, redirecting to /login from $location');
        return '/login';
      }
      if (loggedIn && isAuthRoute && location != '/loading') {
        // 로그인 됨 + 인증 경로(로딩 제외) -> 홈 화면으로
        debugPrint('[GoRouter Redirect] Logged in, redirecting to / from $location');
        return '/';
      }
       if (loggedIn && location == '/loading') {
        // 로그인 됨 + 로딩 경로 -> 홈 화면으로
        debugPrint('[GoRouter Redirect] Logged in and finished loading, redirecting to / from $location');
        return '/';
      }


      debugPrint('[GoRouter Redirect] No redirect needed for $location (loggedIn: $loggedIn)');
      return null; // 리다이렉트 필요 없음
    },
    routes: [
      GoRoute(
        path: '/loading',
        builder: (context, state) => const LoadingScreen(), // 로딩 화면 위젯
      ),
      GoRoute(
        path: '/login',
        builder: (context, state) => const LoginScreen(),
      ),
      GoRoute(
        path: '/signup',
        builder: (context, state) => const SignupScreen(),
```

```
      ),
      GoRoute(
        path: '/forgot-password',
        builder: (context, state) => const ForgotPasswordScreen(),
      ),
      GoRoute(
        path: '/',
        builder: (context, state) => const HomeScreen(),
        // TODO: 여기에 다른 보호된 경로들을 추가(예: /profile, /post/write 등)
        // routes: [
        //   GoRoute(path: 'profile', builder: ...),
        // ]
      ),
    ],
    // 에러 처리(선택)
    // errorBuilder: (context, state) => ErrorScreen(error: state.error),
  );
});
```

마지막으로 main.dart에서 **ProviderScope**로 앱을 감싸고 MaterialApp.router를 사용하여 GoRouter 설정을 적용합니다. 이를 위해 커서 AI에 main.dart 수정을 요청합니다.

main.dart 수정 요청

flutter @lib/main.dart 파일을 수정해줘.

1. `ProviderScope` 위젯으로 앱 전체를 감싸 줘.
2. `MyApp` 위젯을 `ConsumerWidget`으로 변경하고 `build` 메서드에서 `ref.watch(goRouterProvider)`를 통해 GoRouter 인스턴스를 가져와.
3. `MaterialApp` 대신 `MaterialApp.router`를 사용하고, `routerConfig` 속성에 위에서 가져온 GoRouter 인스턴스를 전달해줘.

생성된 main.dart 코드 예시

```dart
import 'package:flutter/material.dart';
import 'package:flutter_riverpod/flutter_riverpod.dart';
import 'package:firebase_core/firebase_core.dart';
import 'firebase_options.dart';
import 'router/router.dart'; // GoRouter Provider import

void main() async {
  WidgetsFlutterBinding.ensureInitialized();
  await Firebase.initializeApp(
    options: DefaultFirebaseOptions.currentPlatform,
  );
  // ProviderScope로 앱 전체를 감싸기
  runApp(const ProviderScope(child: MyApp()));
}

// ConsumerWidget으로 변경하여 ref 사용 가능하게 함
class MyApp extends ConsumerWidget {
  const MyApp({super.key});

  @override
  Widget build(BuildContext context, WidgetRef ref) {
    // GoRouter 인스턴스를 ref로부터 watch
    final router = ref.watch(goRouterProvider);

    // MaterialApp.router 사용
    return MaterialApp.router(
      title: 'Plant Community App', // 앱 제목 설정
      // theme: ..., // 앱 테마 설정(Notepads 참조 가능)
      routerConfig: router, // GoRouter 설정 적용
    );
  }
}
```

이제 앱을 재실행해보세요! 초기 로딩 후 자동으로 로그인 상태를 확인하고 적절한 화면(LoginScreen 또는 HomeScreen)으로 이동할 것입니다. 앱 내에서 로그아웃하거나 로그인하면 별도의 화면 이동 코드를 작성하지 않아도 GoRouter의 redirect 로직에 의해 자동으로 화면이 전환되는 것을 확인할 수 있습니다.

```dart
// GoRouter 인스턴스
static final _router = GoRouter(
  initialLocation: login, // 앱 시작 시 로그인 화면으로 이동
  debugLogDiagnostics: true,
  routes: [
    // 바텀 내비게이션 셸 라우트
    ShellRoute(
      builder: (context, state, child) {
        return BottomNavShell(child: child);
      },
      routes: [
        // 홈(게시물 목록)
        GoRoute(
          path: home,
          name: 'home',
          builder: (context, state) => const PostsScreen(),
        ),
        // 게시물 작성
        GoRoute(
          path: postCreate,
          name: 'postCreate',
          builder: (context, state) => const PostCreateScreen(),
        ),
        // 프로필
        GoRoute(
          path: profile,
          name: 'profile',
          builder: (context, state) => const ProfileScreen(),
        ),
      ],
    ),
    // 인증 화면 라우트
    GoRoute(
      path: login,
      name: 'login',
      builder: (context, state) => const LoginScreen(),
    ),
    GoRoute(
```

```dart
      path: signUp,
      name: 'signUp',
      builder: (context, state) => const SignUpScreen(),
    ),
    GoRoute(
      path: forgotPassword,
      name: 'forgotPassword',
      builder: (context, state) => const ForgotPasswordScreen(),
    ),
    // 게시물 관련 라우트
    GoRoute(
      path: postDetail,
      name: 'postDetail',
      builder: (context, state) {
        final postId = state.pathParameters['postId']!;
        return PostDetailScreen(postId: postId);
      },
    ),
  ],
  redirect: _handleRedirect,
  errorBuilder:
      (context, state) =>
          Scaffold(body: Center(child: Text('페이지를 찾을 수 없습니다: ${state.uri}'))),
);

// 인증 상태에 따른 리디렉션
static String? _handleRedirect(BuildContext context, GoRouterState state) {
  try {
    final provider = ProviderScope.containerOf(context);
    final authState = provider.read(authStateProvider);
    final isUserLoggedIn = authState.valueOrNull != null;

    // 디버깅 로그
    debugPrint('현재 라우트: ${state.matchedLocation}');
    debugPrint('인증 상태: ${isUserLoggedIn ? '로그인됨' : '로그인되지 않음'}');
    if (isUserLoggedIn) {
      debugPrint('로그인된 사용자: ${authState.valueOrNull?.email}');
```

```dart
      } else {
        debugPrint('사용자 로그인 상태 없음 (null)');
      }

      // 현재 경로
      final currentPath = state.matchedLocation;

      // 인증 화면 여부
      final isGoingToAuth =
          currentPath == login ||
          currentPath == signUp ||
          currentPath == forgotPassword;

      // 보호된 경로(로그인 필요)
      final protectedRoutes = [home, profile, postCreate];
      final isPostDetailRoute =
          currentPath.startsWith('/post/') && currentPath != postCreate;

      final needsAuth =
          protectedRoutes.contains(currentPath) || isPostDetailRoute;

      debugPrint('경로 분류: 인증 필요=$needsAuth, 인증 화면으로 이동=$isGoingToAuth');

      // 리디렉션 로직
      if (needsAuth && !isUserLoggedIn) {
        // 로그인이 필요한 페이지인데 로그인하지 않은 경우 -> 로그인 페이지로
        debugPrint('리디렉션: 보호된 경로($currentPath)에 접근 시도 -> 로그인 화면으로 이동');
        return login;
      } else if (isGoingToAuth && isUserLoggedIn) {
        // 이미 로그인되어 있는데 로그인/회원 가입 페이지로 가려는 경우 -> 홈으로
        debugPrint('리디렉션: 이미 로그인됨 -> 홈 화면으로 이동');
        return home;
      }

      // 그 외 경우는 요청한 경로로 진행
      debugPrint('리디렉션 없음: 요청한 경로($currentPath)로 진행');
```

```
      return null;
    } catch (e) {
      // 오류 발생 시 로깅
      debugPrint('라우터 리디렉션 오류: $e');
      return null;
    }
  }
}
```

이처럼 Riverpod와 GoRouter를 함께 사용하면 파이어베이스 인증 상태에 따른 앱의 내비게이션 흐름을 매우 깔끔하고 선언적으로 관리할 수 있습니다.

비밀번호 재설정 구현

사용자가 비밀번호를 잊어버렸을 때 스스로 비밀번호를 재설정할 수 있는 기능은 사용자 편의성과 앱의 접근성을 높이는 데 중요한 역할을 합니다. Firebase Authentication은 이메일을 통해 비밀번호 재설정 링크를 보내는 간편한 방법을 제공합니다. 이 기능에서 파이어베이스의 핵심 메서드는 다음과 같습니다.

- **핵심 메서드**: FirebaseAuth.instance.sendPasswordResetEmail()

이 메서드는 `email`을 인자로 받아 비동기적으로 작동하며, 해당 이메일 주소로 비밀번호 재설정 지침이 담긴 메일을 발송합니다. 성공 시 `void`를 반환하고, 실패 시 오류(FirebaseAuthException)를 발생시킵니다.

비밀번호 재설정 화면 UI 만들기

사용자가 자신의 이메일 주소를 입력할 TextField와 〈비밀번호 재설정 메일 보내기〉 버튼이 있는 화면(예: lib/screens/forgot_password_screen.dart)을 만듭니다. StatefulWidget 또는 Riverpod의 StateNotifierProvider 등을 사용하여 로딩 상태를 관리할 수 있습니다.

UI 생성 요청

> forgot_password_screen.dart 파일을 프로젝트 구조에 맞게 만들어 주고, 로그인 화면에 있는 <비밀번호 찾기> 버튼에 연결해줘. 이메일 입력 필드, <재설정 메일 발송> 버튼이 있는 기본적인 StatefulWidget 화면 코드를 생성해줘. 로딩 상태(_isLoading) 관리 로직과 TextEditingController도 포함하고, @Design System 스타일을 적용해줘.

앞서 버튼들을 구현할 때와 마찬가지로 디자인 시스템 적용을 요청해 일관된 디자인으로 UI 생성을 요청합니다. 이렇게 생성한 비밀번호 찾기 화면은 다음과 같습니다.

생성된 비밀번호 찾기 화면

비밀번호 재설정 로직 코드 작성하기

<재설정 메일 발송> 버튼의 **onPressed** 콜백 함수 내부에 로직을 작성합니다. 컨트롤러에서 이메일 주소를 가져오고, 비어 있거나 유효한 이메일 형식이 아닌지 간단히 확인합니다. 메일 발송 요청 중임을 나타내기 위해 **_isLoading** 상태 변수를 사용합니다.

```dart
/// 비밀번호 재설정 이메일 전송
Future<void> _sendPasswordResetEmail() async {
  // 폼 유효성 검사
  if (!_formKey.currentState!.validate()) return;

  setState(() {
    _isLoading = true;
  });

  debugPrint('==== 비밀번호 재설정 이메일 전송 시작 ====');
  debugPrint('이메일: ${_emailController.text.trim()}');

  try {
    final success = await ref
        .read(authNotifierProvider.notifier)
        .sendPasswordResetEmail(_emailController.text.trim());

    if (!mounted) return;

    setState(() {
      _isLoading = false;
      _isEmailSent = success;
    });

    if (success) {
      debugPrint('이메일 전송 성공');
      ScaffoldMessenger.of(context).showSnackBar(
        SnackBar(
          content: const Text('비밀번호 재설정 이메일이 전송되었습니다. 이메일을 확인해주세요.'),
          backgroundColor: Theme.of(context).colorScheme.primary,
        ),
      );
    } else {
      debugPrint('이메일 전송 실패');
      ScaffoldMessenger.of(context).showSnackBar(
        SnackBar(
          content: const Text('비밀번호 재설정 이메일 전송에 실패했습니다.
```

```
        이메일을 확인해주세요.'),
              backgroundColor: Theme.of(context).colorScheme.error,
            ),
          );
        }
      } catch (e) {
        debugPrint('비밀번호 재설정 이메일 전송 예외: $e');

        if (mounted) {
          setState(() {
            _isLoading = false;
          });

          ScaffoldMessenger.of(context).showSnackBar(
            SnackBar(
              content: Text('오류가 발생했습니다: $e'),
              backgroundColor: Theme.of(context).colorScheme.error,
            ),
          );
        }
      } finally {
        debugPrint('==== 비밀번호 재설정 이메일 전송 종료 ====');
      }
    }
```

try-catch 블록 안에서 **await FirebaseAuth.instance.sendPasswordResetEmail(email: email)**을 호출합니다.

- **성공 시**: 사용자에게 "비밀번호 재설정 메일이 발송되었습니다. 이메일을 확인해주세요."와 같은 성공 메시지를 SnackBar 등으로 보여 줍니다. 성공 후에는 **GoRouter.of(context).pop()** 또는 **GoRouter. of(context).go('/login')** 등을 사용하여 화면을 이동시킬 수 있습니다.

- **실패 시(catch 블록)**: 이메일 주소가 파이어베이스에 등록되어 있지 않거나(user-not-found), 잘못된 형식일 경우(invalid-email) 등 오류가 발생할 수 있습니다. FirebaseAuthException을 catch하여 사용자에게 적절한 오류 메시지를 보여 줍니다.

커서 AI에게 비밀번호 재설정 로직 구현을 요청해 봅시다.

비밀번호 재설정 로직 구현 요청

forgot_password_screen.dart 파일의 <재설정 메일 발송> 버튼 onPressed 콜백 함수 내부에 다음 로직을 구현해줘.

1. `_emailController`에서 텍스트(이메일)를 가져와. 비어 있거나 유효한 이메일 형식이 아니면(@ 사용 여부 정도 확인) "유효한 이메일을 입력해주세요."라는 SnackBar를 보여 주고 종료해.
2. 로딩 상태 변수(`_isLoading`)를 true로 설정하고 `setState`를 호출해줘.
3. `try` 블록 안에서 `await FirebaseAuth.instance.sendPasswordResetEmail(email: email)`를 호출해줘.
4. 성공하면(try 블록 끝), "비밀번호 재설정 메일이 발송되었습니다. 이메일을 확인해주세요."라는 SnackBar를 보여 주고, `context.pop()`를 호출해서 이전 화면으로 돌아가게 해줘.
5. `catch(e)` 블록에서 `FirebaseAuthException`을 처리해줘.
   - `e.code`가 'user-not-found'이면 "등록되지 않은 이메일입니다."라는 SnackBar를 보여 줘.
   - 그 외 다른 에러는 "메일 발송 실패: ${e.message}"라는 SnackBar를 보여 줘.
6. `finally` 블록에서 `_isLoading`를 false로 설정하고 `setState`를 호출해서 로딩 상태를 해제해줘.

생성된 코드를 적용하고 앱을 실행하여 비밀번호 재설정 화면으로 이동한 뒤 등록된 이메일 주소를 입력하고 버튼을 눌러 보세요. 성공 또는 실패 메시지가 제대로 표시되는지 확인하고, 실제로 메일이 오는지도 확인해보세요(파이어베이스에서 보내는 메일 템플릿은 파이어베이스 콘솔에서 〈Authentication → 템플릿〉 탭에서 수정할 수 있습니다.).

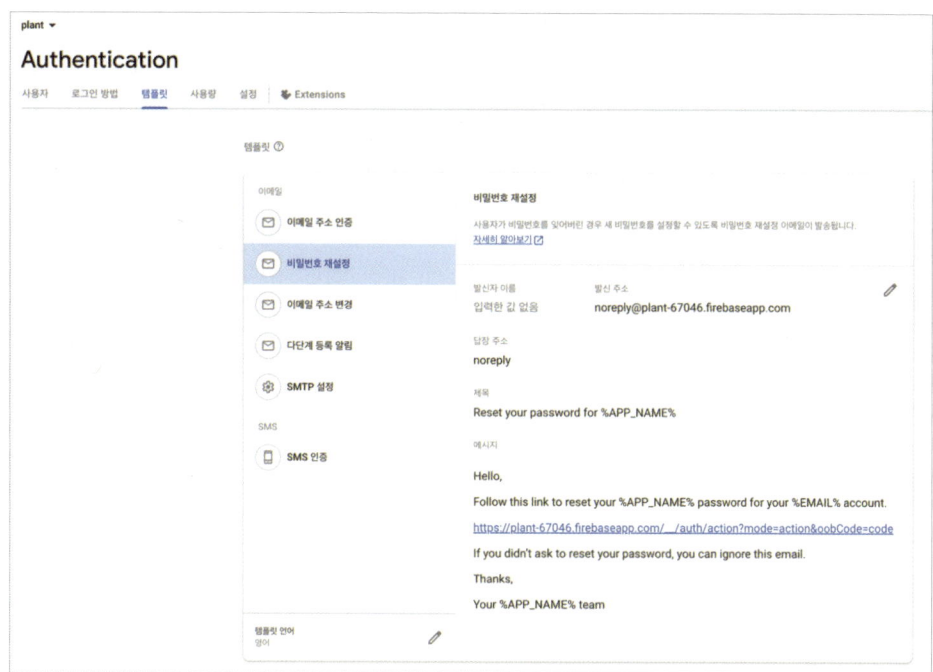

비밀번호 재설정 템플릿을 수정할 수 있는 화면

이로써 GoRouter와 Riverpod 환경에서 Firebase Authentication을 사용한 핵심 기능들 구현을 마쳤습니다. 이어서 앱의 핵심 데이터인 게시물과 댓글을 관리하기 위해 Firestore를 활용하는 방법을 알아보겠습니다.

6.3 Firestore로 데이터 관리하기

자, 사용자 인증이라는 든든한 성문을 앱에 세웠으니 이제 성 안의 보물 창고, 즉 앱의 핵심 데이터를 관리할 차례입니다! 사용자들이 만들어 낼 소중한 게시글, 댓글, 그리고 사용자 정보들을 안전하고 효율적으로 보관하고 꺼내 쓸 수 있어야 진짜 커뮤니티 앱이라고 할 수 있겠죠. 이 중요한 역할을 해줄 우리의 든든한 지원군이 바로 **Firebase Cloud Firestore**(이하 Firestore)입니다.

Firestore는 구글에서 제공하는 강력하고 유연한 **NoSQL 클라우드 데이터베이스**입니다. 복잡한 서버 구축이나 데이터베이스 관리 지식 없이도, 우리 앱에서 생성되는 데이터를 손쉽게 저장하고, 실시간으로 동기화하며 필요에 따라 확장할 수 있게 해줍니다. 마치 잘 정리된 디지털 서랍장처럼 데이터를 체계적으로 보관하고 언제든 빠르게 찾아 쓸 수 있게 도와주죠.

> **용어 사전**
>
> **RDB**$^{Relational\ Database}$: 행과 열로 구성된 테이블 형태의 데이터베이스로, 테이블 간 관계를 기반으로 데이터를 정리하고 조회할 수 있습니다.
>
> **NoSQL**: 관계형이 아닌 구조(문서, 키-값, 그래프 등)로 데이터를 저장하는 방식으로, 유연한 스키마와 확장성이 장점입니다.

특히 Firestore의 실시간 동기화 기능은 커뮤니티 앱에 날개를 달아 줍니다. 누군가 새로운 게시글을 작성하거나 댓글을 달면, 다른 사용자들이 앱을 새로고침하지 않아도 거의 즉시 그 내용을 볼 수 있게 됩니다. 마치 살아 숨쉬는 게시판처럼 역동적인 사용자 경험을 제공할 수 있죠.

이번에는 커서 AI와 함께 Firestore를 활용하여 우리 '반려 식물 커뮤니티 앱'의 데이터를 어떻게 구조화하고, 게시물과 댓글 같은 핵심 데이터를 실제로 생성(Create), 조회(Read), 수정(Update), 삭제(Delete), 즉 **CRUD** 기능을 구현하는 방법을 자세히 살펴보겠습니다.

이번 절에는 여러분이 직접 해결해야 할 5개의 미션이 있습니다. 생성(Create), 조회(Read)의 전체 과정을 함께 살펴본 뒤 게시물과 댓글 수정(Update), 삭제(Delete)는 힌트만을 보고 직접 구현해볼 예정입니다. 방식은 같으니 너무 걱정하지 마세요! 커서 AI와 자연스럽게 바이브 코딩을 하고 있는 자신의 모습을 볼 수 있을 겁니다. 자, 이제 AI 어시스턴트와 함께 데이터의 세계로 뛰어들어 봅시다!

Firestore 설정하기

먼저 파이어베이스 콘솔에서 Firestore 데이터베이스를 생성해야 합니다. 파이어베이스 콘솔로 이동하여 생성해 둔 여러분의 프로젝트를 선택합니다.

- **파이어베이스 콘솔**: https://console.firebase.google.com

파이어베이스 프로젝트 선택

왼쪽 탐색 메뉴에서 〈빌드 → Firestore Database〉를 클릭합니다. 처음 Firestore 섹션에 들어왔다면 〈데이터베이스 만들기〉 버튼이 보일 것입니다. 이 버튼을 클릭합니다.

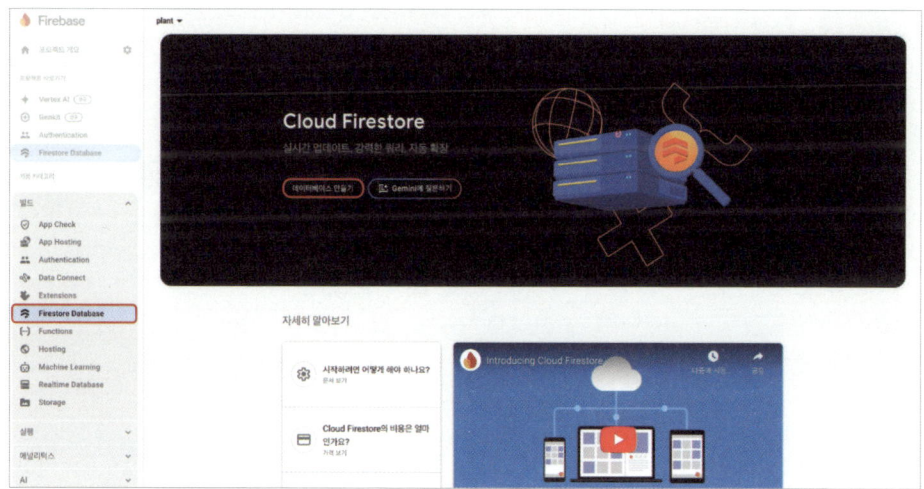

〈빌드 → Firestore Database〉 선택

〈데이터베이스 만들기〉를 클릭하면 데이터베이스를 **프로덕션 모드**에서 시작할지 또는 **테스트 모드**에서 시작할지 선택하는 창이 나타납니다.

- 프로덕션 모드^{Start in production mode}: 기본적으로 모든 읽기/쓰기 접근을 거부합니다. 개발자가 명시적으로 보안 규칙을 설정해야 데이터를 읽고 쓸 수 있습니다. 보안상 더 안전한 시작 방법입니다.

- 테스트 모드Start in test mode: 제한된 기간(보통 30일) 동안 모든 읽기/쓰기를 허용합니다. 초기 개발 및 테스트 단계에서는 편리하지만, 프로덕션 앱에서는 절대 사용해서는 안 됩니다.

2가지 모드 중 시작할 때는 프로덕션 모드를 권장합니다. 초기 개발 중에는 임시로 모든 접근을 허용하는 규칙을 설정할 수 있습니다('Chapter 6.3 커뮤니티 게시글 및 댓글 관리 기능 구현' 참고).

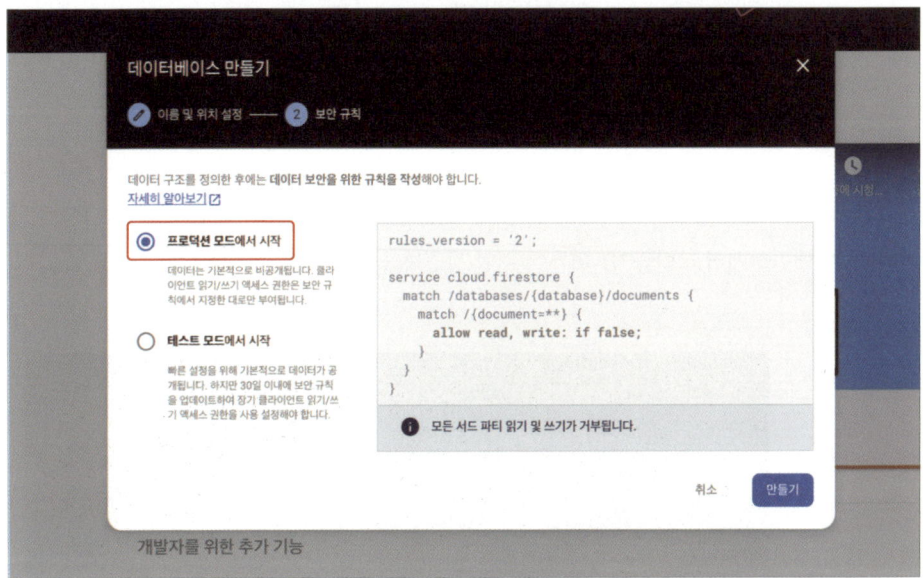

프로덕션 모드 선택

〈프로덕션 모드에서 시작〉을 선택하고 오른쪽의 규칙을 다음과 같이 수정해주세요.

데이터 보안을 위한 규칙 수정

```
rules_version = '2';
service cloud.firestore {
  match /databases/{database}/documents {
    match /users/{userId} {
      allow read, write: if request.auth != null && request.auth.uid == userId;
    }
    // 다른 컬렉션에 대한 규칙 추가
  }
}
```

수정 적용하고 〈만들기〉 버튼을 누르면 적용됩니다. 실제 서버에 적용되는 시간은 약 1분 정도 걸립니다.

수정된 규칙이 적용된 화면

이제 데이터베이스의 지역^{Region}을 선택합니다. 사용자들과 지리적으로 가까운 위치를 선택하면 데이터 접근 속도를 향상시킬 수 있습니다. 한국 사용자가 주 타깃이라면 〈asia-northeast3(서울)〉을 선택하는 것이 좋습니다. 위치는 한 번 선택하면 변경할 수 없으므로 신중하게 선택하세요. 위치를 선택한 후 〈다음〉 버튼을 클릭합니다.

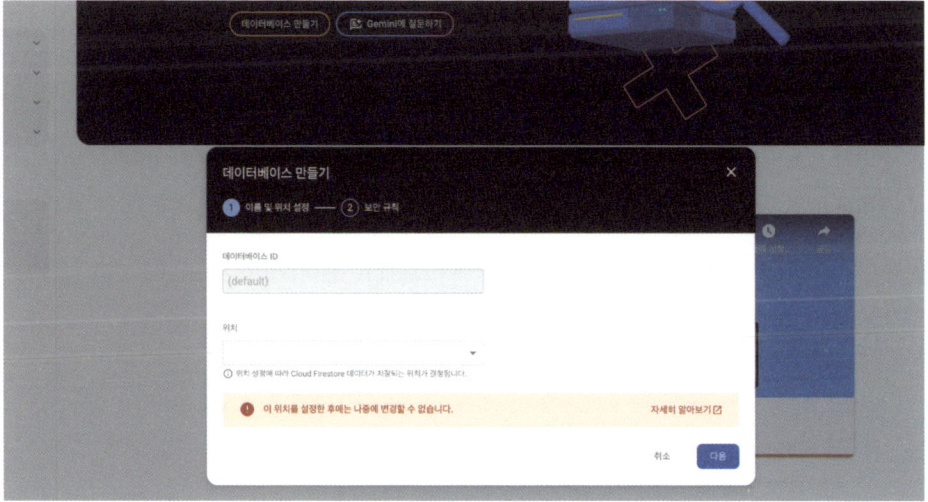

데이터베이스 지역 선택

잠시 기다리면 Firestore 데이터베이스 생성이 완료되고, 데이터를 관리할 수 있는 콘솔 화면이 나타납니다. 이렇게 Firestore 데이터베이스가 생성되었습니다!

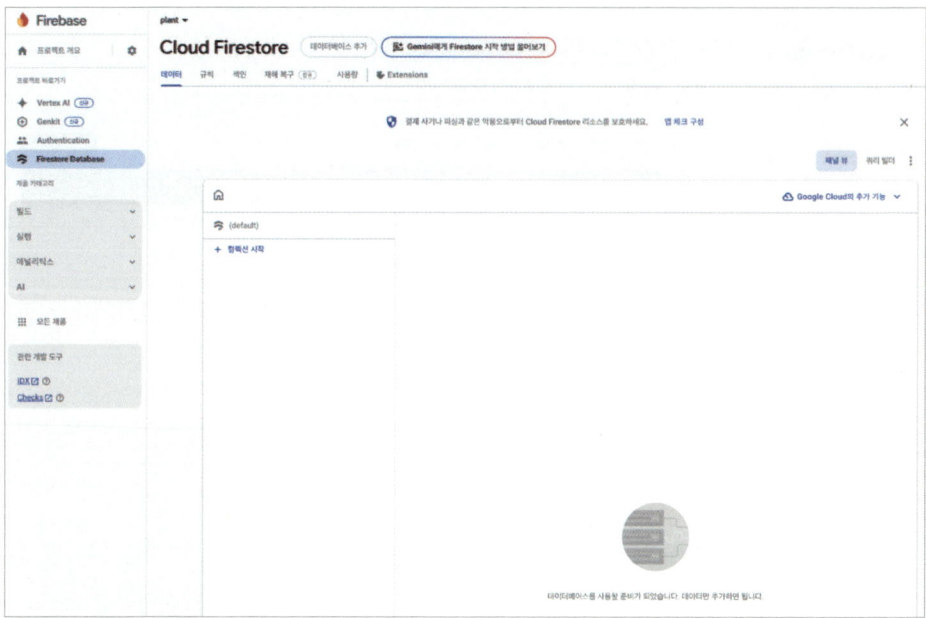

Firestore 데이터베이스 생성 완료된 모습

사용자 데이터 구조 설계

본격적으로 데이터를 저장하기 전에 가장 먼저 해야 할 일은 **데이터 구조를 설계**하는 것입니다. 마치 건물을 짓기 전에 설계도를 그리듯 데이터를 어떤 형태로 저장하고 서로 어떻게 연결할지 미리 계획하는 것은 매우 중요합니다. 잘 설계된 데이터 구조는 나중에 데이터를 효율적으로 가져오고 관리하는 데 큰 도움이 되며, 앱의 성능과 확장성에도 직접적인 영향을 미칩니다.

Firestore는 관계형 데이터베이스(SQL)와는 다른 NoSQL 데이터베이스입니다. 테이블과 행 대신 **컬렉션**^{Collection}과 **문서**^{Document}라는 개념을 사용합니다.

- 컬렉션: 문서를 담는 폴더 또는 카테고리라고 생각할 수 있습니다. 예를 들어, 사용자 정보를 담는 users, 게시글 정보를 담는 posts 컬렉션이 있을 수 있습니다.
- 문서: 실제 데이터가 저장되는 단위입니다. 각 문서는 고유한 ID를 가지며, 내부에 여러 개의 필드^{Field}와 값^{Value}을 키-값 쌍 형태로 저장합니다. 마치 하나의 파일이나 기록 카드와 같습니다.

우리 커뮤니티 앱에서는 크게 세 가지 종류의 데이터를 관리해야 합니다.

- **사용자 데이터(Users)**: 회원 가입 시 생성된 사용자 정보(닉네임, 프로필 사진 등)
- **게시글 데이터(Posts)**: 사용자가 작성한 게시글(제목, 내용, 작성자 정보, 작성 시간 등)
- **댓글 데이터(Comments)**: 게시글에 달린 댓글(내용, 작성자 정보, 작성 시간 등)

이제 각 데이터를 Firestore에서 어떻게 구조화할지 구체적으로 설계하고, 커서 AI의 도움을 받아 데이터 모델 클래스까지 만들어 보겠습니다.

사용자 데이터 구조: users 컬렉션

users 컬렉션은 앱의 사용자 정보를 체계적으로 저장하고 관리하기 위한 데이터 구조로, 회원 가입 시 자동으로 생성되도록 설계합니다. 각 사용자는 컬렉션 아래의 고유한 문서(Document)로 구분될 예정입니다. 문서 ID는 일반적으로 Firebase Authentication의 UID(사용자 고유 ID)와 동일하게 설정되어, 인증 정보와 데이터 간의 일관성을 유지하게 되죠. 각 문서 안에는 닉네임, 프로필 사진 URL, 가입일시, 사용자 상태 등의 필드가 포함되며, 필요한 경우 추가 필드를 유연하게 확장할 수 있습니다. 이러한 구조는 사용자 중심 기능을 안정적으로 구현하는 데 기반이 됩니다.

- **컬렉션 이름**: users
- **문서 ID**: 각 사용자의 고유 ID(Firebase Authentication에서 제공하는 UID)를 사용합니다. 이렇게 하면 특정 사용자의 데이터를 쉽게 찾을 수 있습니다.
- **문서 필드**:
    - **uid(String)**: 사용자 고유 ID(문서 ID와 동일)
    - **email(String)**: 사용자 이메일 주소(Authentication 정보)
    - **displayName(String)**: 사용자가 설정할 닉네임(null 가능)
    - **photoURL(String)**: 프로필 사진 URL(null 가능)
    - **createdAt(Timestamp)**: 계정 생성 시간(Firestore 서버 시간 사용)

이제 커서 AI에게 이 구조를 바탕으로 다트 클래스를 만들어달라고 요청해 봅시다. 프로젝트의 lib/models 폴더(없다면 생성)에 user_model.dart 파일을 만들 차례입니다.

파일 생성 요청

flutter lib/models 폴더에 user_model.dart 파일을 생성하고, Firestore의 users 컬렉션 구조에 맞는 UserModel 클래스를 정의해줘. 다음 필드를 포함해야 해.

- uid(String, final)
- email(String, final)
- displayName(String?) // Nullable
- photoURL(String?) // Nullable
- createdAt(Timestamp, final)

Firestore 데이터를 다트 객체로 변환하기 위해 freezed, json_serialized 패키지를 사용해서 모델을 구현해줘.

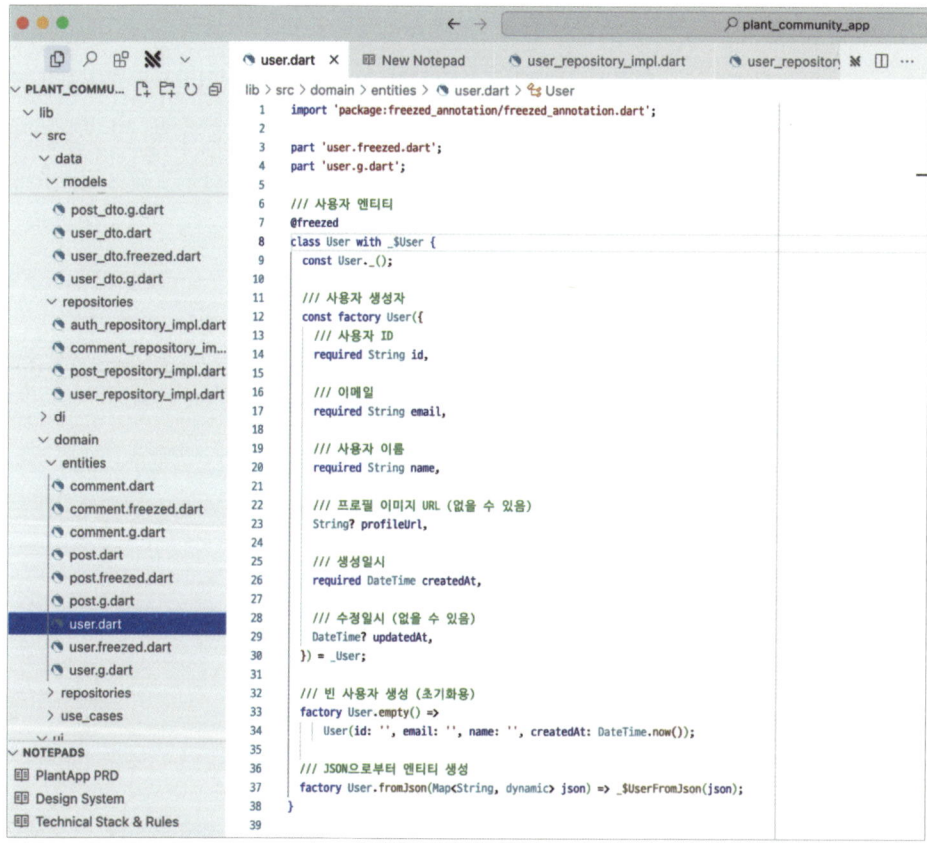

생성된 UserModel 클래스

게시글 데이터 구조: posts 컬렉션

posts 컬렉션은 사용자들이 작성한 게시글 데이터를 저장하고 관리하기 위한 핵심 구조로, 커뮤니티 기능의 중심 역할을 수행합니다. 각 게시글은 컬렉션 아래의 개별 문서(Document)로 구분되며, 문서 ID는 Firestore의 자동 생성 ID를 사용하여 고유하게 식별합니다. 문서에는 게시글의 제목, 본문 내용, 작성자 ID(작성자의 UID), 작성일시, 이미지 URL 목록, 공개 여부 등의 필드가 포함되며, 필요에 따라 댓글 수나 좋아요 수와 같은 메타데이터도 추가할 수 있습니다. 이와 같은 데이터 구조는 사용자 간 상호 작용을 원활하게 처리하고, 다양한 정렬 및 필터링 조건에 따라 게시글을 효율적으로 조회하는 데 적합합니다. 예전에는 게시판 기능을 구현하기 위해 웹서핑을 하거나 구현해보고 수정하는 등 여러 경우의 수를 고려해야 했기 때문에 난이도가 높은 작업이었지만 이제는 AI가 일반적인 구조를 먼저 제안해주기 때문에 쉽게 구현할 수 있습니다.

- **컬렉션 이름**: posts
- **문서 ID**: Firestore에서 자동으로 생성해주는 고유 ID를 사용합니다.
- **문서 필드**:
    - postId(String): 게시글 고유 ID(Firestore 문서 ID와 동일하게 저장하면 편리)
    - authorUid(String): 게시글 작성자의 UID(이 필드를 이용해 users 컬렉션에서 작성자 정보를 가져올 수 있음)
    - title(String): 게시글 제목
    - content(String): 게시글 내용
    - imageURLs(List〈String〉): 첨부된 이미지 URL 목록(null 또는 빈 리스트 가능)
    - createdAt(Timestamp): 게시글 작성 시간
    - updatedAt(Timestamp): 게시글 마지막 수정 시간(null 가능)
    - likeCount(int): '좋아요' 수(기본값 0)
    - commentCount(int): 댓글 수(기본값 0)

커서 AI에게 PostModel 클래스 생성을 요청해 봅시다.

클래스 생성 요청

flutter lib/models 폴더에 post_model.dart 파일을 생성하고, Firestore의 posts 컬렉션 구조에 맞는 PostModel 클래스를 정의해줘. 다음 필드를 포함해야 해.

- postId(String, final)
- authorUid(String, final)
- title(String)
- content(String)
- imageURLs(List<String>?) // Nullable
- createdAt(Timestamp, final)
- updatedAt(Timestamp?) // Nullable
- likeCount(int, 기본값 0)
- commentCount(int, 기본값 0)

freezed, json_serialized 패키지를 사용해서 모델을 구현해줘.

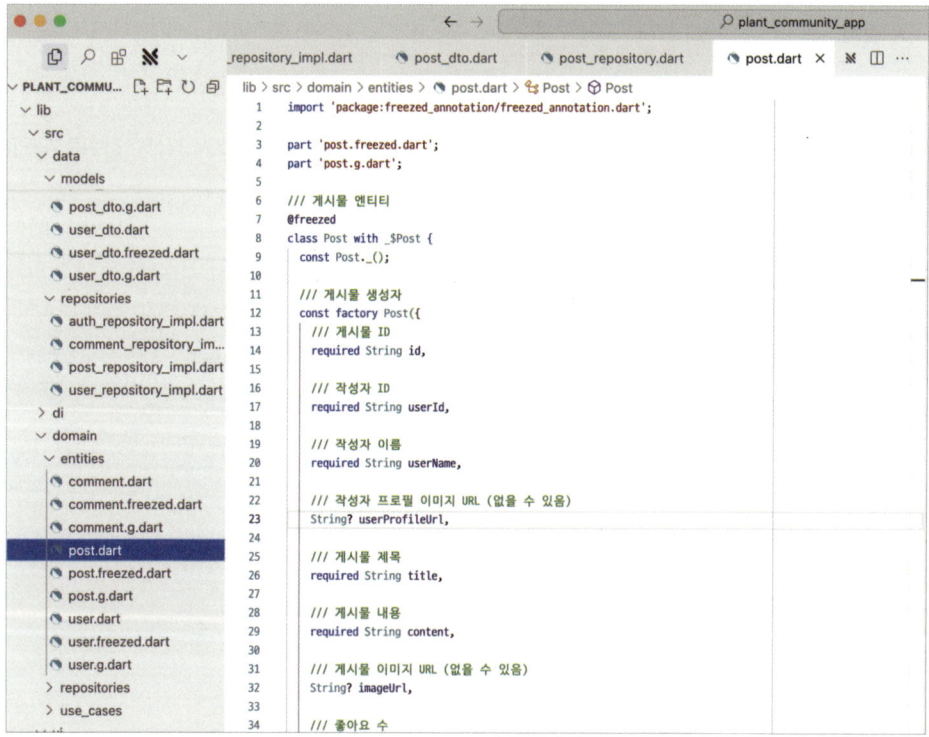

```
   v NOTEPADS                  35      @Default(0) int likeCount,
     PlantApp PRD              36
                               37      /// 댓글 수
     Design System             38      @Default(0) int commentCount,
     Technical Stack & Rules   39
     Coding Style & Conventions 40     /// 생성일시
     Environment & Secrets Man... 41   required DateTime createdAt,
     New Notepad               42
   > OUTLINE                   43      /// 수정일시 (없을 수 있음)
   > TIMELINE                  44      DateTime? updatedAt,
                               45      }) = _Post;
   > DEPENDENCIES              46
```

생성된 PostModel 클래스

댓글 데이터 구조: comments 서브컬렉션

댓글은 특정 게시글에 종속되는 데이터입니다. 이런 경우 해당 게시글 문서(Document) 안에 **서브컬렉션**Subcollection 형태로 댓글 데이터를 저장하는 것이 효율적입니다. 즉, posts 컬렉션의 각 게시글 문서 아래에 comments라는 서브컬렉션을 두는 방식입니다.

- **서브컬렉션 경로**: posts/{postId}/comments
- **문서 ID**: Firestore에서 자동으로 생성해주는 고유 ID를 사용합니다.
- **문서 필드**:
    - commentId(String): 댓글 고유 ID(문서 ID와 동일하게 저장)
    - postId(String): 댓글이 달린 게시글의 ID(상위 문서 ID)
    - authorUid(String): 댓글 작성자의 UID
    - content(String): 댓글 내용
    - createdAt(Timestamp): 댓글 작성 시간
    - updatedAt(Timestamp): 댓글 마지막 수정 시간(null 가능)

마찬가지로 커서 AI에게 CommentModel 클래스 생성을 요청합니다.

클래스 생성 요청

> flutter lib/models 폴더에 comment_model.dart 파일을 생성하고, Firestore의 posts/{postId}/comments 서브컬렉션 구조에 맞는 CommentModel 클래스를 정의해줘. 다음 필드를 포함해야 해.

- commentId(String, final)
- postId(String, final)
- authorUid(String, final)
- content(String)
- createdAt(Timestamp, final)
- updatedAt(Timestamp?) // Nullable

freezed, json_serialized 패키지를 사용해서 모델을 구현해줘.

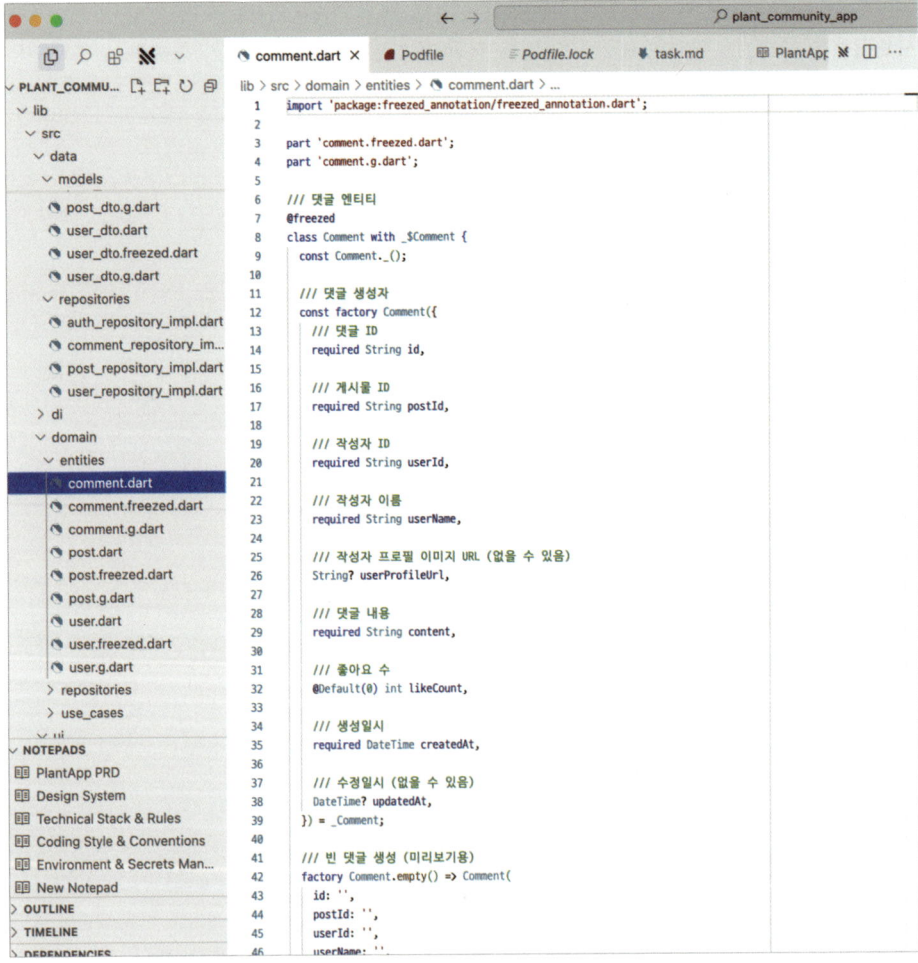

생성된 CommentModel 클래스

이제 데이터 모델 클래스까지 준비되었으니 이어서 이 모델들을 활용하여 실제로 Firestore에 데이터를 읽고 쓰는 기능을 구현해보겠습니다.

커뮤니티 게시물 및 댓글 관리 기능 구현

데이터 구조 설계와 모델 클래스 생성이 완료되었으니 이제 커뮤니티 앱의 핵심 기능인 게시물과 댓글 관리 기능을 구현할 차례입니다. 사용자가 게시글을 보고, 작성하고, 수정하고, 삭제하며, 댓글을 통해 소통하는 모든 과정에 Firestore를 연동해보겠습니다. 커서 AI를 적극 활용하여 코딩 속도를 높여 봅시다.

게시물 목록 보기(Read)

앱의 첫 화면이나 게시판 화면에서 Firestore에 저장된 게시글 목록을 가져와 사용자에게 보여 줘야 합니다. 최신 글이 맨 위에 오도록 정렬하고, 데이터가 변경되면 실시간으로 화면에 반영되도록 구현하는 것이 중요합니다.

먼저 posts 컬렉션의 모든 문서를 **createdAt** 필드를 기준으로 내림차순(최신순)으로 정렬하여 가져옵니다. 실시간 업데이트를 위해 **.snapshots()** 메서드를 사용합니다.

```
StreamBuilder<QuerySnapshot>(
    stream:
        FirebaseFirestore.instance
            .collection('posts')
            .orderBy('createdAt', descending: true)
            .limit(20) // 한 번에 최대 20개 문서만 조회
            .snapshots(),
    builder: (context, snapshot) {
      // 로딩 상태
      if (snapshot.connectionState == ConnectionState.waiting) {
        return Center(
          child: Column(
            mainAxisAlignment: MainAxisAlignment.center,
            children: [
              CircularProgressIndicator(color: theme.colorScheme.primary),
              const SizedBox(height: 16),
```

```
            Text('게시물을 불러오는 중...', style: theme.textTheme.bodyMedium),
          ],
        ),
      );
    }
```

그런 다음 StreamBuilder 위젯을 사용하여 Firestore 데이터 스트림을 구독합니다. StreamBuilder는 데이터 로딩 상태, 에러 발생 여부 등을 감지하여 상황에 맞는 UI를 보여 줍니다. 데이터가 성공적으로 로드되면 ListView.builder를 사용하여 각 게시글을 PostCard 위젯(Chapter 4에서 만들었던 또는 새로 만들 위젯) 형태로 표시합니다.

이제 Chapter 4에서 만들었던 게시물 목록 화면(예: lib/screens/home_screen.dart 또는 post_list_screen.dart 자신의 프로젝트 파일 이름에 맞게 수정)에 Firestore 연동 코드를 추가해 봅시다. 방법은 간단합니다. 커서 AI에게 요청하세요.

연동 코드 추가 요청

flutter @lib/screens/home_screen.dart 파일의 body 부분을 수정해서 Firestore의 'posts' 컬렉션 데이터를 실시간으로 보여 주는 기능을 구현해줘.

1. 기존 더미 데이터 로직은 제거하고, `StreamBuilder` 위젯을 사용해줘.
2. `StreamBuilder`의 stream에는 `FirebaseFirestore.instance.collection('posts').orderBy('createdAt', descending: true).snapshots()`를 연결해줘.
3. builder 함수 내에서는 `snapshot.connectionState`를 확인해서 로딩 중일 때는 `CircularProgressIndicator`를, 에러가 발생할 때는 에러 메시지를 표시해줘.
4. `snapshot.hasData`가 true이고 데이터가 비어 있지 않으면, `ListView.builder`를 사용해서 게시물 목록을 표시해줘.
5. 각 리스트 아이템은 `snapshot.data!.docs`의 데이터를 사용하고, `PostModel.fromJson()`을 이용해 PostModel 객체로 변환한 뒤, 이 데이터를 `PostCard` 위젯(@lib/widgets/post_card.dart - 만약 있다면)에 전달하여 표시해줘(PostCard 위젯이 없다면 간단한 ListTile로 먼저 표시해도 좋아).
6. `@Design System` (Notepads 참조)의 스타일을 적절히 활용해줘.

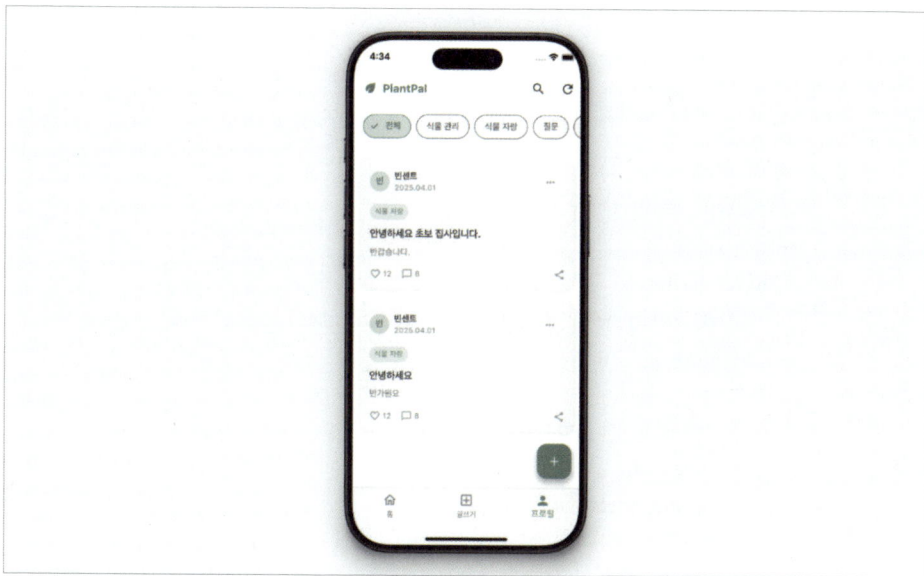

생성된 게시물 목록 화면

```
// 게시물 목록 위젯 생성
Widget _buildPostsList(ThemeData theme) {
  return StreamBuilder<QuerySnapshot>(
    stream:
        FirebaseFirestore.instance
            .collection('posts')
            .orderBy('createdAt', descending: true)
            .limit(20) // 한 번에 최대 20개 문서만 조회
            .snapshots(),
    builder: (context, snapshot) {
      // 로딩 상태
      if (snapshot.connectionState == ConnectionState.waiting) {
        return Center(
          child: Column(
            mainAxisAlignment: MainAxisAlignment.center,
            children: [
              CircularProgressIndicator(color: theme.colorScheme.primary),
              const SizedBox(height: 16),
              Text('게시물을 불러오는 중...', style: theme.textTheme.bodyMedium),
            ],
```

```
      ),
    );
}

  // 에러 상태
  if (snapshot.hasError) {
    return Center(
      child: Column(
        mainAxisAlignment: MainAxisAlignment.center,
        children: [
          Icon(
            Icons.error_outline,
            size: 48,
            color: theme.colorScheme.error,
          ),
          const SizedBox(height: 16),
          Text(
            '게시물을 불러오지 못했습니다: ${snapshot.error}',
            style: theme.textTheme.titleMedium,
          ),
          const SizedBox(height: 16),
          ElevatedButton.icon(
            onPressed: () {
              // 새로 고침 시도
              setState(() {});
            },
            icon: const Icon(Icons.refresh),
            label: const Text('다시 시도'),
          ),
        ],
      ),
    );
  }

  // 데이터가 없는 상태
  if (!snapshot.hasData || snapshot.data!.docs.isEmpty) {
    return Center(
      child: Column(
```

```
          mainAxisAlignment: MainAxisAlignment.center,
          children: [
            Icon(
              Icons.forum_outlined,
              size: 64,
              color: theme.colorScheme.onSurface.withOpacity(0.4),
            ),
            const SizedBox(height: 16),
            Text(
              '게시물이 없습니다.',
              style: theme.textTheme.titleMedium?.copyWith(
                color: theme.colorScheme.onSurface,
              ),
            ),
            const SizedBox(height: 8),
            Text(
              '첫 번째 게시물을 작성해 보세요!',
              style: theme.textTheme.bodyMedium?.copyWith(
                color: theme.colorScheme.onSurface.withOpacity(0.7),
              ),
            ),
          ],
        ),
      );
    }

    // 게시물 목록
    return ListView.builder(
      controller: _scrollController,
      physics: const AlwaysScrollableScrollPhysics(),
      padding: const EdgeInsets.symmetric(horizontal: 12, vertical: 8),
      itemCount: snapshot.data!.docs.length,
      itemBuilder: (context, index) {
        final doc = snapshot.data!.docs[index];
        final postDTO = PostDTO.fromFirestore(doc);
        final post = postDTO.toDomain();

        return PostCard(
```

```
          title: post.title,
          contentSnippet: post.content,
          author: post.userName,
          date: _formatDate(post.createdAt),
          onTap: () {
            context.pushNamed(
              'postDetail',
              pathParameters: {'postId': post.id},
            );
          },
        );
      },
    );
  },
  );
}
```

게시물 작성(Create)

사용자가 새 글을 작성하고 저장하는 기능을 구현합니다. 〈글쓰기〉 버튼을 눌러 게시물 작성 화면(예: lib/screens/post_write_screen.dart)에서 사용자가 입력한 제목과 내용을 Firestore posts 컬렉션에 새로운 문서로 추가해야 합니다.

FirebaseFirestore.instance.collection('posts').add(postDataMap) 메서드를 사용합니다. **add()** 메서드는 Firestore가 자동으로 고유한 문서 ID를 생성해주며, 우리가 전달한 Map 형태의 데이터를 문서 필드로 저장합니다. 이때, **authorUid**에는 현재 로그인한 사용자의 UID를, **createdAt**에는 **FieldValue.serverTimestamp()**를 사용하여 서버 시간을 기록하는 것이 중요합니다.

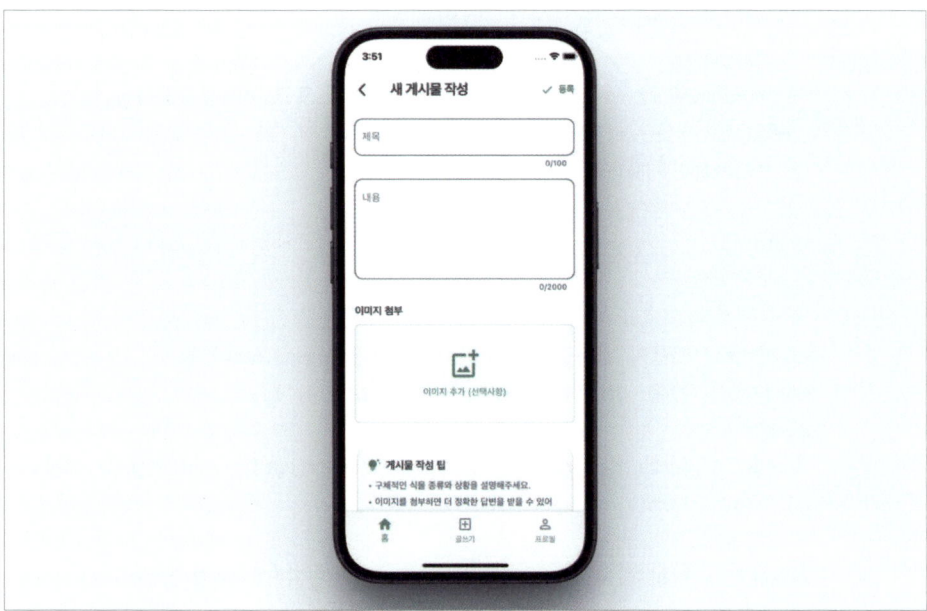

생성된 게시물 작성 화면

게시물 작성 화면의 〈저장〉 또는 〈완료〉 버튼의 **onPressed** 콜백 함수 내부에 Firestore 쓰기 로직을 구현합니다. 데이터 저장 시 로딩 인디케이터를 보여 주고, 저장이 성공하면 사용자에게 알림(예: SnackBar)을 표시한 후 이전 화면(게시물 목록)으로 돌아가도록 구현합니다. 에러가 발생할 때도 사용자에게 알려 줘야 합니다.

```
// 게시물 작성
Future<void> _savePost() async {
  if (_formKey.currentState?.validate() ?? false) {
    setState(() {
      _isSaving = true;
    });

    try {
      final user = ref.read(authStateProvider).valueOrNull;

      debugPrint('==== 게시물 작성 시도 ====');
      if (user == null) {
        debugPrint('오류: 사용자 정보가 없음');
```

```dart
        ScaffoldMessenger.of(
          context,
        ).showSnackBar(const SnackBar(content: Text('로그인이 필요합니다.')));
        setState(() {
          _isSaving = false;
        });
        return;
      }

      debugPrint('사용자 정보: ID=${user.id}, 이름=${user.name}');
      debugPrint('제목: ${_titleController.text.trim()}');
      debugPrint(
        '내용: ${_contentController.text.trim().substring(0, _contentController.text.trim().length.clamp(0, 50))}...',
      );
      debugPrint('이미지: ${_pickedImage != null ? "있음" : "없음"}');

      final created = await ref
          .read(postCreateProvider.notifier)
          .createPost(
            userId: user.id,
            userName: user.name,
            userProfileUrl: user.profileUrl,
            title: _titleController.text.trim(),
            content: _contentController.text.trim(),
            imageFile: _pickedImage != null ? File(_pickedImage!.path) : null,
          );

      debugPrint('게시물 작성 결과: $created');

      if (created) {
        if (mounted) {
          // 홈 화면으로 이동 (고유한 바텀 내비게이션 인덱스를 지정)
          ref.read(bottomNavIndexProvider.notifier).state = 0;
          context.go('/');

          // 성공 메시지 표시
          ScaffoldMessenger.of(context).showSnackBar(
```

```
              const SnackBar(
                content: Text('게시물이 성공적으로 등록되었습니다.'),
                duration: Duration(seconds: 2),
              ),
            );
          }
        } else {
          if (mounted) {
            // 실패 메시지 표시
            ScaffoldMessenger.of(context).showSnackBar(
              const SnackBar(
                content: Text('게시물 등록에 실패했습니다. 다시 시도해주세요.'),
                backgroundColor: Colors.red,
              ),
            );
          }
        }
      } catch (e) {
        debugPrint('==== 게시물 작성 오류 ====');
        debugPrint('오류 타입: ${e.runtimeType}');
        debugPrint('오류 메시지: $e');

        ScaffoldMessenger.of(context).showSnackBar(
          SnackBar(
            content: Text('게시물 작성 중 오류가 발생했습니다: $e'),
            backgroundColor: Colors.red,
          ),
        );
      } finally {
        if (mounted) {
          setState(() {
            _isSaving = false;
          });
        }
        debugPrint('==== 게시물 작성 종료 ====');
      }
    }
  }
}
```

커서 AI에게 게시물 작성 로직 추가를 요청해 봅시다.

게시물 작성 로직 추가 요청

> flutter @lib/screens/post_write_screen.dart 파일의 <작성 완료> 버튼 onPressed 로직을 구현해줘.
>
> 1. 제목과 내용 TextField의 컨트롤러(_titleController, _contentController)에서 텍스트를 가져와(내용이 비어 있는지 등 유효성 검사 추가하면 더 좋아).
> 2. 현재 로그인한 사용자의 UID를 `FirebaseAuth.instance.currentUser!.uid`로 가져와(null 체크 필요).
> 3. `PostModel` 객체를 생성하고(`postId`는 임의값 또는 비워 두고, `createdAt`은 `Timestamp.now()` 임시 사용), `toJson()` 메서드를 이용해 Firestore에 저장할 Map 데이터를 만들어줘. `createdAt` 필드는 실제 저장 시에는 `FieldValue.serverTimestamp()`로 덮어쓰도록 할 거야. authorUid도 Map에 포함시켜줘.
> 4. 로딩 상태를 표시하는 로직을 추가해줘(예: 버튼 비활성화 및 인디케이터 표시).
> 5. `FirebaseFirestore.instance.collection('posts').add(postDataMap)`를 호출하여 데이터를 Firestore에 저장해줘. 저장 시 `createdAt` 필드는 `FieldValue.serverTimestamp()` 값으로 설정하는 것을 잊지 마.
> 6. 저장이 성공하면 "게시글이 성공적으로 등록되었습니다."라는 SnackBar를 보여 주고, `Navigator.pop(context)`를 호출해서 이전 화면으로 돌아가게 해줘.
> 7. 에러가 발생하면 "게시글 등록에 실패했습니다: [에러 메시지]"라는 SnackBar를 보여 줘.
> 8. 마지막으로 로딩 상태를 해제해줘.

만약 로그에서 권한 관련 에러가 난다면 다음 코드로 Firestore 규칙을 업데이트해주세요.

```
rules_version = '2';
service cloud.firestore {
  match /databases/{database}/documents {
      match /users/{userId} {
      allow read, write: if request.auth != null && request.auth.uid == userId;
    }
    match /posts/{postId} {
      allow read: if true;
```

```
    allow write: if request.auth != null;

    // 댓글 규칙
    match /comments/{commentId} {
      allow read: if true;
      allow create: if request.auth != null;
      allow update, delete: if request.auth != null &&
request.resource.data.userId == request.auth.uid;
    }
  }

    match /posts/{postId}/likes/{userId} {
      allow read: if true;
      allow write: if request.auth != null && request.auth.uid == userId;
    }
   }
  }
}
```

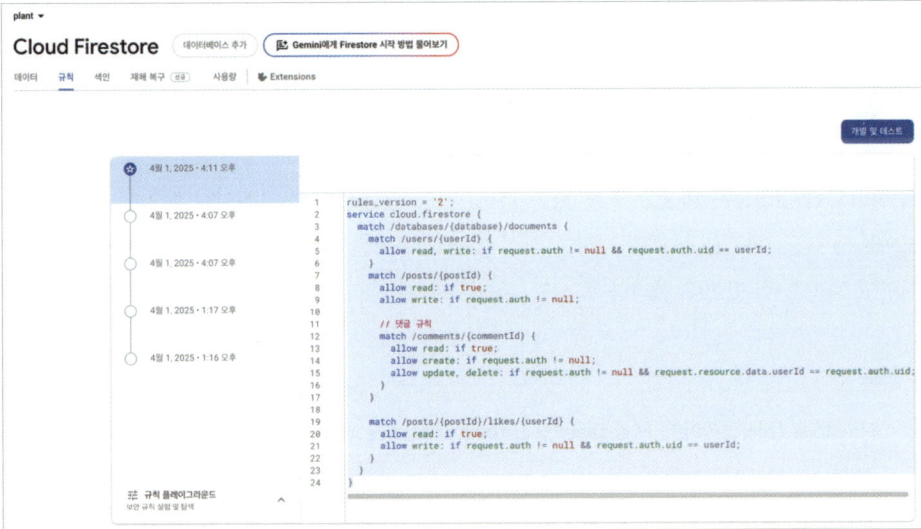

업데이트된 Firestore 규칙

이제 실제 게시물이 작성되고, 테스트했던 ListView에 보일 것입니다.

성공적으로 게시물 작성이 되는 모습

[미션 1] 게시물 수정(Update)

이미 작성된 게시글의 내용을 수정하는 기능입니다. 자신이 작성한 게시글에만 〈수정〉 버튼이 보이도록 하고, 버튼을 누르면 게시물 작성 화면과 유사한 수정 화면으로 이동하여 내용을 변경하고 저장할 수 있어야 합니다.

힌트

- Firestore 문서 업데이트: `FirebaseFirestore.instance.collection('posts').doc(postId).update(updatedDataMap)`
- 수정 화면으로 이동 시 현재 게시글 데이터(PostModel 객체)를 전달하여 TextField 등에 초깃값으로 설정해줍니다.
- updatedAt 필드도 FieldValue.serverTimestamp()로 함께 업데이트합니다.

활용 가능한 프롬프트

Firestore에서 postId에 해당하는 게시글 문서를 수정하는 기능을 구현해줘. Post Model 데이터를 받아서 수정 화면 UI를 만들고, 저장 버튼 로직을 작성해줘.

[미션 2] 게시물 삭제(Delete)

자신이 작성한 게시글을 삭제하는 기능입니다. 삭제 버튼 클릭 시 사용자에게 정말 삭제할 것인지 확인하는 대화상자(AlertDialog)를 보여 주는 것이 좋습니다.

힌트

- Firestore 문서 삭제: `FirebaseFirestore.instance.collection('posts').doc(postId).delete()`
- AlertDialog를 사용하여 사용자 확인을 받은 후 삭제 로직을 실행합니다.
- 삭제 성공 후 사용자에게 알림을 주고 목록 화면을 갱신하거나 이전 화면으로 돌아갑니다.

활용 가능한 프롬프트

postId를 받아서 해당 게시글을 삭제하는 기능을 구현해줘. 삭제 전에 AlertDialog로 사용자 확인을 받는 로직을 포함해줘.

[미션 3] 댓글 작성(Create)

게시물 상세 화면에서 사용자가 댓글을 작성하고 저장하는 기능입니다.

힌트

- Firestore 서브컬렉션 쓰기: `FirebaseFirestore.instance.collection('posts').doc(postId).collection('comments').add(commentDataMap)`
- **commentDataMap**에는 **authorUid, content, createdAt**(서버 타임스탬프) 등을 포함합니다.
- 댓글 작성 성공 후 댓글 목록을 실시간으로 갱신하고 입력 필드를 초기화합니다.
- comment 컬렉션에 대한 접근도 필요하므로 규칙을 업데이트해야 합니다.

- (심화) 댓글 작성 시 posts 컬렉션의 해당 문서 commentCount 필드를 1 증가시키는 트랜잭션^{Transaction} 또는 Cloud Function을 사용할 수도 있습니다. 당연히 커서 AI가 방법을 알려 주고 기능을 구현할 수 있게 도와줄 것입니다.

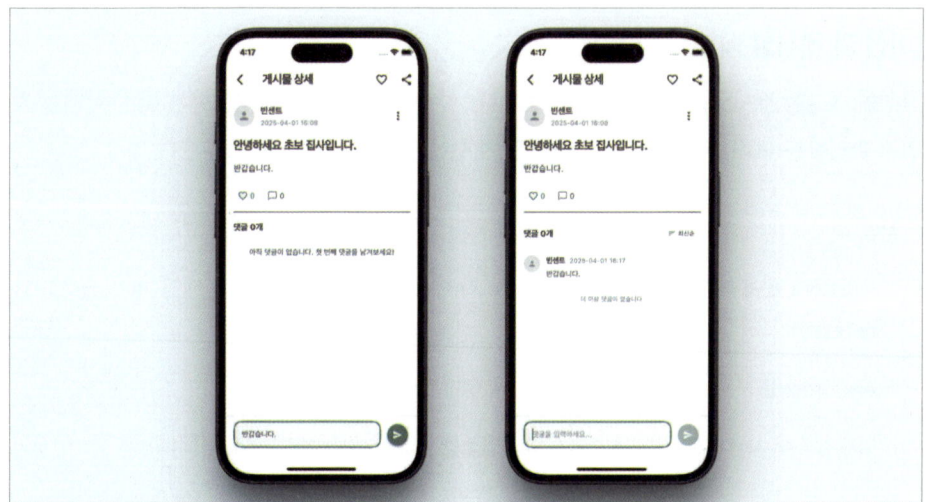

게시글 상세 화면에 댓글 기능이 동작하는 모습

활용 가능한 프롬프트

> 게시물 상세 화면(post_detail_screen.dart)에 댓글 입력 필드와 전송 버튼을 추가하고, 버튼 클릭 시 Firestore 'comments' 서브컬렉션에 댓글 데이터를 저장하는 로직을 구현해줘. @Comment Model을 참고해.

[미션 4] 댓글 목록 보기(Read)

게시물 상세 화면에서 해당 게시글의 댓글 목록을 실시간으로 보여 주는 기능으로, 댓글 작성 기능 구현 시 함께 필요합니다.

힌트

- Firestore 서브컬렉션 쿼리: `FirebaseFirestore.instance.collection('posts').doc(postId).collection('comments').orderBy('createdAt').snapshots()`

- 게시물 목록 보기와 유사하게 StreamBuilder와 ListView.builder를 사용합니다.
- 각 댓글 아이템에는 댓글 내용, 작성자 정보(authorUid로 users 컬렉션 조회 필요 – 심화), 작성 시간을 표시합니다.

활용 가능한 프롬프트

> postId를 받아서 해당 게시물의 댓글 목록을 Firestore 'comments' 서브컬렉션에서 실시간으로 가져와 보여 주는 StreamBuilder 코드를 작성해줘.

[미션 5] 댓글 삭제(Delete)

자신이 작성한 댓글을 삭제하는 기능입니다.

힌트

- Firestore 서브컬렉션 삭제: `FirebaseFirestore.instance.collection('posts').doc(postId).collection('comments').doc(commentId).delete()`
- 게시물 삭제와 유사하게 사용자 확인(`AlertDialog`) 과정을 거치는 것이 좋습니다.
- (심화) 댓글 삭제 시 posts 컬렉션의 `commentCount`를 감소시키는 로직이 필요할 수 있습니다.

활용 가능한 프롬프트

> commentId와 postId를 받아서 해당하는 댓글을 삭제하는 기능을 구현해줘. 사용자 확인 로직을 포함해서.

여기까지 Firestore를 사용하여 커뮤니티 앱의 핵심 데이터 관리 기능을 구현하는 방법을 알아보았습니다. 특히 게시물 목록 보기와 작성 기능을 함께 구현해보면서 Firestore를 연동하는 기본적인 흐름을 익혔을 것입니다. 미션으로 남긴 수정, 삭제, 댓글 기능도 커서 AI와 함께 도전해보면서 Firestore 활용 능력을 더욱 키워 나가길 바랍니다.

다음 절에서는 Firestore의 실시간 기능을 더 깊게 활용하고, 파이어베이스의 다른 서비스와 연동하여 사용자 경험을 향상시키는 방법을 살펴보겠습니다.

6.4 실시간 데이터와 알림 기능

지금까지 우리는 Firestore를 이용해 게시글과 댓글 데이터를 성공적으로 저장하고, 읽고, (미션을 통해)수정하고, 삭제하는 기본적인 CRUD 기능을 구현했습니다. 하지만 사용자가 앱을 새로고침해야만 새로운 게시글이나 댓글을 볼 수 있다면, 실시간으로 소통하는 커뮤니티의 매력이 반감되겠죠? 마치 옆 사람과 대화하는데 매번 말을 마칠 때마다 "말 끝났니?"라고 물어봐야 하는 것처럼 답답할 겁니다.

이번에는 Firestore의 강력한 **실시간 동기화 기능**을 제대로 활용하여 데이터 변경 사항이 사용자 화면에 즉각적으로 반영되도록 만들 것입니다. 누군가 댓글을 달면 다른 사용자들이 보고 있던 화면에도 거의 즉시 그 댓글이 나타나는 경험을 구현하는 거죠.

더 나아가 파이어베이스의 또 다른 강력한 도구인 Cloud Functions와 Firebase Cloud Messaging(FCM)을 살짝 맛보면서, 사용자의 특정 활동(예: 내 글에 댓글이 달렸을 때)에 대한 푸시 알림을 보내는 기능을 간단하게 알아보겠습니다. 물론 이 부분은 MVP를 구현하는 정도를 넘어서는 심화 기능이지만, 앞으로 앱을 어떻게 더 발전시킬 수 있을지에 대한 아이디어를 얻는 데 도움이 될 것입니다.

이 모든 과정에서도 우리의 든든한 어시스턴트, 커서 AI는 복잡한 개념을 이해하고 필요한 코드의 방향을 잡는 데 큰 도움을 줄 것입니다. 자, 이제 앱에 실시간 엔진과 알림을 구현해볼까요?

실시간 게시물 업데이트

Firestore의 가장 매력적인 기능은 바로 실시간 데이터 동기화입니다. 별도의 복잡한 설정 없이도 Firestore 데이터를 '구독'하기만 하면, 데이터베이스에서 해당 데이터가 변경될 때마다 앱으로 즉시 업데이트 내용을 보내 줍니다. 어떻게 가능할까요? 바로 .snapshots() 스트림입니다.

기억하나요? 앞서 게시물 목록을 읽어올 때 우리는 이미 FirebaseFirestore.instance.collection('posts').orderBy('createdAt', descending: true).snapshots()와

같은 코드를 사용했습니다. 여기서 **.get()** 대신 **.snapshots()**을 사용한 것이 바로 실시간 구독의 핵심입니다. 두 스트림의 차이는 다음과 같습니다.

- **.get()**: 데이터베이스에서 데이터를 한 번만 가져옵니다. 이후 데이터베이스가 변경되어도 앱은 그 사실을 모릅니다.
- **.snapshots()**: 데이터베이스의 해당 쿼리 결과에 대한 지속적인 스트림을 반환합니다. 데이터가 처음 로드될 때 한 번 방출되고, 이후 해당 쿼리 결과에 영향을 미치는 어떤 변경(추가, 수정, 삭제)이 발생할 때마다 새로운 데이터를 즉시 방출합니다.

따라서 앞서 커서 AI의 도움을 받아 StreamBuilder와 **.snapshots()**을 사용하여 게시물 목록을 구현했다면, 여러분의 홈 화면은 이미 실시간으로 업데이트되고 있을 가능성이 높습니다! 누군가 새로운 게시글을 작성하거나 기존 게시글을 (실습으로 구현했다면) 수정·삭제하면, Firestore 데이터가 변경되고 **.snapshots()** 스트림이 새로운 데이터를 방출하며, StreamBuilder가 이를 감지하여 UI를 자동으로 다시 그리기 때문입니다. 별도의 새로고침 버튼 없이도 목록이 최신 상태로 유지되는 것을 확인해보세요.

실시간 댓글 업데이트

앞서 게시글 목록이 최신 상태로 유지되는 것과 동일한 원리를 댓글 목록에도 적용할 수 있습니다. 게시물 상세 화면(예: post_detail_screen.dart)에서 특정 게시물의 댓글을 보여 줄 때 해당 게시물의 comments 서브컬렉션에 대한 **.snapshots()** 스트림을 구독하면 됩니다. 게시물 상세 화면 내부에 댓글 목록을 표시하는 부분을 구현해 봅시다. 커서 AI에게 요청하여 StreamBuilder 코드를 작성해보세요.

StreamBuilder 코드 작성 요청

> post_detail_screen.dart 파일에 댓글 목록을 실시간으로 보여 주는 기능을 추가해줘. 현재 보고 있는 게시물의 `postId`(String 타입, 이미 위젯 생성자 등을 통해 받아왔다고 가정)를 사용해야 해.
>
> 1. `StreamBuilder` 위젯을 사용하고, stream에는 `FirebaseFirestore.instance.collection('posts').doc(postId).collection('comments').orderBy('createdAt').snapshots()`를 연결해줘.

2. builder 함수 내에서는 로딩, 에러 상태를 처리하고(`CircularProgressIndicator`, 에러 메시지 표시).
3. `snapshot.hasData`가 true면, `ListView.builder`를 사용해서 댓글 목록을 표시해줘.
4. 각 댓글 데이터는 `CommentModel.fromJson()`(@lib/models/comment.dart 참조)으로 변환하고, ListTile 등을 사용해서 댓글 내용(content)과 작성자 닉네임(authorUid로 users 컬렉션 조회 필요 - 지금은 UID만 표시해도 괜찮음), 작성 시간(createdAt)을 보여 줘.
5. 댓글이 없을 경우 "아직 댓글이 없습니다."와 같은 메시지를 표시해줘.

이렇게 구현하면 사용자가 게시글을 보고 있는 동안 다른 사용자가 댓글을 달면 화면이 거의 즉시 갱신되어 새로운 댓글이 목록에 나타나는 것을 볼 수 있습니다. 사용자 경험을 크게 향상시키는 편리한 기능이죠!

Firebase Cloud Functions & FCM으로 알림 설정 맛보기

실시간 데이터 업데이트만으로도 앱에 생동감이 생기지만, 사용자가 앱을 보고 있지 않을 때 중요한 소식(예: 내 글에 댓글이 달렸어요!)을 놓칠 수도 있습니다. 이럴 때 필요한 것이 바로 **푸시 알림**Push Notification입니다.

파이어베이스는 Firebase Cloud Messaging(이하 FCM)이라는 강력한 무료 푸시 알림 서비스를 제공합니다. 안드로이드, iOS, 웹 등 다양한 플랫폼에서 활용할 수 있죠. 하지만 단순히 FCM만으로는 알림을 보내기 어렵습니다. '언제', '누구에게', '어떤 내용'의 알림을 보낼지 결정하고 실행하는 서버 측 로직이 필요하기 때문이죠. 이 서버 측 로직을 위해 우리는 **Firebase Cloud Functions**를 사용할 수 있습니다.

Firebase Cloud Functions는 복잡한 서버 인프라를 직접 구축하고 관리할 필요 없이, 특정 이벤트(예: Firestore 데이터 쓰기, 사용자 가입 등)에 반응하여 코드를 실행할 수 있는 서버리스Serverless 환경입니다. Node.js(자바스크립트 또는 타입스크립트)로 함수를 작성합니다.

그러나 알림 기능을 구현하는 과정은 이 책의 목표인 우리 앱의 MVP 기능을 구현하자는 목표 범위에서 벗어나 다소 깊은 내용을 다루어야 하므로 간단하게 알림을 구현하는 과정과 커서 AI로 개념을 더 깊이 이해하는 정도로 살펴보고자 합니다.

알림 기능 구현 과정

먼저 알림을 구현하는 과정을 단계별로 정리하면 다음과 같습니다.

알림 기능 구현의 기본 흐름(개념)

- **이벤트 발생**: 사용자가 Firestore에 댓글을 작성합니다(posts/{postId}/comments/{commentId}에 문서 생성).

- **Cloud Function 트리거**: Firestore 쓰기 이벤트를 감지하도록 설정된 Cloud Function이 자동으로 실행됩니다.

- **알림 대상 결정**: 함수 내 로직은 새로 작성된 댓글(commentData)과 해당 게시글(postData) 정보를 읽어, 알림을 받아야 할 사용자(예: 게시글 작성자 postData.authorUid)를 식별합니다(단, 댓글 작성자 본인에게는 알림을 보내지 않도록 예외 처리 필요).

- **FCM 토큰 조회**: 알림을 보낼 대상 사용자의 FCM 기기 토큰(사용자가 앱 설치 및 로그인 시 발급받아 Firestore users 컬렉션 등에 저장해 둔 고유 식별자)을 조회합니다.

- **알림 전송**: Cloud Function은 Firebase Admin SDK를 사용하여 FCM에게 "이 토큰으로, 이런 제목과 내용의 알림을 보내 줘."라고 요청합니다.

- **앱에서 알림 수신**: 대상 사용자의 기기에 설치된 우리 앱(플러터)은 firebase_messaging 패키지를 통해 FCM으로부터 알림을 수신하고, 이를 사용자에게 표시합니다(앱이 실행 중일 때, 백그라운드 상태일 때 등 처리 방식이 다릅니다.).

이 전체 흐름을 완전히 구현하려면 다음과 같은 추가 작업들이 필요합니다.

추가 작업

- Cloud Functions 개발 환경 설정(Node.js, 파이어베이스 CLI)

- Cloud Function 코드 작성(타입스크립트/자바스크립트) 및 배포

- 플러터 앱에서 FCM 토큰 관리 및 Firestore에 저장하는 로직 구현

- 플러터 앱에서 firebase_messaging 패키지 설정 및 알림 수신/처리 로직 구현(포그라운드, 백그라운드 알림 처리, 알림 클릭 시 특정 화면 이동 등)

- 사용자에게 알림 수신 동의Permission 요청

실제 푸시 알림 기능을 구현하기 위해서는 각 플랫폼(안드로이드, iOS)마다 설정이 필요합니다. 그리고 플러터에서 유용한 라이브러리인 local_notification을 사용하면 훨씬 더 쉽게 구현할 수 있습니다. 이 과정 또한 AI와 함께라면 얼마든 구현할 수 있죠. 여기까지 왔다면 더이상 AI와 하는 페어 프로그래밍이 어렵지 않을 겁니다.

- local_notification 문서: https://pub.dev/packages/flutter_local_notifications

커서 AI와 더 깊이 이해하기

비록 지금 당장 모든 것을 구현하지는 않더라도 커서 AI에게 질문하여 개념을 더 깊이 이해하거나 기본적인 코드 스니펫 아이디어를 얻을 수 있습니다.

코드 스니펫 개념 질문

> Firebase Cloud Functions와 FCM을 사용해서 Firestore 댓글 작성 시 게시글 작성자에게 푸시 알림을 보내는 기본적인 흐름을 설명해줘. 어떤 기술 요소들이 필요하고, 각 단계에서 대략 어떤 작업이 이루어지는지 알려 줘.

Cloud Function 초안 요청

> Node.js(타입스크립트) 기반의 Firebase Cloud Function 예시 코드를 보여 줘. Firestore의 `posts/{postId}/comments/{commentId}` 경로에 새 문서가 생성될 때 트리거되고, 생성된 댓글 데이터와 해당 게시글 데이터를 읽어오는 기본 구조만 보여 주면 돼(실제 FCM 전송 로직은 제외).

플러터 FCM 설정 질문

> 플러터 앱에서 FCM을 사용하기 위해 어떤 패키지(`firebase_messaging`)를 추가해야 하고, 기본적인 초기 설정 및 알림 권한 요청 코드는 어떻게 작성하는지 알려 줘.

이처럼 커서 AI를 활용하면 당장 기능을 구현하지 않더라도 앞으로 앱을 확장할 방향에 대한 기술적인 이해도를 높일 수 있습니다.

사용자 인증과 핵심 데이터 관리 그리고 실시간 기능까지 갖추면서 우리 앱은 이제 사용자의 활동이 즉각적으로 반영되는, 제법 그럴듯한 커뮤니티 서비스의 모습을 갖추게 되었습니다. 또한 Cloud Functions와 FCM을 통해 푸시 알림 기능을 추가할 수 있는 가능성까지 엿보았죠. 다음 마지막 Chapter 7에서는 앱을 완성한 후 고려해야 할 수익화(광고 연동)와 기본적인 성능 최적화에 대해 간략하게 살펴보겠습니다.

07

수익화 및 최적화

학습 목표

- 모바일 앱의 기본적인 수익화 모델(특히 광고)을 이해하고 설명할 수 있습니다.
- google_mobile_ads 패키지를 사용하여 플러터 앱에 Google AdMob 배너 광고와 전면 광고를 연동하는 과정을 이해하고 기본 코드를 작성할 수 있습니다.
- 플러터 앱 성능에 영향을 미치는 일반적인 요인들을 학습합니다.
- 앱 성능 개선을 위한 기본적인 최적화 기법(예: build() 메소드 최적화, 위젯 리빌드 관리, 이미지 최적화)의 개념을 이해할 수 있습니다.
- Flutter DevTools를 앱 성능 분석 및 최적화에 어떻게 활용할 수 있는지 이해합니다.

여기까지 온 여러분, 정말 대단합니다! 험난하면서도 즐거웠던 개발 여정을 거쳐 이제 우리 손에는 아이디어를 현실로 구현한 '반려 식물 커뮤니티 앱'의 MVP가 들려 있습니다. 사용자 인증, 실시간 데이터 관리, 핵심 기능까지 갖춘 어엿한 앱이죠. 마치 정성껏 씨앗을 심고 물을 주어 마침내 예쁜 식물을 키워 낸 기분일 겁니다.

하지만 식물을 키우는 것이 꽃을 피우는 것만으로 끝이 아니듯, 앱 개발 여정도 여기서 멈추지 않습니다. 우리가 만든 앱이 지속 가능하게 성장하고 더 많은 사용자에게 사랑받기 위해서는 두 가지 중요한 다음 단계를 고민해야 합니다. 바로 **수익화**^{Monetization}와 **성능 최적화**^{Optimization}입니다.

Chapter 7에서는 이제 막 세상에 나올 준비를 마친 우리 앱에 날개를 달아 줄 이 두 가지 요소를 살펴보겠습니다. 먼저 가장 대표적인 수익화 방법인 **광고**(Google AdMob) 연동 방법을 최신 플러터 라이브러리 기준으로 알아볼 것입니다. **인앱결제**(일회성 구매, 구독형)도 하나의 방법이 될 수 있습니다. 다음으로는 사용자들이 앱을 더욱 쾌적하게 사용할 수 있도록 기본적인 **성능 최적화** 포인트를 짚어 보며 앱을 더욱 단단하게 만드는 방법을 살펴보겠습니다.

물론 이 두 가지 모두 깊이 파고들면 각각 한 권의 책으로도 부족할 만큼 방대한 주제입니다. 하지만 이 챕터에서는 1인 개발자나 초기 스타트업이 MVP 이후 가장 먼저 고려해볼 만한 핵심적인 내용과 접근 방식을 커서 AI와 함께 살펴보는 데 초점을 맞출 것입니다. 자, 이제 우리의 앱을 한 단계 더 성장시킬 준비, 되었나요?

7.1 AdMob 광고 연동하기

앱을 통해 수익을 얻는 방법은 다양하지만(구독, 인앱 구매, 제휴 마케팅 등) 가장 쉽게 시작할 수 있고 많은 앱에서 활용하는 방식 중 하나가 바로 광고입니다. Google AdMob은 개발자가 자신의 앱에 광고를 게재하고 수익을 창출할 수 있도록 돕는 강력하고 안정적인 플랫폼입니다.

과거에는 플러터에서 AdMob을 연동하는 방식이 다소 복잡했지만, 최근 구글은 google_mobile_ads라는 공식 패키지를 통해 훨씬 더 통합적이고 안정적인 방법을 제공하고 있습니다. 그럼에도 AdMob 연동 과정은 설정할 것이 많고 다소 복잡하게 느껴질 수 있습니다. 따라서 이 과정에 커서 AI를 활용하면 다음과 같은 도움을 받을 수 있습니다.

- 플랫폼별 설정 파일(AndroidManifest.xml, Info.plist) 수정 코드 생성
- google_mobile_ads 패키지의 클래스 및 메서드 사용법 설명
- 광고 로드/표시 관련 보일러플레이트 코드 생성
- 광고 리스너 콜백 함수 기본 구조 작성
- 에러 발생 시 원인 분석 및 해결책 제안서

우리는 이 최신 패키지와 커서 AI의 도움을 받아 우리 커뮤니티 앱에 간단하게 광고를 추가해 보겠습니다.

AdMob 가입 & 앱 추가하기

먼저 Google AdMob 웹사이트(/)에 접속하여 구글 계정으로 가입을 진행합니다.

- **Google AdMob**: https://admob.google.com

Google AdMob 웹사이트

AdMob 대시보드에서 〈앱 추가〉를 클릭해 여러분의 앱(안드로이드/iOS)을 추가합니다. 아직 스토어에 출시 전이라도 추가할 수 있습니다.

Google AdMob 대시보드

플랫폼은 iOS 또는 안드로이드에 맞게 선택하면 됩니다. 아직 앱이 스토어에 등록되지 않았으니 두 번째 〈항목〉은 아니오를 선택하고 〈계속〉 버튼을 누릅니다.

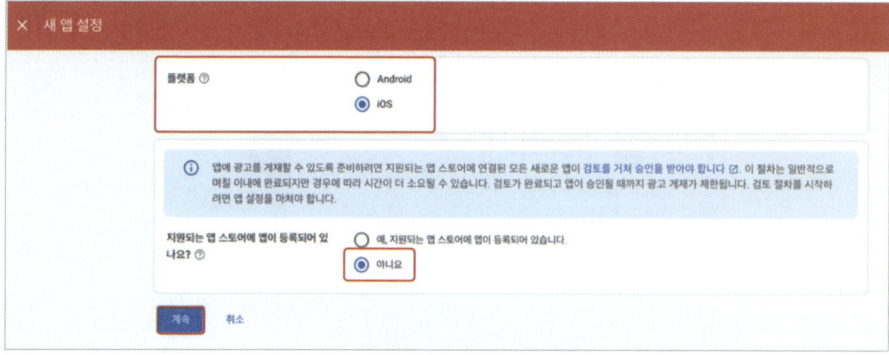

플랫폼 설정

앱 이름은 식별할 수 있는 이름으로 생성하면 됩니다. 저는 "plantpal"로 설정하겠습니다. 입력 후 〈앱 추가〉를 눌러 주세요. 마지막으로 〈완료〉 버튼을 누르면 광고 단위를 만들 준비가 된 것입니다.

앱 이름 설정

다음과 같은 '앱 개요' 화면이 보입니다. 그러면 광고 단위를 만들 준비가 된 것입니다.

광고 단위 생성하기

앱에 사용할 광고 형태(배너, 전면 등)별로 **광고 단위**[Ad Unit]를 생성해야 합니다. '앱 개요' 페이지에서 〈광고 단위 추가〉 버튼을 누릅니다.

'앱 개요' 페이지

이제 원하는 광고 형식을 선택해야 합니다. AdMob은 다양한 형태의 광고를 제공합니다. 그러나 MVP 단계에서는 사용자들의 거부감이 가장 적은 두 가지 유형을 고려해 볼 수 있습니다. 바로 배너 광고와 전면 광고입니다. **배너 광고**^{Banner Ads}는 화면의 특정 영역(주로 상단 또는 하단)에 고정되어 노출되는 직사각형 형태의 광고입니다. 사용자 경험을 크게 해치지 않으면서 지속적으로 광고를 노출할 수 있다는 장점이 있습니다. 삽입 위치 예시는 게시물 목록 화면(home_screen.dart)의 하단, 게시물 상세 화면(post_detail_screen.dart)의 하단 등을 권장합니다.

배너 광고 예시

전면 광고^{Interstitial Ads}는 앱의 자연스러운 전환 시점(예: 화면 이동 사이, 작업 완료 후)에 전체 화면을 덮으며 노출되는 광고입니다. 배너 광고보다 시각적인 주목도가 높지만, 너무 자주 노출되면 사용자 경험을 해칠 수 있으므로 신중하게 사용해야 합니다.

삽입 위치 예시는 게시물 작성 완료 후 목록 화면으로 돌아가기 직전(가끔), 특정 기능 사용 후 등입니다. 주의할 점은 사용자의 핵심적인 작업 흐름(예: 글 읽는 중)을 방해하지 않는 시점에 노출해야 한다는 것입니다.

전면 광고 예시

광고 삽입 시 고려해야 할 핵심 요소는 **사용자 경험**입니다. 광고 수익도 중요하지만, 과도하거나 방해가 되는 광고는 사용자 이탈을 유발할 수 있습니다. 어떤 광고를 어디에 배치할지 신중하게 결정하고, 필요하다면 사용자 피드백을 통해 조정해야 합니다.

우리 앱에서는 MVP 단계에서 가장 사용자의 부담이 적은 〈배너〉 형식을 선택하겠습니다.

광고 단위 선택

광고 단위 이름을 입력합니다. 예를 들어 plant_app_banner_bottom, plant_app_interstitial_post_write와 같이 용도를 알 수 있는 이름으로 생성하고, 〈광고 단위 만들기〉 버튼을 누릅니다.

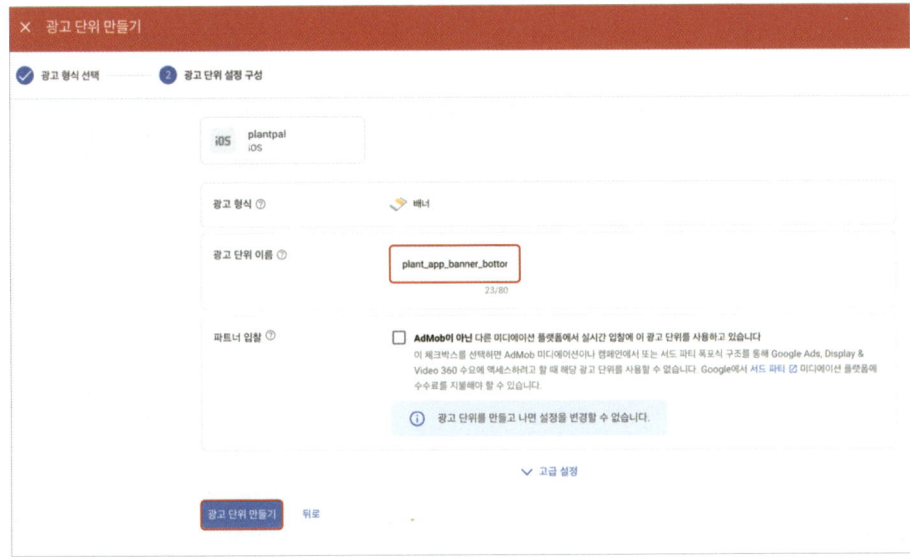

광고 단위 이름 입력 및 광고 단위 만들기

각 광고 단위마다 고유한 ID가 발급됩니다. 이 ID를 앱 코드에 사용하게 됩니다.

생성된 앱의 광고 단위 ID

이때 주의할 점은 **개발 및 테스트 중에는 절대로 실제 광고 단위 ID를 사용하면 안 됩니다.** 구글에서 제공하는 테스트 광고 단위 ID를 사용해야 정책 위반으로 인한 계정 정지를 피할 수 있습니다. 더 자세한 내용은 커서 AI에게 "google_mobile_ads 테스트 광고 단위 ID에 대해 알려 줘."라고 물어보세요.

google_mobile_ads 패키지 추가하기

커서 AI의 통합 터미널을 사용하여 google_mobile_ads 패키지를 추가합니다.

```
flutter pub add google_mobile_ads
```

플랫폼별 설정하기

광고 SDK를 사용하려면 각 플랫폼의 네이티브 설정 파일에 AdMob 앱 ID를 추가해야 합니다(AdMob 대시보드에서 앱 설정 시 확인 가능). 이 단계를 건너뛰거나 누락하면 광고가 로드되지 않으므로 무척 중요합니다.

먼저 안드로이드 설정 과정을 살펴보겠습니다. android/app/src/main/AndroidManifest.xml에서 〈application〉 태그 내부에 〈meta-data〉 태그를 추가하여 AdMob 앱 ID를 설정합니다.

광고 SDK 사용을 위한 안드로이드 설정 예시

> android/app/src/main/AndroidManifest.xml 파일을 열고, `<application>` 태그 안에 Google AdMob 앱 ID(`YOUR_ADMOB_APP_ID_ANDROID`)를 설정하는 `<meta-data>` 태그를 추가하는 방법을 알려 주고, 해당 코드를 생성해줘.

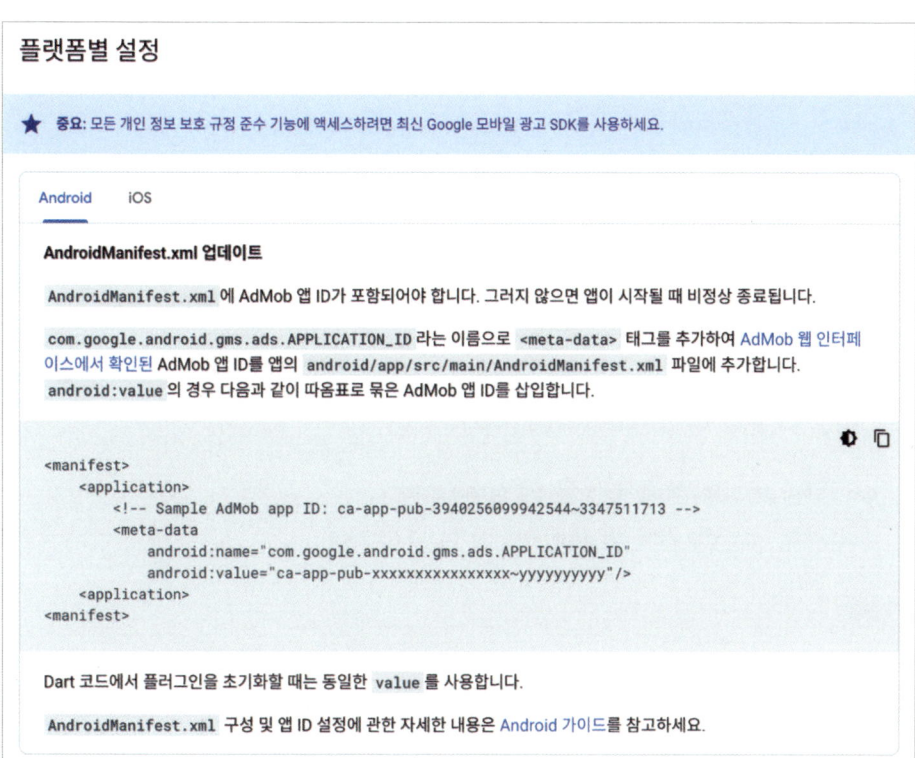

안드로이드 설정

iOS에서는 ios/Runner/Info.plist에서 GADApplicationIdentifier라는 키와 함께 AdMob 앱 ID(문자열 값)를 추가합니다. 또한, iOS 14 이상에서는 앱 추적 투명성$^{App\ Tracking\ Transparency}$ (ATT)관련 설정(NSUserTrackingUsageDescription, SKAdNetworkItems 등)도 필요할 수 있습니다.

광고 SDK 사용을 위한 iOS 설정 예시

ios/Runner/Info.plist 파일을 열고, Google AdMob 앱 ID(`YOUR_ADMOB_APP_ID_IOS`)를 `GADApplicationIdentifier` 키로 추가하는 방법을 알려 줘. 그리고 iOS 14 이상 ATT 대응을 위한 `NSUserTrackingUsageDescription` 키 추가 예시도 보여 줘.

iOS 설정

> 📖 **용어 사전**
>
> **앱 추적 투명성**App Tracking Transparency: iOS에서 사용자가 앱의 광고 추적을 허용할지 직접 선택하게 해주는 기능을 뜻합니다.

Mobile Ads SDK 초기화

앱이 시작될 때 딱 한 번 Mobile Ads SDK를 초기화해야 합니다. main.dart 파일의 **main()** 함수 내부, **Firebase.initializeApp()** 이후에 초기화 코드를 추가하는 것이 일반적입니다.

초기화 코드 추가 요청

> lib/main.dart 파일의 `main` 함수 내부에 `google_mobile_ads` 패키지의 `MobileAds.instance.initialize()` 메서드를 호출하여 SDK를 초기화하는 코드를 추가해줘. `WidgetsFlutterBinding.ensureInitialized()`와 `Firebase.initializeApp()` 호출 이후에 위치하도록 해줘.

배너 광고 구현

이제 실제로 화면에 배너 광고를 표시해 봅시다. StatefulWidget 내에서 배너 광고 객체 (**BannerAd**)를 생성하고 로드한 뒤 AdWidget을 사용하여 화면에 표시합니다.

배너 광고 표시 기능 추가 요청(home_screen.dart 하단에 배너를 추가한다고 가정했을 때)

home_screen.dart 위젯을 `StatefulWidget`으로 만들고, 화면 하단에 고정된 배너 광고를 표시하는 기능을 추가해줘.

1. `BannerAd` 타입의 상태 변수(`_bannerAd`)와 로딩 상태 변수(`_isBannerAdLoaded`)를 선언해줘.
2. `initState` 메서드에서 `_loadBannerAd()` 함수를 호출하도록 해줘.
3. `_loadBannerAd()` 함수를 만들고, 그 안에서 `BannerAd` 인스턴스를 생성해줘.
   - `adUnitId`에는 테스트 배너 ID를 사용해줘.
   - `size`는 `AdSize.banner` 또는 `AdSize.fullBanner`를 사용해줘.
   - `request`는 `AdRequest()`를 사용해줘.
   - `listener`에는 `BannerAdListener`를 설정하고, `onAdLoaded` 콜백에서 `_isBannerAdLoaded`를 true로 설정하고 `setState`를 호출하도록 해줘. `onAdFailedToLoad`에서는 에러 로그를 출력하고 광고 객체를 dispose 하도록 해줘.
4. `BannerAd` 인스턴스 생성 후 `.load()` 메서드를 호출해줘.
5. `build` 메서드에서는 `_isBannerAdLoaded`가 true이고 `_bannerAd`가 null이 아닐 때, 화면 하단(예: `Scaffold`의 `bottomNavigationBar` 대신 또는 `Column`의 마지막 자식)에 `SafeArea(child: SizedBox(width: _bannerAd!.size.width.toDouble(), height: _bannerAd!.size.height.toDouble(), child: AdWidget(ad: _bannerAd!)))`를 표시하도록 해줘.
6. `dispose` 메서드에서 `_bannerAd?.dispose()`를 호출하여 리소스를 해제해줘.

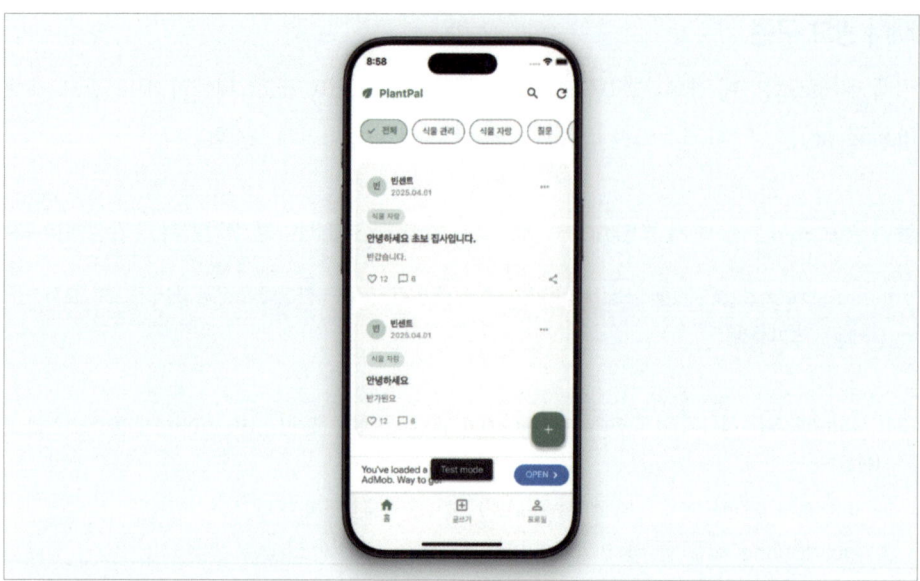

하단에 테스트 배너 광고가 구현된 모습

전면 광고 구현

전면 광고는 로드와 표시 시점이 분리됩니다. 먼저 광고를 로드해 두었다가 적절한 시점에 표시해야 합니다.

전면 광고 표시 기능 추가(post_write_screen.dart 저장 후 표시한다고 가정했을 때)

> 게시물 작성 완료 후 목록으로 돌아가기 전에 '가끔' 전면 광고를 표시하는 기능을 구현하고 싶어. 기본적인 전면 광고 로드 및 표시 방법을 알려 줘(`InterstitialAd` 사용).
>
> 1. `InterstitialAd? _interstitialAd;` 상태 변수를 선언해줘.
> 2. 광고를 미리 로드하는 `_loadInterstitialAd()` 함수를 만들어 줘. 이 함수는 `InterstitialAd.load()` 메서드를 사용하고, 테스트 전면 광고 ID와 `AdRequest()`, 그리고 `InterstitialAdLoadCallback`을 사용해야 해. `onAdLoaded`에서는 로드된 광고를 `_interstitialAd` 변수에 저장하고, `onAdFailedToLoad`에서는 에러를 처리해줘.
> 3. 이 `_loadInterstitialAd()` 함수는 언제 호출하는 게 좋을까?(예: 화면 진입 시 `initState`)
> 4. 게시물 저장 성공 후 `Navigator.pop()` 직전에 `_interstitialAd?.show()`를 호출하여 광고를 표시하는 로직을 추가해줘. 단, 광고는 한 번 표시하면 다시 로드해야 하므로 `show()` 이후 `_interstiti-`

alAd`를 null로 만들고 다시 `_loadInterstitialAd()`를 호출하는 로직이 필요할 수 있어. 또한, 광고 로드가 실패했거나 아직 로드되지 않았을 경우(`_interstitialAd == null`)에는 광고 없이 바로 화면을 넘어가야 해.

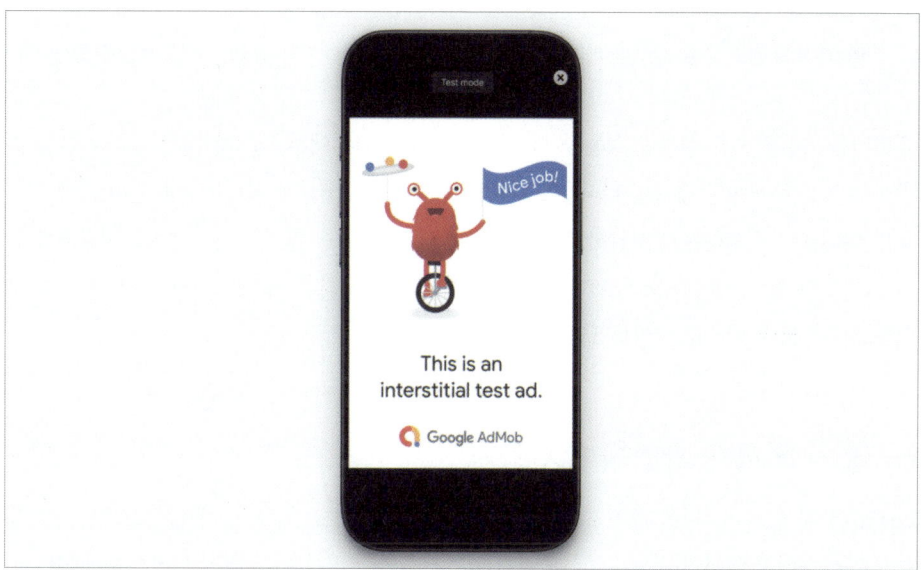

테스트 전면 광고가 구현된 모습

이제 여러분의 앱에 광고를 통합하여 수익 창출을 위한 첫걸음을 딛었습니다. 다시 한번 강조하지만, 테스트 중에는 반드시 테스트 ID를 사용하고, 실제 광고를 적용할 때는 사용자 경험을 최우선으로 고려하여 신중하게 배치해야 합니다.

7.2 앱 성능 최적화하기

앱의 기능 구현과 수익화 준비를 마쳤다면, 마지막으로 사용자들이 앱을 빠르고 부드럽게 사용할 수 있도록 성능을 점검하고 개선하는 것이 중요합니다. 아무리 좋은 기능과 디자인을 가졌더라도 앱이 버벅거리거나 느리다면 사용자들은 금방 앱을 떠날 것입니다. 성능 최적화가 중요한 이유를 정리하면 다음과 같습니다.

성능 최적화가 중요한 이유

- **사용자 경험 향상**: 부드러운 애니메이션, 빠른 로딩 속도, 즉각적인 반응성은 사용자의 만족도를 크게 높입니다.
- **이탈률 감소**: 느리고 버벅거리는 앱은 사용자의 이탈을 유발하는 주요 원인 중 하나입니다.
- **배터리 소모 감소**: 불필요한 연산이나 화면 갱신을 줄이면 사용자의 기기 배터리 소모를 줄일 수 있습니다.

플러터는 기본적으로 뛰어난 성능을 제공하지만, 개발 과정에서 의도치 않게 성능 저하를 유발하는 코드를 작성할 수 있습니다. 더군다나 AI를 활용해 코드를 작성하다 보면 어디에 어떤 코드 더미들이 존재하는지 파악하지 못하는 경우도 생깁니다. 따라서 앱 개발 후 점검해볼 만한 기본적인 성능 최적화 포인트 몇 가지를 소개합니다. 물론 최적화도 커서 AI와 함께 할 수 있도록 프롬프트 위주로 살펴보겠습니다.

build() 메서드 가볍게 유지하기

`build()` 메서드는 화면을 다시 그릴 때마다 호출될 수 있으므로 이 안에서 복잡하고 무거운 연산을 수행하지 않아야 합니다. 상태 변경과 직접적인 관련이 없는 위젯 트리는 `build()` 메서드 밖에서 생성하거나 `const` 생성자를 적극적으로 활용하여 불필요한 재생성을 피하세요.

커서 AI 활용 예시

> 이 위젯에 const 생성자를 사용할 수 있는지 확인해줘.

불필요한 위젯 리빌드 최소화하기

`setState()`가 호출되면 해당 StatefulWidget의 `build()` 메서드가 다시 실행됩니다. 상태 변경이 필요한 최소한의 위젯 범위에서만 `setState()`가 호출되도록 구조를 설계하는 것이 중요합니다. 우리가 사용한 Riverpod와 같은 상태 관리 솔루션은 위젯 리빌드 범위를 효과적으로 관리하는 데 도움을 줍니다. Consumer 또는 ref.watch를 사용할 때 꼭 필요한 데이터만 구독하도록 하여 불필요한 리빌드를 줄이세요. 정적인 부분과 동적인 부분을 분리하고, `const` 위젯을 최대한 활용하세요.

이미지 파일 최적화하기

앱에서 사용하는 이미지 파일의 크기와 해상도를 최적화하세요. 너무 큰 이미지는 메모리 사용량을 늘리고 로딩 속도를 저하시킵니다. 네트워크 이미지를 로드할 때는 cached_network_image와 같은 패키지를 사용하여 캐싱 기능을 활용하면 반복적인 다운로드를 줄여 성능을 개선하고 데이터 사용량을 절약할 수 있습니다.

커서 AI 활용 예시

> cached_network_image 패키지 사용법 알려 줘.

리스트 성능 최적화

긴 목록을 표시할 때는 반드시 **ListView.builder**를 사용해야 합니다. 화면에 보이는 항목만 렌더링하므로 메모리와 성능 면에서 훨씬 효율적입니다(우리 앱에서는 이미 사용하고 있죠!). 리스트 아이템(PostCard 등) 자체가 너무 복잡하고 많은 위젯으로 구성되어 있다면, 각 아이템의 렌더링 비용이 높아져 스크롤 성능에 영향을 줄 수 있습니다. 이 경우 아이템 구조를 단순화하거나 **RepaintBoundary** 사용을 고려해 볼 수 있습니다.

DevTools 활용(중요)

추측하지 말고 측정하세요. 성능 문제의 원인을 짐작으로 파악하기는 어렵습니다. 플러터는 DevTools라는 강력한 성능 분석 도구를 제공합니다.

플러터의 DevTools의 장점

- **Performance View**: 앱의 프레임 속도(UI 스레드, Raster 스레드)를 실시간으로 확인하고, 어떤 프레임에서 버벅임[Jank]이 발생하는지 시각적으로 파악할 수 있습니다.
- **CPU Profiler**: 어떤 다트 코드가 CPU 시간을 많이 소모하는지 분석하여 병목 지점을 찾을 수 있습니다.
- **Widget Inspector**: 현재 위젯 트리를 시각적으로 탐색하고, 각 위젯의 리빌드 빈도를 확인하여 불필요한 리빌드가 발생하는 부분을 찾아낼 수 있습니다.

DevTools를 사용하여 성능 문제를 진단하고 그 결과를 바탕으로 최적화 작업을 진행하는 것이 가장 효과적인 접근 방식입니다.

커서 AI 활용 예시

> 플러터 DevTools의 Performance View 사용법을 설명해줘.

> (DevTools로 성능 병목 지점을 찾았다면 해당 코드 부분을 선택하고) 이 코드의 성능을 개선할 수 있는 방법이 있을까? 또는 이 위젯의 리빌드를 줄이려면 어떻게 리팩터링해야 할까?

> const, RepaintBoundary, 상태 관리 전략 등 성능 관련 개념에 대해 설명해줘.

> 이미지 캐싱이나 다른 성능 개선을 위한 유용한 패키지를 추천해줘.

성능 최적화는 앱 개발의 지속적인 과정입니다. MVP 단계에서는 기본적인 부분을 점검하고, 앱이 성장함에 따라 DevTools를 활용하여 꾸준히 성능을 측정하고 개선해 나가는 것이 중요합니다.

여기까지 앱을 완성한 후 고려해야 할 기본적인 수익화(AdMob 연동) 방법과 성능 최적화 포인트를 살펴보았습니다. 이제 여러분의 앱은 기능적으로 완성되었을 뿐만 아니라 지속 가능한 성장을 위한 발판과 쾌적한 사용자 경험을 위한 기초까지 다지게 되었습니다.

우리의 커서 AI와 함께하는 앱 만들기 여정은 이 챕터를 끝으로 마무리되지만, 여러분의 진짜 개발 여정은 이제부터 시작입니다. 마지막 '부록'에서는 AI 앱에 날개를 달아 줄 MCP에 대한 개념과 여러분의 새로운 시작을 응원하는 메시지를 전하며 책을 마무리하겠습니다.

A 부록

나만의 AI 앱에 날개를 달다, MCP

학습 목표

- MCP가 무엇이며, AI 어시스턴트의 기능을 외부 도구와 연결하여 확장하는 데 왜 중요한지 이해할 수 있습니다.
- MCP를 활용한 다양한 실제 적용 사례(예: 깃허브 연동, 피그마 연동, 파이어베이스 연동)를 통해 그 가능성을 인지합니다.
- MCP가 개발자에게 제공하는 가치(API 연동 표준화, 빠른 프로토타이핑 등)를 설명할 수 있습니다.
- 현재 MCP 기술의 현실적인 한계점과 고려 사항을 이해합니다.

자, 여러분! 이 책을 통해 우리는 커서 AI와 함께 코딩하며 아이디어를 실제 앱으로 만들어 내는 놀라운 경험을 했습니다. AI가 코드를 작성해 주고, 디자인 시스템을 제안하고, 심지어 복잡한 설정까지 도와주는 모습을 보면서 '정말 AI 시대가 왔구나!'하고 느꼈을 겁니다.

하지만 여기서 한 걸음 더 나아가 볼까요? 우리가 만든 AI 앱이 단순히 주어진 정보 안에서만 똑똑한 것이 아니라 **우리가 실제로 사용하는 다른 도구나 서비스와 직접 연결되어 '일을 처리'**해준다면 어떨까요? 마치 영화 〈아이언맨〉의 '자비스'처럼 명령을 듣고 이메일을 확인하거나, 일정을 관리하거나, 필요한 정보를 웹에서 찾아오는 등 실질적인 행동을 하는 AI 말입니다.

이런 상상을 현실로 만들어 주는 핵심 열쇠 중 하나가 바로 MCP[Model Context Protocol]입니다. 이름만 들으면 뭔가 거창하고 복잡하게 보이지만, 걱정 마세요. MCP가 왜 중요하고, 1인 개발자나 스타트업이 어떻게 활용할 수 있는지 쉽고 재미있게 풀어드리겠습니다.

왜 지금 MCP인가? AI 비서, 이제 '말' 대신 '일'을 해야 할 때!

생각해보세요. 우리가 AI 어시스턴트에게 진짜 원하는 건 뭘까요? 단순히 질문에 똑똑하게 대답하는 걸 넘어 우리의 번거로운 작업들을 대신 처리해주길 바라는 마음이 크지 않을까요?

- "지난주 회의록 어디 있지? 찾아서 주요 내용만 요약해줘."
- "내일 오전 10시에 온라인 미팅 잡고, 참석자들한테 링크 보내 줘."
- "지금 작업 중인 코드랑 관련된 깃허브 이슈가 있는지 찾아봐 줄래?"

이런 요청들을 AI가 찰떡 같이 알아듣고 알아서 척척 처리해준다면, 우리의 생산성은 하늘을 뚫을지도 모릅니다. 하지만 지금까지는 AI가 이런 '외부 세계'와 연결되는 것이 쉽지 않았습니다. 서비스마다 연결하는 방식이 다르고, 그 과정이 복잡했기 때문이죠.

바로 이 '연결의 장벽'을 허물기 위해 2024년 말, 클로드 모델 개발사인 앤트로픽이 MCP라는 카드를 꺼내 들었습니다. MCP는 AI 모델(LLM)이 외부의 다양한 도구들(이메일, 캘린더, 데이터베이스, 심지어 피그마나 VS Code 같은 개발 도구까지)과 **표준화된 약속(프로토콜)**을 통해 마치 플러그인을 꽂듯 쉽게 연결될 수 있도록 설계된 개방형 기술 규격입니다. 마치 온갖 전자기기를 하나의 USB-C 포트로 통일한 것처럼 MCP는 AI와 도구 간의 연결 방식을 하나로 통일하려는 시도입니다. 이 표준 덕분에 개발자들은 더이상 각 도구와 AI 모델 조합마다 골치 아픈 연결 코드를 따로 만들 필요가 없어집니다. 한 번 MCP 규격에 맞춰 도구를 만들거나 연결해 두면 MCP를 지원한다면 클로드, 챗GPT 등 여러 AI 모델을 마치 레고 블록처럼 가져다 쓸 수 있게 되는 거죠!

이것이 바로 MCP가 지금 주목받는 이유입니다. AI가 단순히 똑똑한 '뇌'에 머무는 것이 아니라, 실제 세상을 만지고 변화시킬 수 있는 '손과 발'을 갖게 되는 중요한 전환점을 MCP가 만들어 주고 있기 때문입니다.

MCP, AI와 도구들의 '통역사 겸 매니저'

복잡한 기술 이야기는 잠시 접어 두고, MCP가 실제로 어떤 역할을 하는지 핵심만 짚어 봅시다. MCP는 크게 세 가지 역할을 하는 **AI와 외부 도구 사이의 통역사 겸 중간 관리자**라고 생각하면 이해하기 쉽습니다.

표준 인터페이스 제공

마치 전 세계 여러 나라 사람이 영어라는 공용어를 쓰듯 MCP는 AI 모델과 다양한 외부 도구들이 서로 알아들을 수 있는 **공통의 언어**(통신 규격)를 제공합니다. 이전에는 각 도구마다 "우리 서비스 쓰려면 이렇게 연결하세요!"라고 제각각 요구했다면, 이제는 "MCP 규격만 맞추면 우리 AI랑 대화할 수 있어요!"라고 말하는 셈이죠.

연결 구조 정의

MCP는 AI와 도구 간의 연결을 체계적으로 관리하기 위해 명확한 호스트, 클라이언트, 서버라는 역할 분담 구조를 가지고 있습니다.

- **호스트**[Host]: 사용자가 직접 상호 작용하는 AI 애플리케이션입니다. 우리가 사용하는 커서 AI, 클로드 데스크톱 앱, 챗GPT 등이 호스트가 될 수 있습니다. 호스트 안에는 다음에 설명할 '클라이언트'가 살고 있습니다.

- **클라이언트**[Client]: 호스트(AI 앱) 안에 살면서, 외부의 여러 '서버(도구)'들과 연락을 주고받는 중간 관리자입니다. 호스트의 요청을 서버에 전달하고, 서버의 응답을 다시 호스트에게 가져다주는 역할을 하죠. 각 서버 연결마다 별도의 클라이언트 인스턴스가 있어 보안 유지에도 도움이 됩니다.

- **서버**[Server]: 특정 기능을 수행하거나 데이터를 제공하는 실제 '일꾼' 또는 '정보 창고'입니다. 예를 들어, 여러분의 지메일 편지함을 읽어 주는 '지메일 서버', 피그마 디자인 파일에 접근하는 '피그마 서버', Firestore 데이터를 가져오는 '파이어베이스 서버' 등이 여기에 해당합니다. 이 서버들이 MCP 규격에 맞춰 만들어져 있으면, 클라이언트는 이 서버들을 '호출'해서 필요한 작업을 시킬 수 있습니다.

능동적 시스템으로의 진화

이 구조 덕분에 AI는 더이상 사용자의 질문에 텍스트로만 답하는 수동적인 존재가 아니게 되었습니다. 필요하다면 스스로 판단해서 특정 MCP 서버(도구)를 호출하고, 그 결과를 받아와서 사용자에게 보여 주거나 다음 작업을 이어가는 **능동적인 시스템**으로 발전할 수 있게 되었죠. 예를 들어, 사용자가 "내일 날씨 어때?"라고 질문하면 AI가 '날씨 정보 서버'를 호출해서 최신 정보를 가져와 답하는 식이죠. 결국 MCP는 AI가 외부 세계와 소통하고 협력하는 방식을 표준화하고, 체계화하며, 자동화하는 핵심 기술이라고 할 수 있습니다.

사례로 보는 MCP, 이제 AI 혼자서도 '북치고 장구치고'

그래서 MCP로 실제로 뭘 할 수 있을까요? MCP는 이미 발 빠른 개발자들과 기업들이 활용하여 놀라운 결과물들을 만들어 내고 있는 살아 있는 기술입니다. 깃허브 등에는 커뮤니티에서 만든 수많은 MCP 서버들이 공개되어 있는데요. 몇 가지 흥미로운 사례들을 통해 MCP의 강력한 힘을 느껴봅시다.

- MCP 커뮤니티 서버 목록: https://github.com/modelcontextprotocol/servers
- 스미더리: https://smithery.ai

개발자의 영원한 숙제 해결사, PR 리뷰 서버

깃허브에 올라온 Pull Request(코드 변경 요청)를 AI가 자동으로 읽어옵니다. 변경된 코드를 분석하고, 어떤 점이 개선되었는지, 잠재적인 문제는 없는지 등을 파악해서 리뷰 요약을 노션에 작성해줍니다. 심지어 이 리뷰 요약을 노션 페이지에 자동으로 기록까지 해준다니… 코드 리뷰와 문서화 부담에서 해방될 날이 머지않았습니다.

- https://github.com/attikpo-akrabal-godwin/PR-Reviewer

디자이너와 개발자의 완벽 콜라보, 피그마 서버

AI가 피그마 디자인 파일의 구조(레이아웃, 컴포넌트 등)를 직접 파악합니다. 예를 들어, "이 버튼 디자인 플러터 코드로 바꿔 줘."와 같은 요청을 하면, AI가 피그마 데이터를 참조해서 실제 코드를 생성해줄 수도 있습니다. 디자이너와 개발자 사이의 지루한 핸드오프 과정이 혁신적으로 줄어들겠죠?

- https://github.com/GLips/Figma-Context-MCP?tab=readme-ov-file#figma-mcp-server

파이어베이스, AI 손안에 있소이다, Firebase MCP 서버

우리가 만든 커뮤니티 앱처럼 파이어베이스를 사용하는 경우 AI가 직접 Firestore에 저장된 데이터를 조회하거나(예: "최근 가입한 사용자 5명 알려 줘"), 사용자의 인증 상태를 확인하거나, 파이어베이스 저장소에 있는 파일을 가져와 내용을 분석하는 것까지 가능해집니다. AI가 우리 앱의 백엔드 데이터까지 자유자재로 다루게 되는 거죠.

- https://github.com/metorial/mcp-containers/tree/main/catalog/gannonh/firebase-mcp/firebase-mcp

실시간 비행 정보 트래커, FlightRadar24 서버

"지금 제주도 가는 대한항공 비행기 어디쯤 날고 있어?"와 같은 질문에 AI가 FlightRadar24 서버를 통해 실시간 항공기 위치와 상태 정보를 가져와 정확하게 답변해줍니다. 마치 나만의 관제탑이 생긴 기분이랄까요?

- https://github.com/Cyreslab-AI/flightradar24-mcp-server

쌓이는 메일함에서 해방, Gmail MCP 서버

AI가 여러분의 지메일 받은 편지함을 스캔해서 중요하거나 급한 메일만 골라 요약해줍니다. 심지어 "이 메일에 대한 답장 초안 좀 써줘."라고 하면 메일 내용을 파악해서 적절한 회신 문안까지 생성해줄 수 있습니다. AI 기반의 개인 비서가 현실로 다가오고 있습니다.

- https://github.com/GongRzhe/Gmail-MCP-Server

나만의 여행 가이드 AI, 여행 플래너 MCP 서버

Google Maps API와 연동되어 "부산 해운대 근처 맛집 추천해줘."와 같은 요청에 주변 정보를 검색해주거나 "서울에서 2박 3일 추천 여행 코스 짜줘."라고 하면 맞춤형 여행 일정까지 만들어 줄 수 있습니다.

- https://github.com/GongRzhe/TRAVEL-PLANNER-MCP-Server

어제 내가 뭘 봤더라? 브라우징 기록 MCP 서버

가끔 "어제 봤던 그 블로그 글 뭐였지?"하고 기억이 안 날 때 있죠? AI가 여러분의 웹 브라우저 방문 기록을 참조해서 "어제 오후에 읽었던 '벡터 데이터베이스 최적화' 관련 글 찾아 줘."와 같은 질문에 답을 찾아줄 수 있습니다.

- https://github.com/BrowserMCP/mcp

깜빡하는 일정, AI가 챙겨준다! 캘린더 MCP 서버

여러분의 구글 캘린더나 아웃룩 캘린더와 연결되어 "오늘 오후 3시 회의 주제 뭐였지?" 또는 "다음 주 수요일 오후 비어 있나?"와 같은 질문에 AI가 실시간으로 일정을 확인하고 정확하게 답변해줍니다. 단순 알림을 넘어 일정 관리와 관련된 맥락까지 파악하는 똑똑한 비서가 되는 거죠.

- https://github.com/daemonX10/Google-Calendar-MCP-Server

이 외에도 텔레그램 메시지를 보내거나, 컴퓨터 터미널 명령어를 실행하거나, 녹음된 음성을 분석하는 등 정말 다양한 MCP 서버들이 커뮤니티에 등장하고 있습니다. 마치 스마트폰 앱 스토어처럼 **다양한 기능을 가진 MCP 서버들이 모여 하나의 거대한 'AI 능력 확장 생태계'**를 만들어 가는 셈입니다.

개발자에게 MCP의 가치, 'API 지옥' 탈출하고 '생산성' 얻기!

자, 그래서 개발자들에게 MCP가 구체적으로 어떤 이득을 줄까요? MCP는 단순히 멋진 기술 트렌드가 아니라 우리의 개발 방식과 생산성을 근본적으로 바꿔 놓을 수 있는 강력한 실전 무기입니다.

API 지옥 탈출! 표준화의 힘

더이상 서비스마다 다른 API 문서를 뒤지고, 인증 방식을 공부하고, 전용 연결 코드를 짜느라 밤샐 필요가 줄어듭니다. MCP라는 하나의 규격만 익혀 두면 다양한 도구를 훨씬 빠르고 쉽게 우리 앱이나 AI 서비스에 통합할 수 있습니다. 개발자의 소중한 시간과 에너지를 아껴 주는 거죠.

초고속 MVP 제작 가능

아이디어는 있는데 직접 모든 기능을 구현하기 막막할 때, 깃허브 등에 공개된 다양한 MCP 서버들을 레고 블록처럼 가져다 붙이기만 해도 꽤 그럴듯한 AI 비서 앱이나 자동화 도구를 뚝 딱 만들어 낼 수 있습니다. 예를 들어, AI 기반의 개인 플래너 MVP를 만들고 싶다면? 클로드나 GPT API에 지메일, 캘린더, 구글 맵, 파이어베이스 MCP 서버만 연결해도 핵심 기능은 금방 구현할 수 있겠죠.

AI, 이제 진짜 '일'을 하다

MCP를 통해 AI는 단순히 정보를 검색하고 텍스트를 생성하는 것을 넘어 외부 도구를 '호출'하고 '실행'함으로써 실질적인 행동을 수행할 수 있게 됩니다. 파일 생성, 데이터베이스 업데이트, 이메일 발송, API 호출 등 AI가 할 수 있는 일의 범위가 무궁무진하게 확장되는 것이죠.

만들고, 공유하고, 재사용하는 생태계

특정 기능을 위해 MCP 서버를 한 번 만들어 두면, 나중에 다른 AI 모델이나 프로젝트에서도 쉽게 재사용할 수 있습니다. 반대로, 다른 개발자가 만들어 공유한 MCP 서버를 내 프로젝트에 손쉽게 가져와 활용할 수도 있죠. 이런 개방적인 생태계 덕분에 우리는 서로의 노력 위에 더 빠르고 혁신적인 결과물을 만들어 낼 수 있습니다.

특히 커서 AI와 같은 코드 어시스턴트와 함께 MCP를 활용한다면 시너지는 극대화될 수 있습니다. AI가 단순히 일반적인 코드만 생성하는 것이 아니라 MCP를 통해 현재 열려 있는 파일, 프로젝트 구조, 연결된 데이터베이스 정보, 심지어 관련 깃허브 이슈까지 파악하고 코드를 생성하거나 수정해준다고 상상해보세요! 훨씬 더 맥락에 맞고 정확한 도움을 받을 수 있게 될 것입니다.

아직은 성장통? MCP의 현실적인 한계점들

물론 MCP가 만능 해결사는 아닙니다. 아직 세상에 나온 지 얼마 안 된 신기술인 만큼 현실적인 어려움이나 부족한 점들도 분명히 존재합니다.

초반 설정의 번거로움

처음 MCP 서버를 설정하고 호스트(AI 앱)와 연결하는 과정이 다소 복잡하게 느껴질 수 있습니다. 환경 변수 설정이나 인증서 관리 등 신경 써야 할 부분들이 있죠. 아직은 '플러그 앤 플레이' 수준까지는 아니라는 점!

모든 것을 연결할 순 없다

iMessage나 줌^{Zoom}처럼 API 접근이 제한적이거나 정책적으로 막혀 있는 서비스들은 MCP로 연결하기 어려울 수 있습니다. 모든 도구를 다 연결할 수 있을 거라는 기대는 금물입니다.

성능과 안정성 이슈

커뮤니티에서 만든 일부 MCP 서버는 아직 최적화가 덜 되어 속도가 느리거나 가끔 불안정한 모습을 보일 수도 있습니다. 충분한 테스트가 필요하죠.

보안, 보안, 보안

AI가 외부 도구를 통해 민감한 데이터(이메일, 개인 파일, 고객 정보 등)에 접근할 수 있게 되는 만큼, MCP 서버를 설계하고 운영할 때는 데이터 접근 권한과 사용자 동의 절차 등을 매우 신중하게 고려해야 합니다. 자칫하면 큰 보안 사고로 이어질 수 있습니다.

하지만 너무 걱정할 필요는 없습니다. MCP는 매우 활발하게 발전하고 있는 기술입니다. 깃허브 커뮤니티와 앤트로픽 같은 주도 기업들이 꾸준히 피드백을 반영하며 프로토콜을 개선하고 있고, 더 쉽고 안전하게 MCP를 사용할 수 있도록 도와주는 도구와 라이브러리들도 계속해서 등장하고 있습니다. 지금의 불편함은 더 나은 미래를 위한 '성장통'이라고 볼 수 있겠죠.

AI 앱에 MCP라는 날개를 달아 줄 차례!

지금까지 MCP가 무엇이고, 왜 중요하며, 어떤 가능성을 가지고 있는지 함께 살펴보았습니다. 이제 가장 중요한 질문이 남았죠. "그래서 이걸 어떻게 내 프로젝트에 써먹을 수 있을까?" 가장 좋은 시작은 직접 경험해보는 것입니다. 거창하게 시작할 필요 없어요.

작게 시작하기

깃허브에서 흥미로워 보이는 공개 MCP 서버(예: 파일 시스템 접근 서버, 웹 검색 서버 등)를 하나 골라 다운로드받으세요. 서버 실행 방법을 따라 로컬 컴퓨터에서 실행시킨 다음, 사용하고 있는 AI 도구(예: 클로드 데스크톱 앱)에 MCP 서버 주소를 연결해보세요. 그리고 AI에게 해당 서버의 기능을 활용하는 질문이나 요청을 던져 보세요. AI의 능력이 눈에 띄게 확장되는 것을 체감할 수 있을 겁니다!

> **MCP를 시작하기 위한 일상 속 작은 사례 예시**
> - 날씨, 숙박, 웹서치 MCP 서버를 연동하여 날씨에 따른 여행 계획 짜기
> - 웹 검색이 안 되는 클로드에 퍼플렉시티 MCP 서버를 연결하여 딥 리서치 기능 구하기

MCP 사용에 익숙해졌다면, 이제 여러분만의 아이디어를 담은 MCP 서버를 직접 만들어 보는 것에 도전해보세요! 예를 들어, 여러분이 자주 사용하는 특정 웹사이트의 정보를 긁어오는 서버, 노션 페이지를 요약해주는 서버, 에어테이블^{Airtable} 데이터를 조회/수정하는 서버 등을 만들어 볼 수 있습니다. 파이썬이나 Node.js 등으로 비교적 간단하게 시작할 수 있습니다. 어쩌면 여러분이 만든 MCP 서버가 다른 개발자들에게 큰 도움이 되거나 새로운 SaaS 서비스의 씨앗이 될 수도 있겠죠?

MCP는 단순한 기술 스펙이 아니라 AI의 가능성을 무한대로 확장하는 **플랫폼**이자 **기회의 문**입니다. 우리가 AI와 함께 일하는 방식을 근본적으로 바꾸고, 이전에는 상상하기 어려웠던 강력한 자동화와 개인화된 서비스를 가능하게 할 잠재력을 가지고 있습니다.

우리가 만든 AI 앱은 이제 단순히 사용자의 말을 이해하는 수준을 넘어 MCP라는 날개를 달고 외부 세계의 도구들과 능동적으로 협력하며 '실제 일'을 하는 파트너로 진화할 준비를 하고 있습니다.

이 부록이 여러분의 AI 임베딩 서비스 개발 여정에 새로운 영감을 주고, MCP라는 강력한 도구를 활용하여 한 단계 더 도약하는 데 작은 디딤돌이 되기를 바랍니다.

여러분의 AI 앱은 이제 곧 진짜로 '일'하기 시작할 겁니다!

에필로그

바로 지금, 시작하는 순간입니다

책을 마치는 이 순간을, 저는 '끝'이 아닌 '시작'이라 부르고 싶습니다. 바로 지금부터가 여러분의 아이디어를 현실로 만들어 갈 순간이기 때문입니다. 책을 통해 플러터와 커서 AI로 앱을 만들어 봤지만, 커서 AI의 가능성은 모바일 앱을 넘어 무한대로 열려 있습니다. 저 역시 오랫동안 모바일 개발만 해왔지만, 처음으로 웹 서비스를 런칭해 실제 수익까지 얻을 수 있었던 것처럼 말이죠.

이 순간, 막강한 기술과 무한한 가능성을 손에 쥔 여러분의 시작을 진심으로 응원합니다.

무한한 가능성의 시대가 열렸습니다

오늘 여러분이 펼친 랩탑 화면은 어제와 다르지 않지만, 이제부터 써 내려 갈 코드 한 줄은 세상을 바꿀지도 모릅니다. AI가 만들어 낸 이 새로운 시대에는 혼자서도 얼마든지 글로벌한 임팩트를 만들어 낼 수 있습니다.

과거에는 유니콘 기업에 수백 명의 직원과 막대한 투자금을 필요로 했습니다. 그러나 이제는 한 명의 아이디어와 열정 그리고 약간의 용기만 있으면 충분한 시대입니다. 2025년, 바로 지금 여러분은 **1인 유니콘 시대**에 살고 있습니다. 복권처럼 인원 수가 정해진 것도 아니니 PMF를 빠르게, 지속적으로 찾는다면 누구나 가능하죠.

기술의 민주화, 장벽의 붕괴

더이상 뛰어난 제품을 만들기 위해 실리콘밸리에 갈 필요가 없습니다. AI는 여러분의 가장 든든한 동료이자 협력자가 되었습니다. 개발, 디자인, 마케팅은 물론 법률까지 AI는 여러분의 능력을 몇 배나 확장시켜줍니다.

Claude 3.7, GPT-o1과 같은 최신 AI 모델들은 이제 단순한 글쓰기를 넘어 복잡한 비즈니스 로직과 코드까지 완벽히 구현해줍니다. 여러분의 아이디어는 몇 시간 만에 실제 제품이 됩니다. 또한 자연어 처리 기술(NLP)의 발달로 언어와 문화의 벽마저 허물어졌습니다. 여러분의 제품은 첫 출시부터 전 세계를 타깃할 수 있게 되었습니다.

인프라 혁명, 단 몇 달러로 엔터프라이즈급 환경을

이전에는 서버 관리에 많은 비용과 지식이 필요했지만, 이제는 서버리스 아키텍처와 클라우드 네이티브 기술 덕분에 누구나 손쉽게 인프라를 구축할 수 있습니다. AWS, Azure, Google Cloud와 같은 클라우드 서비스는 거인의 어깨 위에 올라타듯이 여러분의 아이디어를 쉽게 실현하도록 돕습니다.

Next.js, 플러터, 리액트 네이티브와 같은 최신 프레임워크와 로우코드/노코드 도구는 개발 기간을 수개월에서 단 며칠로 단축시켰습니다. 기술적 장벽은 이제 거의 존재하지 않습니다.

마이크로 SaaS의 시대가 왔습니다

거대한 시장을 장악하는 대신 작은 틈새시장을 타깃하는 **마이크로 SaaS**가 이제 주류로 자리잡았습니다. 소수지만 충성스러운 고객층을 확보해 매달 안정적인 수익을 얻는 이 모델은 혼자서도 충분히 운영 가능하고 현실적입니다.

월 29달러 서비스로 300명의 고객을 모으면, 연간 10만 달러가 넘는 수익을 얻습니다. 여러분은 수백만 명이 아닌, 단 몇백 명의 팬을 확보하는 것으로 충분히 성공할 수 있습니다.

디지털 노마드, 자유로운 일상

코로나 이후 원격 근무와 디지털 노마드는 더이상 특별하지 않은 일상이 되었습니다. 발리의 해변, 포르투갈의 작은 카페, 뉴욕의 코워킹 스페이스까지. 전 세계 어디든 여러분이 앉은 곳이 곧 사무실이 될 수 있습니다. 하루 24시간을 자유롭게 활용하며 자신만의 일과 삶을 디자인하는 시대가 된 것입니다.

독립적 창작자의 황금기

유튜브, 뉴스레터, 온라인 강의 플랫폼 등 창작자가 직접 팬과 소통하며 수익을 창출하는 시대입니다. 중개자 없이도 여러분의 지식과 경험을 곧장 가치로 만들어 낼 수 있습니다. 여러분 스스로가 바로 '크리에이터 이코노미'의 주인공입니다.

오픈 소스, 거인의 어깨 위에서

오픈 소스 생태계는 누구나 사용할 수 있는 무료 라이브러리와 프레임워크로 가득 차 있습니다. 이 덕분에 여러분은 쉽게 혁신을 이룰 수 있고, 지속 가능한 비즈니스 모델도 만들어 낼 수 있습니다.

1인 유니콘이 반드시 모든 일을 혼자 해야 하는 것은 아닙니다. 프리랜서 플랫폼, 온라인 커뮤니티, 오픈 소스 프로젝트 등을 통해 글로벌 네트워크를 적극 활용하세요. 문제를 마주할 때마다 여러분은 이미 그 해답을 가진 누군가와 연결되어 있을 것입니다. 저 또한 혼자 해결하기 어렵거나, 시간이 많이 드는 일들은 외주를 주거나 협업을 하고 있습니다. 그 시간에 자신이 잘할 수 있는 일에 집중하면 훨씬 나은 결과가 따라오기 마련입니다. 성공적 1인 유니콘을 위해서는 다음 5가지를 기억하세요.

성공적 1인 유니콘을 위한 5가지 핵심

1. **T자형 인재**: 하나의 분야에서 깊이를, 여러 분야에서 넓이를 갖추세요.
2. **평생 학습**: 끊임없이 변화하는 기술에 빠르게 적응하는 학습력을 키우세요.
3. **작게 시작하고 빠르게 검증하기**: MVP를 빠르게 출시하고 실제 사용자 피드백으로 확장하세요.
4. **틈새 시장 공략하기**: 명확한 문제를 가진 작은 시장에서 시작하세요.
5. **자동화와 위임**: 반복적인 일은 자동화하고, 여러분의 핵심 역량이 아닌 일은 과감히 위임하세요.

두려워하지 마세요

물론 혼자라는 건 도전입니다. 결정 피로, 기술 변화, 일과 삶의 균형 등 많은 과제가 기다리고 있습니다. 하지만 그 도전은 동시에 성장의 기회이기도 합니다. 계속해서 배우고 도전하다 보면, 여러분은 자신도 모르게 어느 순간 성장한 자신을 발견할 수 있을 겁니다. 실패하는 것보다 더 큰 실패는 바로 아무것도 하지 않는 것이니까요.

여러분의 여정은 지금 시작됩니다. 인류 역사상 가장 많은 기회가 있는 시대라고 합니다. AI와 클라우드 컴퓨팅, 글로벌 연결성이 혼자인 여러분을 1인 유니콘으로 만들고 있습니다. 아니 유니콘이 되지 못하더라도, 이전보다 훨씬 더 원하는 수익을 얻을 수 있는 방법이 많습니다. 정보는 어디에나 흘러넘치고, 도구는 매일이 다르게 발전하고 있죠.

필요한 건 오직 하나, 바로 여러분의 시작입니다. 망설임과 두려움을 내려놓고, 바로 지금 첫 번째 코드를 작성하세요. 세상은 여러분의 아이디어를 기다리고 있습니다. 하지만 안타깝게 이렇게 이야기해도 90% 이상의 사람들은 시작하지 않습니다.

하지만 여러분은 다르기를 바랍니다. 지금 이 순간, 시작만 한다면 이미 반은 성공입니다. 유니콘까지는 아니더라도 충분히 의미 있는 성과를 얻을 수 있습니다. 여러분의 손끝에서 출발한 코드 한 줄이 세상 반대편에 변화를 일으킬 수도 있습니다.

여러분의 시작을 진심으로 응원합니다. 지금, 바로 이 순간에 말이죠.

찾아보기

기호

@	116
#	116
@Code	130
@Cursor rules	131
@Docs	130
@Files	130
@Files & folders	130
@Gi	131
@Linter errors	131
@Notepads	131
@Past chats	131
@Recent changes	131
@Web	131

A

AdMob	266
AI	16
AI 채팅	106
AI 코딩 어시스턴트	17
API	31
ATT	273

C

Claude 3.7 Sonnet	109
Cloud Function	256
CRUD	232
Cupertino	27

D

DevTools	279
Diff 뷰	113

E

Extention	141

F

Facebook Audience Network	54
FCM	258
Firebase Authentication	195
Firebase Cloud Messaging	258
Firestore	231
Firestore Database	233

G

Gemini 2.5 Pro	38, 109
Generate Cursor Rules	166
Google Fonts	84
GoRouter	218
GPT-o3	38

H

HEX 코드	81

I

IA	58
IDE	104
IntelliJ	103

J

JetBrains	103
JSON	33

찾아보기

M
Material Design	27
MCP	284
MVP	22

N
NoSQL	232
Notepads	119

P
posts 컬렉션	239
PRD	42
Pretendard	84
Project Rules	164
Provider	217

Q
Quick Start	104

R
RDB	232
resume	174
Review Settings	104

S
SaaS	291
SDK	272
Skia	27
StreamBuilder	259

U
UI 컴포넌트	179
User Rules	163
users 컬렉션	237

V
VS Code	103

X
Xcode	28

찾아보기

ㄱ

게시글 데이터	237
경쟁 앱 분석	41
광고	54
광고 단위	268
구독	54
기술 스택	153
기획 문서	42

ㄴ

네이밍 컨벤션	154
네이티브 앱	28

ㄷ

다크 테마	94
다트	26
댓글 데이터	237
더미	179
디자인 시스템	80

ㄹ

라이브러리	20
라이트 테마	94
레이아웃	64
레이어 분리	143
로그아웃	214
로그인	209
리팩터링	18, 19
린트 에러	115

ㅁ

마크다운	80
맥락 참조	116
명령 팔레트	141
문맥	19
문서	236

ㅂ

바이브 코딩	170
배너 광고	269
브레인스토밍	38
비밀번호 재설정	226

ㅅ

사용자 데이터	237
사용자 인증	194
사용자 페르소나	40
상태 관리	31, 143, 216
색상	81
색상 팔레트	82
서버	285
서버리스	260
서브컬렉션	241
수익 모델	54
스위프트	28
실시간 동기화 기능	258
심층 리서치	41

ㅇ

안드로이드 스튜디오	28
앱 아키텍처	143
앱 추적 투명성	273
에어테이블	291
엔드포인트	33
오브젝트-C	28
오픈 소스 UI 툴킷	25

찾아보기

와이어프레임	62
위젯	25
유저 플로우	48, 58
의존성 주입	143
인앱 구매	54

ㅈ

자동 모델 선택	110
자바	28
자연어	18
전면 광고	270
정보 구조	58
제휴 마케팅	55

ㅊ

채팅 패널	111
챗 탭	108
챗GPT	38
최소 기능 제품	22
최적화	277

ㅋ

커서 AI	16, 100
커스텀 디자인	27
컬렉션	236
컴파일 에러	115
컴포넌트	88
코드 리뷰	19
코드 스니펫	107
코드 편집기	110
코딩 스타일	154
코틀린	28
콘텍스트 소스	129

크로스플랫폼	27
크로스플랫폼 앱	28
클라이언트	285
클린 아키텍처	144
키맵	104

ㅌ

타깃 사용자 정의	40
타이포그래피	84
테스트 모드	234
토큰 콘텍스트	172
통합 개발 도구	104
툴 콜링	145
트랜잭션	256

ㅍ

파이어베이스	186
파이어베이스 CLI	186
퍼플렉시티	41
푸시 알림	260
프레임워크	20
프로덕션 모드	233
프롬프트	132
플러터	25

ㅎ

핫 리로드	26
호스트	285
환경 변수	157
환경 변수 매니저	157